修訂三版

國家賠償法

State Compensation Law

劉春堂　著

三民書局

國家圖書館出版品預行編目資料

國家賠償法 / 劉春堂著. －－修訂三版一刷. －－
臺北市：三民，2015
　　面；　　公分

ISBN 978－957－14－6074－1　（平裝）
　1.國家賠償法

588.14　　　　　　　　　　　　　　　104018152

© 　國 家 賠 償 法

著 作 人	劉春堂
發 行 人	劉振強
著作財產權人	三民書局股份有限公司
發 行 所	三民書局股份有限公司
	地址　臺北市復興北路386號
	電話　(02)25006600
	郵撥帳號　0009998－5
門 市 部	(復北店)臺北市復興北路386號
	(重南店)臺北市重慶南路一段61號
出版日期	初版一刷　1982年2月
	修訂二版一刷　2007年6月
	修訂三版一刷　2015年9月
編　　號	S 580470

行政院新聞局登記證局版臺業字第○二○○號

有著作權‧不准侵害

ISBN　978－957－14－6074－1　（平裝）

修訂三版序

　　本書初版第一刷於民國七十一年二月間發行，經數度重刷，至民國九十六年間進行修訂，主要在增加相關解釋及判例（決），並參照相關法令之修正或新訂，予以修訂，以求本書之完整、正確及實用。此次再修訂，亦係本此意旨而進行。我國《冤獄賠償法》已修正並將名稱改為《刑事補償法》，本書自應配合修正，並將附錄《冤獄賠償法》換為《刑事補償法》，方便參照。又土地法就職司不動產登記事務之公務員不法侵害人民權利，由該管登記之地政機關負損害賠償責任，設有特別規定，屬國家賠償之特別規定，應優先適用，惟其規定甚為簡單（僅有四個條文），在適用上有賴判決予以補充，故此次修訂，乃蒐集十數則最高法院裁判或決議，編入本書作為附錄，方便對照參考。本次修訂，承三民書局編輯部之大力協助，使得以完成，併此誌謝。惟筆者才疏學淺，修訂之後，疏漏仍在所難免，尚祈　宏達不吝教正為幸。

劉春堂　謹誌
一〇四年八月十七日
於輔仁大學法律學院研究室

修訂二版序

　　本書為民國六十九年七月二日總統令制定公布國家賠償法後，我研讀國家賠償法所撰寫之心得報告，初版第一刷於民國七十一年二月發行，嗣經數度重刷，迄今已超過二十五年。在這二十五多年期間，我國除因相關法規之新訂或修正，而使法制更為完備及充實外，有關國家賠償責任之研究，無論在量或質方面，均有極大的進步及豐碩的成果，就實務而言，亦已累積了許多判決（例），可供參考及檢討分析。本書自當因應學說判例之發展，並配合相關法令之修正或新訂，予以修訂，藉資刷新內容，惟因全面修訂，尚須時日，故此次修訂，主要在增加相關解釋及判例（決），並參照相關法令之修正或新訂，予以修訂，以求本書之完整、正確及實用。又本次修訂，承三民書局編輯部之大力協助，始得以完成，併此誌謝。惟筆者才疏學淺，修訂之後，疏漏仍所難免，尚祈　宏達不吝教正為幸。

劉春堂　謹誌

九十六年五月二十六日

於輔大法律學院研究室

自　序

　　國家賠償法之制定及施行，乃在具體實現憲法第二十四條所明定之國家賠償制度，使我國之民主法治又向前邁進一大步，展開我國法制史上輝煌燦爛之新頁。故其公布以來，獲得舉國重視與讚揚。惟「徒法不能以自行」，為使國家賠償法得以發揮其應有之作用及功能，尚待全國人民對之有深刻的瞭解，始能克竟其功。由於國家賠償法係屬新創的法律，全文雖僅十七條，但其適用範圍非常廣泛，所涵蓋內容及牽涉問題甚為複雜，在其解釋及適用上，因缺乏前例可循，勢必發生許多疑義。本書之撰寫，乃在追涉立法背景，引證中外判例學說，就國家賠償法有關規定加以分析與解說，希望能對一些基本概念，有所澄清，對若干有疑義之問題，有所辨明。其次，本書係採專題論述方式編寫，與一般教科書稍有不同。至於引用先進學者見解之處，則一一註明，俾便讀者查閱原始文獻，為更進一步之研究。惟筆者學植未深，疏誤之處，在所難免，凡所論述，恐多未當，尚祈　宏達不吝教正為幸。

　　在漫長的學習過程中，受了許多師長們的提攜和親友的扶持，對於他們，我有一分無盡的感激。首先我要衷心的感謝考試院考試委員張教授則堯先生，因為他的督促、鼓勵及推薦，本書才得以完成及出版。司法院大法官鄭師玉波先生、陳師世榮先生、翁師岳生先生及臺大教授王師澤鑑先生之諄諄教誨，釋疑解惑，筆者獲益良多，本書如有可讀之處，即為他們所賜，師恩難忘，謹誌於此，用表誠敬之謝忱。又本書前後易稿三次，均由財政部財稅人員訓練所

康彩華小姐及內子陳民治代為抄謄，備極辛勞，心感之餘，併此誌謝。經過了這許多師友們之指教及協助後，本書如再有什麼錯誤，當然應全部由我來承擔。

劉春堂　謹誌
七十一年二月

國家賠償法
State Compensation Law

目　次

第一章
國家賠償法之制定與施行

第一節　前　言

　　損害賠償問題，是法律學主要課題之一，民法、刑法、行政法、憲法、國際法等各種公私法規上，都有損害賠償問題。其中最值得我們注意，而且曾發生很大爭論者，則為國家損害賠償問題。在民主政治思潮澎湃之今日，由於「主權免責」(Sovereign Immunity) 思想沒落，不僅國家也須受法律之限制，對於國家賠償責任之觀念，亦因絕對主權思想之動搖及無過失責任主義、社會保險思想的崛起，由否定轉向相對肯定，而終至全面肯定（詳後述之）。故現代民主國家之憲法，大都設有國家賠償責任之規定，亦即皆承認國家損害賠償制度。我國憲法第二十四條規定：「凡公務員違法侵害人民之自由或權利者，除依法律受懲戒外，應負刑事及民事責任，被害人民就其所受損害，並得依法律向國家請求損害賠償。」明文揭櫫國家之賠償責任。所謂國家損害賠償，乃指於公務員執行職務，違反法律之規定，或因公有公共設施有欠缺，以致侵害人民之自由或權利者，由國家負或連

帶負損害賠償之責任。故國家「損害賠償」係國家對於違法行為所負之責任，與國家就合法行為（如公用徵收，參閱土地法第二〇八條、第二三六條以下）致人民受損失時，即國家為了公共利益之必要，依法行使公權力，致特定人之權益受到損失時，所為之「損失補償」，尚有所區別，應予注意❶。以下將就國家賠償法之制定、性質及適用等有關問題分述之。

第二節　國家損害賠償責任之學說及其法例的演變

　　基於公務員不法行為之國家損害賠償責任，是以民事責任發生原因之一的侵權行為責任（民法第一八四條以下參照）為基礎而產生的。此項損害賠償責任，雖現代民主法治國家之憲法大多加以明文肯定，而成為憲法上保障人權基本規定之一。唯如就此項損害賠償制度產生之經過觀之，在學說及立法例上係由否定階段，隨著法學思想之變遷而進入相對肯定階段，最後終於進入全面肯定階段，而確立了今日之國家損害賠償制度❷，以下就此分述之：

一、否定說

　　二十世紀以前，為否定說之階段，認為國家為統治團體，國家基於統

---

❶　其詳參閱林紀東，行政法新論，六十二年十月重訂十五版，第三〇五頁以下；翁岳生，行政法與國家賠償法，載國家賠償法研究資料彙編，法務部印行，七十年九月，第一七三頁以下；廖義男，國家賠償法，七十年七月初版，第十五頁以下；下山瑛二，國家補償法，現代法學全集(13)，筑摩書房，昭和四十八年十二月二十日初版第一刷，第一頁以下。

❷　其詳參閱林紀東，行政法論集，三民書局，五十三年六月初版，第一八〇至一八六頁；林紀東，中華民國憲法逐條釋義第一冊，五十九年元月初版，第三六四頁以下；何佐治，中國冤獄賠償法，四十九年九月初版，第五至七頁；城仲模，行政法上國家責任之理論與立法研究，臺大法學論叢第五卷第一期（六十四年十月），第六頁以下；葉百修，公務員不法行為所生之國家賠償責任，臺大法律學研究所碩士論文，六十六年三月，第九頁以下；今村成和，國家補償法，法律學全集(9)，日本有斐閣，昭和四十三年九月十日再版第六刷，第十八至二七頁；古崎慶長，國家賠償法，日本有斐閣，昭和四十六年六月三十日初版第一刷，第一至三頁。

治權之作用，與私人間之活動異其性質，因而國家不應負損害賠償責任，亦即採用國家無責任原則。其理由為：I 絕對主權的思想：即以國家與人民間之關係為權力服從關係，國家為統治者，人民為被統治者，國家行使權力，人民服從權力，因而統治者與被統治者之間，不發生損害賠償問題。II 過失責任主義思想：此乃為十八世紀時，民法上三大原則之一，係由來於羅馬法之「無過失即無賠償責任」原則。所謂過失責任主義，乃指個人對於自己之行為倘非出於故意或過失，縱有損害於他人，亦不負賠償責任，至於對於他人之不法行為，則絕對不負責任，故亦稱「自己責任」主義。基於此種思想，故認為公務員於執行職務之際，因故意過失而侵害他人權利者，仍然為該公務員個人之行為，並非國家之行為，須由為該不法行為之公務員自負其責任，國家不負任何責任。由於受上述兩種思想之支配，因而各國立法均否認國家對於公務員之不法行為，應負賠償責任。

二、相對肯定說

此說亦有稱為折衷說者。二十世紀初葉至第一次世界大戰以前，為相對肯定說階段。此說將國家之作用，分為權力作用與非權力作用兩種；徵兵、課稅等行為，為國家本於統治權之權力作用，公務員代表國家執行此類職務，亦係公法上行為，因而不適用民法上損害賠償之規定。反之，國家舉辦郵政與航空事業或經營其他企業等行為，則為非權力作用，本質上與私人所為之私法行為無異。故如公務員因執行此類職務，而損害他人之權利時，為其僱用人之國家，亦應如一般私人，適用民法規定，負其損害賠償責任。

三、肯定說

第二次世界大戰後，學說及立法例，對於國家損害賠償責任，採取全面肯定的態度，亦即承認國家對於公務員執行職務之侵權行為，應負賠償責任。其理由為：I 認為國家與人民之關係，並非權力服從關係，而係法律上的權利義務關係，國家權力亦應受法令之限制，故國家於其公務員因執行職務，有侵害人民權利之行為時，亦應負損害賠償責任。II 過失責任主義，係由於舊日之個人主義、自由主義思想而來之法理，殊不能適應現代

之情勢。蓋自從工業革命後，資本主義發達，大規模企業激增，危險事項比比皆是，此時如仍採此主義，其結果有失公平。故近代法律，多趨向「無過失責任主義」，亦即採用所謂之結果責任主義，認為祇須對於某一結果之發生，具有相當關係時，即應負其責任，不必問其有無過失，以求具體之公平，因而國家對於公務員之不法行為，亦難辭其責任。

　　基於此種學說，在立法例上亦有承認國家對於公務員之不法行為，應負損害賠償責任者。此種立法例，於第一次世界大戰後，已啟其端緒，迨至第二次世界大戰後，尤見增加。其最著者為德國一九一九年之威瑪憲法，依該法第一三一條規定：「官吏就其所受委任之職務行使公權力，而違反對第三人之職務上義務時，原則上由該官吏所屬的國家或公共團體負其責任。但對於官吏有求償權。上述損害賠償，得以通常司法手續請求之。」此乃為世界上第一個在根本大法上，明白承認國家應負損害賠償責任的憲法。第二次世界大戰後之憲法，如西德基本法第三十四條、意大利共和國憲法第二十六條、日本憲法第十七條、大韓民國憲法第二十七條、我國憲法第二十四條等皆屬之❸。

　　關於國家損害賠償責任，在理論上由否定說變為肯定說，而在立法例上亦由否定階段變為肯定階段，已如上述。在此值得我們注意的，乃是隱藏於肯定說背後所表現的法學思想之變遷；即 I 為絕對主權思想之動搖：認為國家與人民間之關係，非權力服從關係，而係法律上之權利義務關係，國家之權力也須受到法令之限制，國家僅於法令規定的範圍內，有命令強制人民之權力。II 無過失責任主義之思想：關於此前已述及，於此不復贅。III 社會保險思想的崛起：此乃由於團體主義及干涉主義思想而來，所謂社會保險思想，乃是以團體的力量，填補個人意外損害的觀念，而為社會安全重要項目之一，亦為二十世紀憲法特色之一。蓋於職務擴大，政府任務增加之現代福利國家，因公務員不法執行職務，而侵害人民之權利造成損害為常見之事。此項侵害事實之發生，對該受害之個人而言，則為意外之

---

❸　其詳參閱林紀東，中華民國憲法逐條釋義第一冊，五十九年元月初版，第三六〇至三六一頁；城仲模，前揭文，第二七頁以下。

損害，頗有難於恢復之情況存在。倘承認國家損害賠償制度，則個人之損害，可以因而填補。而國家之財源，無非出於眾人所納之租稅，其結果等於眾人集資，而填補個人之意外的損害，實富於社會保險的精神❹。

第三節　國家賠償法之制定

國家之作用或活動，可分為基於權力之作用與非基於權力之作用兩種。所謂非基於權力之作用，即一般所稱準於私人地位之國家時，所為之作用（如國家所為之買賣、租賃、承攬等是）。此時國家所為之作用或活動，並非本於其統治權之權力作用，而係立於私人之地位，而與私人發生種種法律關係，本質上和私人所為之私法上行為無異，因而其法律關係即應受私法之規律，此時代表國家之公務員，因執行此類職務，損害他人之權利時，國家自應依民法之規定，負其損害賠償責任，此為較早所確立之國家損害賠償責任。基於權力作用之損害賠償責任，雖亦為現代民主國家所確立之制度，惟因我國憲法第二十四條後段規定：「人民就其所受損害，並得依法律向國家請求賠償。」從而人民就其所受損害，向國家請求賠償，不得直接依據憲法第二十四條規定，必須依據「法律」。為保障人民之自由及其他權利，使其自由或其他權利受到不法侵害時，能得到迅速而適當之補償及救濟，以符憲法保障人權之立法本意，自有制定一般之國家損害賠償法之必要。

我國於民國三十五年制定現行憲法時，即順應世界潮流，於第二十四條明文承認國家之賠償責任，惟嗣因時局變遷，國家實施動員戡亂，於憲法公布施行後三十餘年來，雖曾制定有少數特別法或於某些法規中設有國家損害賠償責任之規定者（如舊行政訴訟法第二條；土地法第六十八條、第七十一條；舊警械使用條例第十條（現第十一條）；冤獄賠償法；核子損害賠償法等是），惟實施此一憲法條文之統一的一般國家賠償法，則遲遲未

❹　參閱林紀東，行政法論集，第一八六至一八七頁；何佐治，中國冤獄賠償法，第七至八頁；林紀東，行政法新論，六十二年十月重訂十五版，第五八至五九頁、第三○四頁。

予制定，以至於法律無特別規定時，對基於國家權力作用以致人民之自由或權利受到損害，被害人民得否請求國家損害賠償？如果可以請求損害賠償，則其法律依據及賠償範圍為何？在在發生爭議，甚至使人民於權利遭受公權力不法侵害之際，無法得到充分救濟，而有投訴無門之嘆，國家賠償制度顯未臻完善❺。近年政府本勵精圖治，為貫徹憲法第二十四條保障民權之精神，乃由行政院研究發展考核委員會及前司法行政部（現為法務部）等有關機關，分別搜集各國資料，並邀集學者專家研擬國家賠償法草案，以為將來正式立法之準備❻。嗣經前司法行政部於民國六十八年秋正式完成國家賠償法草案，全文十六條，報請行政院審核，經行政院於六十九年三月二十七日院會修正通過後，於同年四月十日函送立法院審議。立法院司法、法制兩委員會於同年四月二十八日起，開始召開聯席會議審查，於六十九年六月二十日經院會三讀通過（全文十七條），咨請總統於同年七月二日公布，使憲法保障人權之精神得以貫徹。由於本法係屬新創，且條文精簡，其施行有關事項，宜以施行細則詳為訂定，故國家賠償法第十六條規定：「本法施行細則，由行政院定之。」此項施行細則，經法務部會同有關部會及學者專家慎重草擬完成後，報請行政院核定，經行政院修正後

❺　在國家賠償法制定以前，為使人民之權益受到保護，關於國家賠償案件，最高法院曾認為民法之規定，屬於憲法第二十四條所稱之法律，被害人民得依據民法之規定，向國家請求賠償，參閱最高法院民刑庭總會五十年三月十四日決議（載最高法院民刑庭總會決議錄類編，六十一年版，第二頁）；最高法院五十年臺上字第四五四號判決（載臺大政大判例研究委員會編纂，中華民國裁判類編，民事法第六冊，第五八九至五九〇頁）、五十七年臺上字第七二〇號判決（載中華民國裁判類編，民事法第十冊，第九〇頁）、五十七年臺上字第二二七六號判決（載法令月刊第二十卷第二期第二一至二二頁）。參閱廖義男，國家賠償法，第一頁以下；拙著國家損害賠償責任之法律依據及賠償範圍，載臺大法學論叢第二卷第二期（六十二年四月），第四五九頁以下（本書第七九頁以下）。

❻　行政院研究發展考核委員會所草擬國家賠償法全文及立法理由，請參閱該會編印國家賠償法之研究，六十七年十二月，第三頁以下。本研究係由翁岳生先生主持，施文森、張劍寒及鄭玉波三位先生協同研究。

於七十年六月十日以臺七十法字第七八六七號令公布，全文四十五條，並於七十年七月一日施行。

第四節　國家賠償法之立法目的及依據

國家賠償法第一條規定：「本法依中華民國憲法第二十四條制定之。」即在表明國家賠償法之立法目的及依據。為確保人民之權益，因而今後有關國家賠償法之適用及解釋，自應參照憲法之立法精神予以從寬，以符合憲法保障人權之基本精神。以下將就憲法第二十四條規定之立法意旨，略予闡述，以為適用或解釋本法之準據。

人民因公務員之違法行為而受到損害時，得向國家請求損害賠償，乃為現代國家憲法所保障的基本人權之一，前已述及。我國憲法第二十四條規定：「凡公務員違法侵害人民之自由或權利者，除依法律受懲戒外，應負刑事及民事責任，被害人民就其所受損害，並得依法律向國家請求賠償。」此即為憲法對人民自由權利保護之事後救濟或保障的基本規定，因而凡公務員違法侵害人民之自由或權利時，不論是因執行什麼職務而發生，亦不論其係因基於公法關係或係基於私法關係，而造成之損害，國家皆應該對之負賠償責任，此即為憲法承認國家損害賠償制度之表現，這也是本條立法意旨之所在。蓋憲法對於人民權利保障之規定，固甚為詳盡，然均為事前保障之性質，如不附以強而有力之事後保障，則憲法上有關人民自由權利之事前保障規定，恐難得實效。且我國實行民主政治之時期尚淺，公務員對人民之權利，尚欠尊重，倘公務員執行職務，違法侵害人民之自由或權利時，僅許人民提起訴願或行政訴訟，未必能獲得確實有效之救濟，縱令使公務員個人負其損害賠償責任，亦恐因公務員未必有賠償之能力，以致徒託空言，故憲法特仿第一次世界大戰後之外國立法例，於第二十四條設國家賠償責任之規定，以貫徹憲法保障人民權利之精神及目的。

憲法上之規定，大都為概括性之原則規定，本條亦為概括性規定，具有原則規範之性質，所以表明我國憲法承認：國家對於公務員違法執行職務，以至於人民之自由或權利受到損害之行為，應負損害賠償責任，已如

上述。依憲法第二十四條規定，受害人民僅得依據法律向國家請求損害賠償，不得直接依憲法本條規定，向國家為損害賠償之請求。唯此之所謂「依法律」，並非「法律保留」之意義，乃為拋棄「國家無責任」原則之表示。因而依憲法本條規定之立法，並空白委任，法律僅得就賠償之要件及其範圍加以訂定。故如法律或命令，囿於舊日觀念，為排除國家負賠償責任之規定者，即為違憲之法令。又原則上亦不許規避民法有關侵權行為要件及損害賠償之範圍的規定❼。因而法院之判決，如違反此項立法意旨者，亦為違憲之判決。

第五節　國家賠償法之效力

一、時的效力

由於國家賠償法係屬新創，施行之前，必須有相當之準備時期，又因國家賠償法關係人民權益至鉅，全國人民渴望早日實施，為兼顧準備工作及預算編列之及時完成，故國家賠償法第十七條規定：「本法自中華民國七十年七月一日施行。」惟侵害行為發生於國家賠償法施行前而損害結果發生或繼續於本法施行後者，得否依國家賠償法請求損害賠償，不無問題。法務部所擬國家賠償法施行細則草案第二條原規定：「本法第二條第二項之侵害行為發生於本法施行前，而損害發生或繼續於本法施行後者，請求權人得依本法之規定，請求賠償。本法第三條第一項之損害，於本法施行前已發生，而於本法施行後仍繼續發生者，請求權人得依本法之規定請求賠償。前二項損害賠償之範圍，以本法施行後所發生者為限。」嗣經行政院基於法律不溯及既往原則，將該條修正為：「依本法第二條第二項、第三條第一項之規定，請求國家賠償者，以公務員之不法行為，公有公共設施設置或管理之欠缺及其所生損害均在本法施行後者為限。」行政院之修正，固不無理由，惟從保護人民權益觀點言之，則法務部原擬草案，似較合乎憲法第二十四條規定之立法精神❽。

---

❼　參閱林紀東，中華民國憲法逐條釋義第一冊，第三五九至三六〇頁。

❽　關於國家賠償法時的效力問題爭議，詳請參閱顏慶章，國家賠償法「時的效力」

二、人的效力——保護範圍（平等互惠原則）

　　中華民國人民因國家賠償法規定事由發生，致受損害者，其得依國家賠償法請求損害賠償，自不待言。至於，外國人為被害人時，得否依國家賠償法請求損害賠償，不無問題。所謂外國人，係指無中華民國國籍之自然人也，亦即凡無中華民國國籍之人，不論其有無外國國籍，概屬外國人。從而其有中華民國國籍者，雖有外國之國籍，亦非外國人❾。關於外國人（即無中華民國國籍之人）在法律上之地位，固因時代及國度而不相同，惟大體言之，係經由「禁止主義」、「相互主義」至進於「平等主義」。此外，平等互惠，為現代國家在外交關係上共同遵守之原則，我國憲法第一四一條即明示此旨，而為基本國策之一。從而外國人為被害人時，亦得依國家賠償法而請求損害賠償，為大多數學說及立法例所肯定者，但均以有相互保證者為限。國家賠償法第十五條規定：「本法於外國人為被害人時，以依條約或其本國法令或慣例，中華民國人民得在該國與該國人享受同等權利者為限，適用之。」自係採平等互惠相互保證主義。職是之故，如該外國人之本國無國家賠償法令，或雖有國家賠償之法令而不適用於我中華民國人民，亦無與我國有互惠承諾之條約或慣例存在，該外國人即不得援用本法請求損害賠償❿。至於無國籍人（即無中華民國國籍亦無外國國籍之人），雖亦為外國人，惟因無相互保證之可能性，故宜將之視為係本國人而賦予相同之保護⓫。其次，雙重國籍人，只要其中之一國籍對中華民國有相互保證，依其本國法令、條約或慣例，中華民國人得在該國與該國人享受同等權利者，即為已足⓬。

　　辨正，載工商時報七十年七月一日第二版財經論衡專欄。

❾　參閱拙著判解民法總則，三民書局，六十七年十月初版，第三八頁；最高法院二十六年渝上字第九七六號判例。

❿　參閱行政院對國家賠償法草案總說明要點十三，收錄於拙著國家賠償法概要，財稅人員訓練所，七十年二月，第八五至八六頁（本書第一八〇頁）。

⓫　參閱乾昭三，國家賠償法（載注釋民法(19)，日本有斐閣，昭和四十九年七月初版第十一刷），第四三二頁。

⓬　參閱乾昭三，國家賠償法，第四三三頁。

　　此處應予注意者，乃於外國人依本法請求損害賠償時，如該外國人之本國與中華民國訂有條約，使中華民國人得在該國與該國人享受同等權利者，就本法之適用固不發生問題。惟於該外國人之本國與中華民國未訂有條約，使中華民國人得在該國與該國人享受同等權利者，則是否應先由該被害之外國人就其本國之法令或慣例，業已賦予中華民國人得在該國與該國人享受同等之損害賠償請求權提出證明後，始得依本法請求損害賠償，不無問題。由於國家賠償法第十五條所規定之相互保證係外國人請求損害賠償之前提要件，故有主張應由該請求損害賠償之外國人負舉證責任者。此固不無道理，惟對被害人而言，顯然過苛，故似宜先查明該被害外國人之本國在處理中華民國人請求損害賠償案件時，是否要求該為損害賠償請求之中華民國人就此負舉證責任定之。如關於該被害外國人之本國是否要求中華民國人民就此負舉證責任亦不明時，則依民事訴訟法第二八三條規定，應由該為損害賠償請求之外國人，就其本國法令或慣例業已賦予中華民國人得在該國與該國人享受同等權利，負舉證責任❸，惟法院對此仍得依職權調查之，自不待言❹。

第六節　賠償義務主體

一、中央政府與地方自治團體

　　現代民主法治國家之國家賠償法，多以國家為賠償義務之主體，我國憲法第二十四條，亦明定以「國家」為請求賠償之對象，本法命名為「國家賠償法」，當係本此意旨。惟憲法所稱之「國家」，則包括中央與地方之整體，故不僅中央政府之公務員行使公權力或其公共設施有欠缺致人民之權益受到損害時，受害人民得依國家賠償法請求賠償，地方自治團體之公務員行使公權力或其公共設施有欠缺致侵害人民之權益時，受害人民亦得依本法請求損害賠償（參閱本法第二條、第三條）。至若國家或地方自治團

---

❸　有解為應由國家或地方自治團體就相互保證之欠缺負舉證責任者，參閱乾昭三，國家賠償法，第四三三頁。

❹　參閱乾昭三，國家賠償法，第四三三頁。

體（機關）有委託私法上之團體或個人行使公權力者，如因而致人民之權益受到損害時，國家或地方自治團體對之亦應負損害賠償責任（參閱本法第四條）。

二、國家或地方自治團體以外之公法人

本法所規定者，固為國家之損害賠償責任。惟在國家以外，尚有其他公法人，如農田水利會（水利法第十二條第二項）等是，亦於法定範圍內行使公權力，其公共設施之欠缺亦有侵害人民權益之可能，為使人民之權益保障更為周至，故國家賠償法第十四條規定：「本法於其他公法人準用之。」俾受損害人民，亦得依國家賠償法規定直接向公法人請求賠償❶⑤。

第七節　國家賠償法之性質及其與其他法律之關係

一、國家賠償法為公法兼具私法性質

法律可分為公法與私法，此乃法學上傳統的、典型的分類，其區別標準，學說各殊，莫衷一是。由於此種二分法（二元說）有許多不合理之處，且有些法律如勞工法、經濟法等，則為公私綜合法者，故近世學者，對於此種分類法頗多訾議，惟終究未能根本加以推翻，蓋此仍為今日大陸法系一切設施之所本，因此不能加以忽視而為今之通說。至於規定國家損害賠償責任之法律（即國家賠償法），因通例係基於憲法之規定而制定，故學說上認為國家賠償法係憲法之附屬性法規❶⑥，惟國家賠償法究係公法抑或為私法，則有不同見解❶⑦。我國學者通說係採公法說❶⑧，惟國家賠償法第五條規定：「國家損害賠償，除本法規定外，適用民法規定。」其損害賠償之

---

❶⑤　參閱行政院研究發展考核委員會編印，國家賠償法之研究，第四九頁；行政院對國家賠償法草案總說明要點一，載拙著，國家賠償法概要，第八○至八一頁（本書第二一三至二一四頁該條立法說明）。

❶⑥　參閱古崎慶長，國家賠償法，第十一頁。

❶⑦　參閱翁岳生，行政法與國家賠償法，載國家賠償法研究資料彙編，法務部印行，七十年九月，第一一九頁以下；葉百修，公務員不法行為所生之國家賠償責任，臺大碩士論文（六十六年三月），第七六頁以下。

❶⑧　參閱葉百修，前揭文，第七九至八○頁。

訴，則除依國家賠償法規定外，適用民事訴訟法之規定（本法第十二條），具有私法性質，不容否認❶。

二、國家賠償法為實體法且為程序法

其次，法律尚有實體法與程序法之分，前者乃規定法律關係之實體，即有關權利義務之存否、性質及範圍等實體事項之法律；後者乃規定如何實現此法律關係，即有關行使權利及履行義務之方法、手段等手續上事項之法律。在立法技術上，實體與程序分別立法者固然很多，但與程序混合立法者亦不少，如稅捐稽徵法、違警罰法等是。國家賠償法除就賠償主體、賠償責任、求償權等實體事項予以規定外，關於損害賠償之請求、協議及聲請假處分等程序事項亦設有規定，故係採實體與程序混合立法體制。

三、國家賠償法為普通法兼具特別法性質

此外，法律依其適用範圍之廣狹，可分為普通法與特別法，前者乃對於某種共通事實，法律予以概括規定，而適用於一般人民、一般事項及全國者，故亦稱一般法；後者乃對特定範圍之人、物、事項、區域或時期所發生之事實，法律予以特設規定，而適用於特定的人、地、事或時期者。惟兩者之區別係相對的而非絕對的，並無一定之界限，且不僅法律與法律之間有其存在，即在同一法律之條文中亦不無其存在。對於同一事項或同一之人，而有普通法與特別法並存時，應優先適用特別法規定，是為「特別法優於普通法」原則，而且新普通法亦不變更舊特別法（中央法規標準法第十六條），凡此均應予注意。國家賠償法第六條規定：「國家損害賠償，本法及民法以外其他法律有特別規定者，適用其他法律。」可知本法係有關國家賠償責任之一般規定，屬於普通法之性質。從而諸如土地法第六十八

❶ 關於國家損害賠償請求權之性質，日本之判例雖亦有認為係公法上之請求權者，如大阪高判昭和四十三年二月二十八日判決（訴訟月報第十四卷第五號第五二○頁）是；惟大多數判決認為係私法上之請求權，參閱最判昭和四十六年十一月三十日民集第二十五卷第八號第一三八九頁、東京高判昭和三十一年三月三十一日下裁民集第七卷第三號第八二○頁、東京地判昭和三十九年三月十六日下裁民集第十五卷第三號第五三二頁。

條、第七十一條；警械使用條例第十一條；刑事補償法（原冤獄賠償法）及核子損害賠償法等，就國家之損害賠償責任，設有特別規定者，各有其特殊立法意旨，自應優先於國家賠償法而適用。

又國家賠償法所規定之損害賠償責任與民法上之損害賠償責任，雖在責任要件、賠償主體等有所不同，但同以填補損害為本旨，民法關於損害賠償及其有關事項之規定，自可逕行適用而不必另行規定，同時為使國家賠償法在適用上完整無缺，並免重複，故國家賠償法第五條規定：「國家損害賠償，除依本法規定外，適用民法規定。」明定以民法為本法之補充法，諸如損害賠償之範圍、過失相抵原則之適用、非財產上損害賠償等事項，均可適用民法之規定[20]。至於人民對國家或公共團體之請求損害賠償訴訟及國家或公共團體之求償訴訟，究應由行政法院或普通法院管轄，其訴訟程序如何等，事關人民權利之實行，自亦應予以明定。由於被害人依國家賠償法規定請求損害賠償而提起訴訟，就其請求之標的言，與民事上之損害賠償訴訟相同，為使人民權益之保障更為周妥，兼以訴訟費用之徵收，防止濫訴，自宜由普通法院依民事訴訟程序為之[21]，故國家賠償法第十二條規定：「損害賠償之訴，除依本法規定外，適用民事訴訟法之規定。」其規定意旨與第五條同。應予注意者，乃民法及民事訴訟法既為國家賠償法之補充法，則在法律之適用上，國家賠償法有規定者自應優先適用，從而對民法及民事訴訟法言之，國家賠償法乃具有特別法之性質。

第八節　結　語

我國國家賠償法全文雖僅十七條，但其適用範圍甚為廣泛，即國家之損害賠償責任，除土地法、警械使用條例、刑事補償法（原冤獄賠償法）、

---

[20]　參閱行政院對國家賠償法草案總說明要點四，收錄於拙著，國家賠償法概要，第八三頁（本書第一九六頁該條立法說明）。

[21]　參閱行政院研究發展考核委員會編印，國家賠償法之研究，第四一頁；行政院對國家賠償法草案總說明要點十一，載拙著，國家賠償法概要，第八五頁（本書第二〇八至二〇九頁該條立法說明）。

核子損害賠償法等，就國家損害賠償責任設有特別規定者外，均應適用本法。此外，國家賠償法不僅對國家之損害賠償責任有其適用，即其他公法人亦準用本法而負損害賠償責任。故依國家賠償法而負損害賠償義務之主體，除國家及地方自治團體外，尚包括其他公法人在內，使憲法第二十四條規定之精神得以貫澈。至於得依國家賠償法請求損害賠償者，則除中華民國人民外，外國人亦得在平等互惠相互保證原則下，依本法請求損害賠償，合乎近代法律思潮，且使我旅居海外各地僑民的權益，基於此項平等互惠原則之規定，發生相互保證作用，在僑居地國家獲得同樣的保障。

其次，國家賠償法之制定及施行，具有實現民主法治之目的，同時兼有救濟被害人所受損害之機能，使我國之民主法治又向前邁進一大步，展開我國法制史上輝煌燦爛之新頁。惟「徒法不足以自行」，有良好的法律，尚須有健全的制度與之配合，更須有優秀的人才予以執行，始能實現立法意旨並發揮其應有的功能，凡此均為今後努力之課題。關於國家賠償法之適用，政府固應慎重其事，全國人民亦當在誠信的基礎上審慎從事，以為全面政治革新之起點及基礎。

第二章
公務員執行職務行使公權力
致生損害之國家賠償責任

第一節　前　言

　　現代民主法治國家，由於「主權免責」(Sovereign Immunity) 思想沒落，因此對於人民之自由或權利，除設有詳盡之事前保障規定外，對於為國家服公務之公務員執行職務時，如有違法侵害人民之自由或權利致生損害情事，更設有國家損害賠償之強而有力的事後保障規定，承認國家損害賠償制度。我國於民國三十五年制定憲法時，亦順應世界潮流，於憲法第二十四條規定：「凡公務員違法侵害人民之自由或權利者，除依法律受懲戒外，應負刑事及民事責任，被害人民就其所受損害，並得依法律向國家請求損害賠償。」明文揭櫫國家損害賠償責任。為實施此一憲法條文之統一的一般的「國家賠償法」，亦已完成立法程序，於民國六十九年七月二日公布，並於七十年七月一日施行 (參閱國家賠償法第十七條)，使憲法第二十四條保

障民權之精神得以貫澈,是我們實施民主法治又向前邁進一大步的里程碑。

依我國國家賠償法之規定, 國家賠償責任可大別為兩類, 即㈠基於公務員執行職務行使公權力致生損害之賠償責任 (國家賠償法第二條、第十三條);㈡基於公有公共設施欠缺致生損害之賠償責任 (國家賠償法第三條)。本章擬就前者予以檢討分析。

第二節　損害賠償責任之成立

國家基於公務員執行職務行使公權力致人民權益受損害之賠償責任, 依國家賠償法規定, 可分為對於一般公務員執行職務行使公權力致生損害之賠償責任與對於偵審人員執行職務行使公權力致生損害之賠償責任兩大類, 以下分述之。

第一項　一般公務員執行職務行使公權力致生損害之賠償責任

國家賠償法第二條第二項規定:「公務員於執行職務行使公權力時, 因故意或過失不法侵害人民之自由或權利者, 國家應負損害賠償責任。公務員怠於行使職務, 致人民之自由或權利遭受損害者亦同。」茲依此分述其成立要件如下:

一、須為公權力之行使

關於公權力之意義如何,學說及判例有不同見解,約可分為最廣義說, 即認為公權力係指國家或公共團體之一切作用而言,包括私經濟作用在內; 廣義說, 即認為公權力係指國家或公共團體之作用中, 除開私經濟作用及營造物之設置或管理以外之作用而言,包括所謂非權力作用在內; 狹義說, 即認為公權力係指國家或公共團體基於統治權之優越意思所發動之作用; 不問係命令強制作用或係法律關係之形成、變更、消滅之作用均屬之❶。

---

❶　參閱乾昭三, 國家賠償法, 注釋民法⒆ (日本有斐閣, 昭和四十九年七月初版第十一刷), 第三九一至三九二頁; 古崎慶長, 國家賠償法, 日本有斐閣, 昭和四十六年六月三十日初版第一刷, 第九五頁以下; 葉百修, 公務員不法行為

　　由於國家賠償法之制定，乃在保護被害人，使其因公務員執行公權力之職務行為所生之損害，能對國家或公共團體請求賠償，且現代國家之任務，不僅以保障國家安全及維持國內治安為限，並須廣及教育、文化、經濟、社會安全等各方面，除權力作用外，廣及給付行政、保育行政等為社會目的之作用，隨著行政權之擴大，人民因公務員不法行為而受損害之危險亦漸增加。凡此均有對「公權力」一詞之文義予以從寬解釋，使被害人多獲救濟機會之必要，故上述三說以廣義說較為可採❷。職是之故，公權力之範圍，至為廣泛，諸如裁判、拘票交付、強制執行等司法作用；海關所為之沒入處分；對於犯罪嫌疑人之逮捕、拘留、調查證據、搜索及扣押證物等司法或警察權之行使；租稅或其他公共負擔徵收之作用；道路交通、航線、海路等之規劃行為；國防作用；登記人員之登記、公證人員之作成公證書、核發印鑑人之核發印鑑等具有公證性質之作用；各種證照之核發或註銷行為；土地或其他物資之公用徵收行為；專利權、商標權及其他特

　　所生之國家賠償責任，六十六年三月臺大法律學研究所碩士論文，第二八至二九頁。

❷　參閱陳世榮，研討稅務人員與國家賠償法，財稅研究第十三卷第四期（七十年七月），第四頁；葉百修，前揭文，第二九頁。

日本學者通說亦採廣義說，參閱古崎慶長，國家賠償法，第七七、一〇一頁；法學協會編，註解日本國憲法上卷，日本有斐閣，昭和三十三年一月卅日初版第九刷，第三九一頁註十八；雄川一郎，行政上の損害賠償，行政法講座第三卷（行政救濟），日本有斐閣，昭和五十四年十月廿日初版第十五刷，第十一至十二頁。

至於實務上之見解，則下級審判決大多採廣義說，參閱長野地判昭和三十三年十二月二十四日下級民集第九卷第十二號第二五八七頁；旭川地判昭和三十四年三月三十一日訟務月報第五卷第五號第六五五頁。最高裁判所之態度不明，參閱最判昭和三十年十二月二十二日民集第九卷第十四號第二〇四七頁；最判昭和四十一年十月二十一日判時第四六七號第三五頁；最判昭和四十一年七月十四日最高裁判集第八十四號第三三頁，惟學者不無解為係採廣義說者，參閱古崎慶長，國家賠償法の理論，日本有斐閣，昭和五十五年十二月二十日初版第一刷，第二至三頁。

許權之核准、註冊及註銷等，凡不屬於私經濟作用及公有公共設施之設置、管理或利用關係性質者均屬之。

其次，國家賠償法第二條第二項所謂行使公權力，固係指公務員居於國家機關之地位，行使統治權作用之行為而言，並應包括運用命令及強制等手段干預人民自由及權利之行為，以及提供給付、服務、救濟、照顧等方法，增進公共及社會成員之利益，以達成國家任務之行為（最高法院八十年台上字第五二五號判決參照）。公立學校處於國家教育行政機關之地位，公立學校教師之教學活動、對學生之輔導管教，係代表國家為教育活動，屬於行政給付之一種，自屬行使公權力之行為，有國家賠償法之適用（法務部九十五年九月十四日法律字第○九五○一七○四四九號函參照）。又垃圾車司機定時駕駛垃圾車至各指定地點收集垃圾，而民眾亦須依規定於定時定點放置垃圾，不得任意棄置，此為國家福利行政（給付行政）範圍，為公務員行使公權力之行為（最高法院九十三年臺上字第二五五號判決）。至於行政機關所為之行政指導，即行政機關在其職權範圍或所掌事務範圍內，為實現一定之行政目的，以輔導、協助、勸告、建議或其他不具法律上強制力之方法，促請特定人為一定作為或不作為之行為（參閱行政程序法第一六五條以下），性質上應屬行政上之事實行為。國家賠償法上所稱「公權力行使」，不問其性質為干涉行政或給付行政，其表現之型態為事實行為或行政處分，均屬之。故行政機關所為之行政指導，屬國家賠償法上所稱之「行使公權力」（法務部九十七年八月七日法律決字第○九七○○二七五○七號函參照）。

國家機關如係立於私法主體之地位，從事一般行政之補助行為，例如購買行政業務所需之物品或處理行政業務相關之物品，自與公權力之行使有間，不生國家賠償法適用之問題。政府機關依法所設立之公立醫院與病患間所成立之醫療關係，乃政府機關立於私法主體之地位所從事之私經濟行為，與其立於統治權行政主體所為公權力之行使不同，是公立醫院與病患間之醫療關係，仍屬一般私法契約之關係（最高法院九十三年臺上字第一四八六號判決），自亦無國家賠償法之適用。

此外，公立學校與教師間之關係，性質上為行政契約之公法關係，故教師之權利因聘任、解聘等而遭受損害時，亦可請求國家賠償，最高法院九十二年臺上字第二六八八號判決謂：「公立學校與教師之聘約所適用法規如教師法、教育人員任用條例等多具有強制性、公益性及公法性，其契約標的內容乃為實現國家教育之任務，性質為行政契約之公法關係。教師對學校有關其個人之措施，認為違法或不當，致損其權益者，並得依訴願法或行政訴訟法規定，請求救濟，為教師法第三十三條所明定。司法院院解字第二九二八號解釋及行政法院六十二年裁字第二三三號判例認公立學校聘請教員係屬私法上契約關係，學校教員之解聘並非行政處分，不得依行政爭訟請求救濟云云，自不能再予援用。原審見未及此，遽認被上訴人聘任上訴人係屬私法上契約關係，尚有未合。次按公立大學教師評審委員會評審有關教師之聘任、聘期、停聘、解聘等事宜，係屬公權力之行使，如有怠於執行職務，致教師權利遭受損害，自應許教師依國家賠償法第二條第二項後段規定，請求國家賠償。」可供參考。

二、須為公務員之行為

關於公務員之意義，我國現行法令規定甚不一致，有採最廣義者（如民國九十四年修正前之刑法第十條第二項規定者是）；有採廣義者（如公務員服務法之規定是）；有採狹義者（如公務人員任用法之規定是）❸。本法為杜爭議，乃對公務員意義，加以立法解釋，於第二條第一項規定：「本法所稱公務員者，謂依法令從事於公務之人員。」其意義與原刑法上所稱公務員同，係採最廣義者。從而不論其係由於選舉、派用、任用、聘用或僱用；政務官或事務官；文職或武職；有給或無給；有無任用資格；是否為編制內之人員；以及是否經過任命或銓敘，且不以行政機關之人員為限，只要是依法令從事於公務，即為本法之公務員。故各機關之僱員、丁役、司機，各級民意代表（國大代表；立、監委員；省、縣、市議員；鄉、鎮、區、市民代表）及國營、省營機關服務之人員等，既均係依法令從事於公務之

---

❸　參閱拙著，公務員賠償責任與國家賠償責任，財稅研究第十三卷第四期（七十年七月），第三八至三九頁（本書第一二四至一二七頁）。

人員，亦具有本法所稱公務員之身分❹。此外，如公司行號承辦會計或出納之人員，依所得稅法第八十八條以下規定，對納稅義務人之薪津或其他所得扣繳所得稅時，就其所從事之扣繳行為言之，亦屬依法令從事於公務之人員。至於所謂法令，其範圍甚廣，凡法律以及國家機關本於其權限所發布之命令規程，抽象的規定公務員之職務者，均屬之❺。

其次，由於現代國家功能日益增進，政府機關輒有將部分公權力委託私法上之團體或個人行使之情事者，如糧食局委託各地農會代收田賦實物或隨賦徵購之稻穀；稅捐稽徵機關委託民營銀錢業或金融機構代收稅款；商品檢驗主管機關將有關檢驗之技術工作，委託有關業務之私法人團體代為實施（民國九十年修正前商品檢驗法第二十六條第一項、商品檢驗法第四條）；中央勞工行政機關將工廠檢查事務委託工廠檢查員辦理（參閱原工廠檢查法第三條❻）；檢察官依刑事訴訟法第一四〇條第二項規定委託適當之人保管扣押物等是。該受委託團體執行職務之人或受委託之個人，於執行職務行使公權力時，因故意或過失不法侵害人民之自由或權利者，亦當有救濟之途。故國家賠償法第四條第一項規定：「受委託行使公權力之團體，其執行職務之人於行使公權力時，視同委託機關之公務員。受委託行使公權力之個人，於執行職務行使公權力時亦同。」以便被害人就其所受損害，得依國家賠償法直接向委託機關請求賠償❼。

此處所稱受委託行使公權力之私人或團體，須是受國家機關之委託或授權，以自己之名義，獨立行使公權力，而完成一定之國家任務者，如非以自己之名義獨立行使公權力，而是受國家機關之指揮命令，從事活動，以協助國家或公共團體完成一定之公共任務者，則僅是一種「行政上之助

❹　相關解釋及判例，請參閱黃謙恩，國家賠償法實務，六十九年九月初版，第九六頁以下。

❺　參閱韓忠謨，刑法原理，六十年五月增訂九版，第五一四頁。

❻　工廠檢查法於民國八十二年修正公布名稱改為「勞動檢查法」並修正全文四十條。相關規定，參閱勞動檢查法第五條、第十七條。

❼　參閱拙著，國家賠償法概要（財稅人員訓練所，七十年二月），第八〇頁；行政院對國家賠償法草案總說明要點一（本書第二一三頁該條立法說明）。

手」，並非茲所謂受委託行使公權力之私人或團體，應予注意❽。最高法院一○○年台上字第一四八四號判決：「按依國家賠償法第 4 條第 1 項規定，因國家機關根據法律或基於法律授權，簽訂行政契約或作成行政處分，委託該私人或私法團體，以其自己名義對外行使個別特定之公權力，而完成國家特定之任務，性質相當於國家機關自行執行公權力，因而在特定職務範圍內，該私人或私法團體職員於執行職務行使公權力時視同委託機關之公務員，並於其不法侵害人民自由或權利或因怠於執行職務，致人民自由或權利遭受損害者，始認國家應負損害賠償責任。又欲使該私人或私法團體職員成為視同委託機關之公務員，必須有『授與』該私人或私法團體公權力之意思及賦予其本於自主意思決定准駁獨立性者，始足當之。」可供參考。

此外，應予注意者，乃國家或公共團體對於公務員之任命、僱傭等法律關係，事後縱令認為無效，如該公務員在該無效確定前，因執行職務，致生損害於他人時，國家或公共團體仍應負賠償責任❾。又公務員不以經常服勤務者為必要，縱係臨時性者亦屬之，故國家或公共團體為修繕道路，每日所僱用臨時工人，在下班歸宅途中所發生交通事故，加損害於他人時，國家或公共團體仍應對之負賠償責任❿。至於被害人依國家賠償法請求損害賠償時，固須就侵害其自由或權利之人係公務員負舉證責任，換言之，即須就其自由或權利係因公務員之不法行為而受到損害，負舉證責任，惟對該為不法行為之公務員之真實姓名如何，則無舉證之必要，如能證明加害公務員在行政組織上之地位及屬於行政機構上如何單位，即為已足⓫。

❽　參閱廖義男，國家賠償法，七十年七月初版，第二六至二七頁。

❾　參閱古崎慶長，國家賠償法，第一○八頁；乾昭三，國家賠償法，第三九六頁；松坂佐一，民法提要（債權各論），日本有斐閣，昭和五十五年九月二十日三版第十一刷，第二九九頁。

❿　參閱乾昭三，國家賠償法，第三九五頁。
日本旭川地判昭和三十五年一月二十二日國家賠償法の諸問題追補 II 第二四四頁。

⓫　參閱陳世榮，前揭文，第六頁；古崎慶長，國家賠償法，第八七、一三七頁；

三、須係執行職務之行為

公務員之不法行為或侵害行為，必須係因執行職務所為者，始能由國家或公共團體負損害賠償責任；如係公務員之個人行為或非執行公權力之職務行為所致之損害，則國家或公共團體對之不負賠償責任。至於此處所稱執行職務，學者通說認為其意義與民法第一八八條僱用人責任中所規定之「執行職務」之意義相同❶❷。關於受僱人之行為，在何種情形下始為與其職務有關係，亦即民法第一八八條所規定之「執行職務」，其範圍如何，學說上頗有廣狹之不同，約可分為三說：第一說認為執行職務之範圍，應以僱用人之意思為準，必須屬於執行僱用人所命令或委託事項之行為及與之牽連而必要之行為，方謂之執行職務之行為。第二說認為應以受僱人之意思為準，即除上述情形外，受僱人之意思如係圖僱用人命辦或委辦事項之利益，所為之行為，亦應解為係執行職務。第三說則認為是否執行職務，應以行為之外觀為標準定之，凡外觀上係以執行職務之形式為之者，則不問僱用人與受僱人之意思如何，亦不問係圖利僱用人抑或圖利受僱人自己，均得謂之為執行職務。第一說之範圍過狹，為保護被害人之利益，故我國學者通說係採第三說❶❸。最高法院四十二年臺上字第一二二四號判例謂：「民法第一百八十八條第一項所謂受僱人因執行職務不法侵害他人之權利，不僅指受僱人因執行其受命令，或委託之職務自體，或執行該職務所必要之行為，而不法侵害他人之權利者而言，即受僱人之行為，在客觀上足認為與其執行職務有關，而不法侵害他人之權利者，就令其為自己利益所為亦應包括在內。」顯係採第三說。

如上所述，關於「執行職務」一詞之意義，基於民法保護被害人之立法精神，學說及實務均採第三說（即客觀說）。國家賠償法亦係以保護人民

　　乾昭三，國家賠償法，第三九六頁；松坂佐一，前揭書，第二九九頁。

❷　參閱乾昭三，國家賠償法，第四〇二頁；松坂佐一，前揭書，第二九九頁；陳世榮，前揭文，第六頁。

❸　參閱鄭玉波，民法債編總論，三民書局，五十九年八月五版，第一八四頁；史尚寬，債法總論，六十一年三月三版，第一八三頁。

之權益為其立法目的（參閱國家賠償法第一條），故本法第二條第二項所稱「執行職務」，亦應為相同解釋，即所謂「執行職務」，係指公務員行使其職務上之權力或履行其職務上義務等，而與其所執掌之公務有關之行為而言，不以公務員主觀上有執行職務之意思為必要，只要在客觀上、外形上依社會觀念認為係執行職務者，即為已足，至於為加害行為之公務員是否另有其個人目的或意圖，係為自身或第三人之利益，抑或為國家之利益，均非所問❹。職是之故，則下列行為，應認為係執行職務❺：

(一)**職務上之行為**

其情形又可分為三種：

1.執行職務之行為：

即行為本身係屬職務之執行，如違法之行政處分；衛生機關之食品檢驗人員，對於合乎規定之食品，誤認為不合格，並予以公布，致使該食品商蒙受不能銷售之損害；違法逮捕；警察在街道上逮捕嫌犯，於追逐中將婦人撞倒，致該婦人受傷等是。公務員於勤務時間內為此等執行職務行為，致人民之自由或權利受到損害者，國家或公共團體對之應負損害賠償責任，固不待言。至公務員於勤務時間外所為之執行職務行為，致人民之自由或權利受到損害者，國家或公共團體對之應否負損害賠償責任，則不無問題。由於公務員是否在執行勤務中，係機關內部作業問題，該公務員之一般權限並未被剝奪，其行為在外形上、客觀上，如屬於職務行為之範圍，為保障人民之權益，國家或公共團體對之仍應負責，不得因其非在勤務時間內所為即減免賠償責任❻。此外，公務員執行職務之行為，應以該公務員所

❹　參閱古崎慶長，國家賠償法，第一三八頁；乾昭三，國家賠償法，第四〇二頁；松坂佐一，前揭書，第二九九頁。

日本最判昭和三十一年十一月三十日民集第十卷第十一號第一五〇二頁。

❺　參閱王伯琦，民法債編總論，正中書局，五十一年五月臺一版，第九三頁以下。

❻　參閱葉百修，前揭文，第三八頁；乾昭三，國家賠償法，第四〇三頁；古崎慶長，國家賠償法，第一四八頁。

東京高判昭和二十九年七月十九日高民集第七卷第十二號第一〇六三頁；最判昭和三十年十一月三十日民集第十卷第十一號第一五〇二頁。

執行之職務，係在其規定之範圍內為必要，換言之，即必須加害公務員具有為該行為之一般職務權限（此即所謂之事務管轄問題）。惟一般職務權限是否存在，應依社會常識及觀念決定之，與該公務員依機關內部規則所劃分之權限職掌範圍無關，從而公務員所為之行為，依一般社會觀念屬於其職務範圍者，縱令已超越其法定職掌，亦應解為其有為該行為之一般職務權限，國家或公共團體對之仍應負賠償責任❶。又公務員之行為是否須以於其轄區內所為者，始屬「執行職務」（此即所謂之土地管轄問題），學者有採肯定見解，認為應以具備土地管轄為要件❶。然由於該公務員縱未具備土地管轄之要件（即非於其轄區內為行為），如其具有為該行為之一般職務權限，在客觀上、外形上仍得認為係其職務行為，故宜採消極說較妥，即不以具備土地管轄為要件。從而甲地警察局之警察至乙地，藉口調查犯罪，而強取財物時，國家或公共團體仍應對之負損害賠償責任❶。

2.執行職務之方法或手段違法：

即以不法之方法或手段，達到職務上目的，如偵查犯罪嫌疑人時，予以刑求或逼供；稅務員查帳時，對納稅義務人為脅迫行為，使之承認有漏稅行為等是。

3.怠於執行職務：

即職務上應執行而不執行之消極行為，如地政登記機關之公務員對於錯誤之登記，經聲請更正而不予更正；稅務員對於應退還之稅款而不退還（參閱所得稅法第一○○條第三項）是。按法律上所稱行為，不僅指作為而言，即不作為亦包括在內，惟不作為之具有違法性，以其在法律上有作為之義務為前提❷。所謂法律上有作為之義務，不僅指法律有明文規定者

❶ 參閱乾昭三，國家賠償法，第四○三頁；古崎慶長，國家賠償法，第一四九頁；雄川一郎，行政上の損害賠償，第十二至十三頁。
東京地判昭和四十二年十二月九日判夕第二一六號第二二七頁。

❶ 參閱古崎慶長，國家賠償法，第九十四頁。

❶ 參閱乾昭三，國家賠償法，第四○三頁；今村成和，國家補償法，法律學全集(9)，日本有斐閣，昭和四十三年九月十日再版第六刷，第一○六頁；日本最判昭和三十九年十月二十二日訴訟月報第十一卷第三號第二五一頁。

而言，其他依公序良俗，由法律全體之目的及精神觀之，有作為之義務者，亦屬此之所謂法律上有作為之義務。故此處所稱「法律上有作為之義務」，其情形約有下列諸端：即①基於法律之規定有作為之義務，②基於服務關係有作為之義務，③基於契約關係有作為之義務，④因自己無責任行為所生之危險，有防止之義務，⑤惟其有防止危險發生之機會，依公序良俗之觀念有防止之義務是。公務員應作為而不作為者，自屬違法❷，即因公務員消極不作為怠於執行職務，致侵害人民之自由或權利時，國家亦應負損害賠償責任，乃法理所必然，惟為免將來適用時發生解釋上之爭議，並促使公務員執行職務主動積極，避免推拖，故國家賠償法第二條第二項特予明確規定：「公務員怠於執行職務，致人民自由或權利遭受損害者亦同。」

　　最高法院七十二年臺上字第七〇四號判例謂：「國家賠償法第二條第二項後段所謂公務員怠於執行職務，係指公務員對於被害人個人有應執行之職務而怠於執行者而言。換言之，被害人對於公務員為特定之職務之行為，有公法上請求權存在，經請求其執行而竟怠於執行，致自由或權利遭受損害者，始得依上開規定，請求國家負損害賠償責任。若公務員對於公共職務之執行，雖可使一般人民享有反射利益，人民對於公務員仍不得請求為該職務之行為者，縱公務員怠於執行該公共職務，人民尚無公法上請求權可資行使，以資保護其利益，自不得依上開規定請求國家賠償損害。」對人民因公務員怠於執行職務，請求國家損害賠償，設有相當嚴格之限制。惟司法院大法官會議釋字第四六九號解釋謂：「法律規定之內容非僅屬授予國家機關推行公共事務之權限，而其目的係為保護人民生命、身體及財產等法益，且法律對主管機關應執行職務行使公權力之事項規定明確，該管機關公務員依此規定對可得特定之人所負作為義務已無不作為之裁量餘

---

❷　參閱鄭玉波，民法債編總論，第一四四頁；史尚寬，債法總論，第一一九至一二〇頁；拙著判解民法債編通則，三民書局，六十七年十月初版，第七一至七二頁；加藤一郎，不法行為，法律學全集22-II，日本有斐閣，昭和五十年二月十日增補版初版第二刷，第六三、一三三頁。

❷　參閱乾昭三，國家賠償法，第四〇五至四〇六頁。

地，猶因故意或過失怠於執行職務，致特定人之自由或權利遭受損害，被害人得依國家賠償法第二條第二項後段，向國家請求損害賠償。最高法院七十二年臺上字第七〇四號判例謂：「國家賠償法第二條第二項後段所謂公務員怠於執行職務，係指公務員對於被害人有應執行之職務而怠於執行者而言。換言之，被害人對於公務員為特定職務行為，有公法上請求權存在，經請求其執行而怠於執行，致自由或權利遭受損害者，始得依上開規定，請求國家負損害賠償責任。若公務員對於職務之執行，雖可使一般人民享有反射利益，人民對於公務員仍不得請求為該職務之行為者，縱公務員怠於執行該職務，人民尚無公法上請求權可資行使，以資保護其利益，自不得依上開規定請求國家賠償損害。」對於符合一定要件,而有公法上請求權,經由法定程序請求公務員作為而怠於執行職務者，自有其適用，惟與首開意旨不符部分，則係對人民請求國家賠償增列法律所無之限制，有違憲法保障人民權利之意旨，應不予援用。」

上開解釋，擴大了人民因公務員怠於執行職務致受損害時，得以請求國家損害賠償之依據，不僅可以促使公務員應積極任事，且對人民權益之保障極有助益，自值讚許。茲引最高法院判決四則如下，用供參考：

①最高法院九十二年臺上字第六十九號判決：「按國家賠償法第二條第二項後段所稱之公務員怠於執行職務之消極不作為國家賠償責任，自保護規範理論擴大對人民保障而言，凡國家制定法律之規範，不啻授與推行公共政策之權限，而係為保障人民生命、身體及財產等法益，且該法律對主管機關應執行職務之作為義務有明確規定，並未賦予作為或不作為之裁量餘地，如該管機關公務員怠於執行職務行使公權力，復因具有違法性、歸責性及相當因果關係，致特定人之自由或權利遭受損害者，即應負上開消極不作為之國家賠償責任。」

②最高法院九十四年臺再字第二十七號判決：「按法律規定之目的，係為保護人民生命、身體及財產等法益，且對主管機關應執行職務行使公權力之事項規定明確，該管機關公務員依此規定對可得特定之人所負作為義務已無不作為之裁量餘地，猶因故意或過失怠於執行職務，致特定人之自

由或權利遭受損害，被害人得依國家賠償法第二條第二項後段規定向國家請求損害賠償。所得稅法第一百條第二項及第四項規定之目的，係為保障人民財產法益，且該條對主管機關應執行職務行使公權力之事項，亦規定明確，則該管機關公務員依上開規定對可得特定之人所負作為義務已無不作為之裁量空間。」

③最高法院九十八年台上字第六十號判決：「學校教師及相關教育督導人員均有維持上課及下課時之教室秩序及安全，使學校之教室適於學習；又教室內本非適宜作球類活動之場所，且無論該球類是否為紙球，為維持教室之秩序及安全均應禁止之，學校之教師及相關教育督導人員亦應宣導並教育學生作球類活動應在運動場上而非在教室內，倘未為該項管理監督，尚難謂得免於怠於執行職務之責任。」

④最高法院一〇〇年台上字第二一四一號判決：「依當時之建築法第56條、第58條，地方主管建築機關於建築物施工時應勘驗建築物之規定，其目的係為保障人民生命、身體及財產等法益，且係對主管機關應執行職務行使公權力之事項規定，該管機關公務員自負有勘驗之作為義務，而無不作為之裁量空間。若該管機關所屬公務員未就大樓建築工程中必須勘驗部分，於施工中予以勘驗，為怠於執行職務，與該建物不能承受九二一地震之地震力而倒塌，具有相當因果關係，人民自得依國家賠償法第2條第2項規定，向該管機關請求所害賠償。」

（二）**職務予以機會之行為**

其情形可分為二種：

1. 濫用職務之行為：

此乃指行為人以執行職務為方法，而達其他不法目的之行為，如郵差私拆函件妨害秘密；火車站僱用之伕役攜旅客行李上車逃逸是。

2. 與其執行職務之時間或處所有密切關係之行為：

公務員於執行職務時間或處所之行為，非必為執行職務，惟如其行為非在執行職務之時間或處所不能發生者，則亦非可謂與職務全無關係，如稅務員於辦公室內查帳時吸煙失火而燒燬納稅義務人之帳簿是。

四、須為不法之行為

人民之自由或權利因公務員之不法行為致受有損害者，始得依國家賠償法請求損害賠償；因公務員之適法行為而遭受損害者（如公用徵收是），則屬於損失補償問題。此之所謂不法，學者通說認為不僅指違反法律或命令而言，舉凡客觀上欠缺正當性有背公序良俗者均屬之❷。至於下級機關違反上級機關之訓令，或部屬違反長官之職務命令，以及機關員工違反機關內部處務規程辦法等，可否謂係此處所稱不法，學者見解不一，有認為訓令、職務命令及內部處務規程或辦事細則等，在與第三人之關係上並不具有拘束國家或公共團體權限行使之法規性質，因而採否定見解，認為下級機關或部屬對之縱有違反，亦不得認係違法或不法者；有採肯定之見解者❸。由於此處所稱不法行為，既指客觀上欠缺正當性之行為，故關於本問題自未可一概而論，應視該行為在客觀上是否欠缺正當性以為決定❹。惟國家機關為了便民及提高行政效率，所自行頒定之辦法或規程等，就機關內部工作之作業流程或時限等加以規定，原本僅對內發生效力，人民並不能依據此等辦法或規則而主張權利。然國家機關既訂有此項辦法或規則，基於平等原則，對於同一性質之事件，自負有依此等規則或辦法而為相同處理之義務，如為差別待遇，未依規定處理，即屬職務義務之違反，換言之，仍為此處所稱不法，應予注意❺。其次，被害人對於公務員之執行職務行為係加害行為，固應負舉證責任，惟對該加害行為是否為「不法」，則不負舉證責任，蓋人民就公務員之加害行為，僅於其係適法的公權力行使時，始有容忍之義務，故國家或公共團體主張免責時，須就公務員行為之

---

❷ 關於國家賠償法第二條第二項所稱「不法侵害」，其範圍如何，與憲法第二十四條所稱「違法侵害」，其意義是否相同，學者有不同見解。由於國家賠償法之立法精神乃在保障人民之自由或權利，以填補被害人所受損害為目的，故此之所謂「不法侵害」，宜解為與民法第一八四條第一項所稱「不法侵害」之意義相同，而從廣義解釋。

❸ 參閱乾昭三，國家賠償法，第四○四至四○五頁。

❹ 參閱葉百修，前揭文，第四一頁。

❺ 參閱廖義男，國家賠償法，第五三至五四頁。

適法性，負舉證責任❷⁶。

　　至於被害人以行政處分係違法為由，請求國家為損害賠償時，是否應以該行政處分經撤銷或得到無效之確認判決，或該加害公務員受刑事制裁或行政處罰為先決要件，則有不同見解，日本之通說及判例係採否定見解，即不以之為前提要件❷⁷；奧國法制上則採肯定之見解❷⁸。為避免對行政處分是否違法，有不同之認定起見，似以奧國法制較為可採。惟為使被害人民得以迅速得到賠償，自以日本判例所採之見解較妥。由於我國國家賠償法關於損害賠償訴訟之提起，僅限於被害人已依行政訴訟法規定附帶請求損害賠償者（參閱舊行政訴訟法第二條第二項），就同一原因事實，始不得

---

❷⁶　參閱乾昭三，國家賠償法，第四〇六頁。

　　日本東京高判昭和四十五年八月一日判例時報第六〇〇號第三三頁。

❷⁷　參閱古崎慶長，國家賠償法，第一八一頁；今村成和，國家補償法，第一二一頁；乾昭三，國家賠償法，第四〇六頁。不同見解，參閱山內一夫，行政行為の公定力について，演習行政法，第五〇頁以下。

　　日本最判昭和三十六年四月二十一日民集第十五卷第四號第八五〇頁；昭和四十二年九月十四日民集第二十一卷第七號第一八〇七頁；昭和四十七年十二月十二日民集第二十六卷第十號第一八五〇頁。

❷⁸　奧國國家賠償法有關規定（引自行政院研究發展考核委員會編印，國家賠償法之研究，六十七年十二月，第一六八頁）如下：

　　第十一條規定：「1.國家損害賠償之訴以行政官署之決定違法與否為斷者，在憲法法院或行政法院對該項行政決定違法與否尚未確定判決之前，除應依憲法第二條之規定予以駁回之情形外，應停止訴訟程序，並依憲法第一三一條第二項請求對該決定為判決。行政法院判決確定後，受訴法院應繼續訴訟程序，其判決並應受行政法院之見解拘束。2.行政決定之違法與否，根據憲法第一三三條之規定不得由行政法院審判者，不適用本條第一項之規定。3.憲法第八十九條第二項至第四項所規定之法院審判義務不受本法之影響。」

　　第十二條：「1.國家損害賠償之訴以公務員懲戒程序之結果為斷者，法院得於審判期日開始前依職權，或依聲請中止訴訟程序，至懲戒結果確定後，繼續審判。2.對聯邦，或各邦請求侵權行為損害賠償，依憲法第一四二條及第一四三條向憲法法院起訴案件，法院得在憲法法院判決確定前中止訴訟程序，法院之判決並受憲法法院及其他法院對該機關違反注意義務之判斷所拘束。」

更行起訴（本法第十一條第一項但書），此外則未設有特別限制規定，並就民事訴訟法第一八二條第二項僅規定法律關係應依行政爭訟程序確定其是否成立者，在其確定前得裁定停止訴訟程序，而非應停止訴訟程序觀之，被害人就其因公務員違法行政處分致受損害者，自得選擇的或同時分別向有關機關提起損害賠償訴訟或行政爭訟（訴願及行政訴訟），換言之，即被害人以行政處分係違法為由，請求國家損害賠償時，不以該行政處分經撤銷或得到無效之確認判決為先決要件。又行政機關所為之處分，常有依主管機關所為之解釋為依據者，對於行政機關所為解釋是否違法之認定，雖非屬普通法院所得審理之範圍，惟依大法官會議釋字第一三七號解釋，則法官於審判案件時，對於各機關就其職掌所作有關法規釋示之行政命令，固未可逕行排斥而不用，但仍得依據法律表示其合法適當之見解，應予注意。此時如兩者之見解不一致時，自應由司法院大法官會議為統一解釋。

如上所述，被害人以行政處分係違法為由，請求國家損害賠償時，不以該行政處分經撤銷或得到無效之確認判決為先決要件，被害人就其所受損害，得選擇的或同時提起損害賠償訴訟或行政爭訟，以求救濟。惟我國因採行政訴訟與民、刑訴訟分立主義（雙軌爭訟制度），即前者由行政法院審理；後者由普通法院（最高法院、高等法院及地方法院）審理。行政法院之判決無拘束普通法院之效力；普通法院之判決亦無拘束行政法院之效力❷❾。人民因公務員之不法行為受有損害，依國家賠償法規定提起損害賠償之訴者，係適用民事訴訟法向普通法院提起（參閱國家賠償法第十二條），因而關於某一行政處分是否違法，可能因行政法院與普通法院見解不一而發生歧異，即可能發生行政法院認為該行政處分不違法，而普通法院認為係違法，國家或公共團體應負損害賠償責任，或行政法院認為該行政處分違法，而普通法院認為不違法者，此從某一行為經行政法院認為係漏稅行為，為應予補繳之判決後，普通法院常為非逃漏稅行為而不予裁罰，即可知之。國家賠償法施行後，亦將面臨此項問題，應如何解決，乃屬於立法及司法政策問題。

---

❷❾　參閱最高法院三十八年穗上字第八十七號判例。

　　其次，公務員之加害行為縱屬不法，若該行為具有違法阻卻事由而不構成侵權行為時，國家或公共團體對之自不負損害賠償責任。學者通說認為下列行為，即①正當防衛行為（參閱民法第一四九條）；②緊急避難行為（參閱民法第一五〇條）；③自助行為（參閱民法第一五一條）；④無因管理行為（參閱民法第一七二條）；⑤行使權利之行為；⑥經被害人允諾之行為；⑦正當業務之行為等，在不違背公序良俗之範圍內或非權利之濫用，均足以阻卻行為之違法性，故雖屬侵害人民之權益，亦非不法，國家或公共團體對之不負損害賠償責任。惟此等違法阻卻事由之存在有利於國家或公共團體，故應由其負舉證責任❸。

　　此處應予注意者，乃統治行為（即富有高度政治性之國家機關的法律行為，如政府對議會之事，戒嚴之宣告，關於外交之事務、戰爭行為、戰時對外國人之警察措施，統帥行為，以及議會對政府之不信任決議，議員之懲罰等）❸及行政裁量行為（即行政機關在法律授權之範圍內，選擇認為合於行政目的之自由裁量行為）❸，各國學者及判例皆依司法及行政之本質，劃出法院審理範圍之外，故無所謂違法與否之問題❸。至於在特別權力關係（又稱特別服從關係，乃指國家或公共團體等行政主體，基於特別之法律原因，在一定範圍內，對相對人有概括的命令強制之權力，而另

---

❸　參閱古崎慶長，國家賠償法，第一七三頁。

❸　有關統治行為之基本理論，請參閱林紀東，行政法原論（下），正中書局，五十五年十月臺初版，第七〇三頁以下；林錫堯，統治行為，七十年三月版，第三頁以下。

❸　有關行政裁量之基本理論，請參閱林紀東，行政法原論（下），第四〇〇頁以下；翁岳生，行政法與現代法治國家，一九七六年一月初版，第三九頁以下。最高法院一〇二年台上字第一一三一號判決：「公務員行使公權力所作成之行政處分，係在其行政裁量權之範圍，而無逾越權限或濫用權力之行為，即難指其侵害人民之權利。」

❸　參閱林紀東，行政法原論（下），第七〇六頁以下；翁岳生，前揭書，第三八頁；葉百修，前揭文，第三一至三三、四四頁；田中二郎，行政法總論，法律學全集(6)，日本有斐閣，第四八頁；古崎慶長，國家賠償法，第一七四頁。

一方面相對人卻負有服從義務者）中處於相對人之地位者（如公務員、公立學校之學生、犯人、受強制治療者等是）❸，因特別權力主體行使其特別權限，致其權利受有侵害時，依我國目前之學說及判例，認為此亦屬自由裁量範圍，不生違法問題，其行使縱有不當，相對人不得訴請法院予以救濟❸。按在特別權力關係中處於相對人地位者，其權利因特別權力主體發動支配權而行使其命令強制權，致受違法侵害者，固與國家基於主權之作用，對其管轄所及之一般人民行使公權力（如課徵租稅），以致侵害其權利者，尚有不同。惟依「有權利，必有救濟」(Ubi Jus ibi remedium) 之法諺觀之，在特別權力關係中，權利受違法侵害者，亦得請求救濟，始稱公允❸，德、日二國之通說及實務，亦採折衷之態度，認為在特別權力關係中之部分行為（如有關公務員之任命、免職、禁止處理職務及博士學位之授與、退學或開除等是），致相對人之權利受到損害時，得訴請法院救濟❸。此外，國家所為之各種建議、預測等行政指導行為，除係指示性者（如在判決書或訴願決定書上附記提起上訴或行政訴訟之期間）外，原則上無違法與否問題，縱有不當，相對人亦不得訴請救濟❸。

五、須有故意或過失

關於因公權力行使所致損害之國家賠償責任，國家賠償法係採過失責任主義，即關於公務員不法侵害人民之自由或權利，以出於故意或過失者

---

❸ 有關特別權力關係之基本理論，請參閱林紀東，論行政法上之特別權力關係，法令月刊第十五卷第十二期（五十三年十二月），第三頁以下；同著者，行政法原論（上），正中書局，五十五年十月臺初版，第一六五頁以下；同著者，行政法新論，六十二年十月重訂第十五版，第九六頁以下；翁岳生，前揭書，第一三一頁以下。

❸ 參閱翁岳生，前揭書，第一五二頁以下。

❸ 參閱翁岳生，前揭書，第一四一頁以下；行政院研究發展考核委員會，國家賠償法之研究，第四七至四八頁。

❸ 參閱翁岳生，前揭書，第一四二頁以下。

❸ 有關行政指導與國家賠償責任之關係，請參閱古崎慶長，國家賠償法の理論，第四七頁以下。

為限，國家或公共團體始對之負損害賠償責任。惟國家對於公務員之選任與監督，則不問有無過失，概應就被害人民所受損害負賠償責任（即負無過失責任）（參閱行政院對國家損害賠償法草案總說明要點二）❸。至於此之所謂故意過失，其意義為何，在日本則因對國家損害賠償責任之性質，係採代位責任說抑或自己責任說而有不同見解，前者認為故意過失係公務員之主觀歸責要件，從而故意過失之有無乃以公務員之主觀的認識為判斷基準；後者則認為國家賠償責任與公務員個人之不法行為責任無關，從而故意過失亦與公務員個人對於違反職務之主觀認識如何無關，應專以違法之國家作用之發生原因為客觀之評價，換言之，即指可歸責於國家或公共團體事由之公務營運上發生瑕疵之客觀情事❹。由於國家賠償責任之成立，係建立在公務員之不法行為上，故此之所謂故意過失，當以求之於公務員個人之主觀認識較妥。從而所謂故意，係指該為加害行為之公務員對於構成侵害行為之事實，明知而有意使其發生（直接故意或確定故意），或預見其發生，而其發生並不違反其本意者（間接故意或不確定故意）（參閱刑法第十三條）；所謂過失，係指該為加害行為之公務員雖非故意，但按其情節應注意並能注意而不注意者（無認識之過失），或其對於構成侵害行為之事實，雖預見其發生而確信其不發生者(有認識之過失)（參閱刑法第十四條）。至於過失之有無，一般言之，則應以是否怠於善良管理人之注意（即依交易上一般觀念認為有相當知識經驗及誠意之人應盡之注意）為斷，苟非怠於此種注意，即不得謂之有過失❹。惟公務員所負之注意義務，應依其所任職務所需知識、能力等各別具體定之，其程度較一般人之注意義務高，如檢察處職員「對於個人之生命、身體、財產、名譽及信用之保護，應較其他官廳職員具有更高之見識，並負有誠實地處理事件之職務上之義務。」❹

---

❸　參閱拙著國家賠償法概要，第八一至八二頁附錄（本書第一七七頁）。

❹　參閱乾昭三，國家賠償法，第三九二至三九四、四〇七頁。

❹　參閱最高法院十九年上字第二七四六號、四十二年臺上字第八六五號判例。

❹　參閱古崎慶長，國家賠償法，第一五四頁；雄川一郎，前揭文，第十三頁。

　　公務員之侵害行為係出於故意或過失，乃國家損害賠償責任成立之積極要件，故關於公務員之故意或過失自應由主張損害賠償責任成立之被害人負舉證責任❹。惟故意過失乃一種心理狀態，對之加以舉證殊屬不易，故被害人往往因此而不能獲賠償。為使被害人易於得到賠償，因而對於故意過失之舉證，通常都利用過失推定（如民法第一八四條第二項）及舉證責任轉換（如民法第一八七條第二項、第一八八條第一項但書、第一九一條第一項但書）予以補救。又公務員應忠心努力，依法令所定執行其職務（參閱公務員服務法第一條），故學者通說認為被害人能依事物之通常趨勢，就足以推斷公務員有故意或過失存在之事實予以舉證，即可推定其有過失；國家或公共團體如為免責，則須就可以推翻此項推定之特別事實，負有舉證責任❹。最高法院九十九年台上字第八三六號判決：「國家賠償法第二條第二項所定之國家賠償責任，固採過失責任主義，且得依『過失客觀化』及『違法推定過失』法則，以界定過失責任之有無，然於是項事件具體個案，衡酌訴訟類型特性與待證事實之性質、當事人間能力、財力之不平等、證據偏在一方、蒐證之困難、因果關係證明之困難及法律本身之不備等因素，倘人民已主張國家機關有違反作為義務之違法致其受有損害，並就該損害為適當之證明時，揆之民事訴訟法第二百七十七條但書規定，自應先由國家機關證明其有依法行政之行為，而無不作為之違法，始得謂為無過失，並與該條但書所揭依誠實信用及公平正義原則定其舉證責任之本旨無悖。」可供參考。

　　依民法第一八四條第二項規定，違反保護他人之法律者，固得以推定加害人有過失，惟得否因行政處分違法即推斷為該行政處分之公務員有故意過失，不無問題。由於行為之違法性係客觀的評價問題，而故意過失則係行為人主觀的認識問題，兩者雖不無關聯，惟無必然的關係，故學者通

　　　　東京地判昭和三十四年九月十九日下民集第十卷第九號第一九五六頁。

❹　參閱松坂佐一，前揭書，第三〇〇頁。

❹　參閱乾昭三，國家賠償法，第四〇八頁；古崎慶長，國家賠償法，第一六六、二九八頁以下。

說及判例均認為公務員如係本於職務上通常應有之法律知識而為法令之解釋或適用，或於判例學說紛紜，解釋上有疑義時，採取其中之一說以為處理事務之準據，嗣後縱令產生違法之結果，亦不能因而即認定其有過失**❹**。其次，基於合議制（或委員制）所決定之事項，其故意過失之有無，則無就參與合議之各個公務員各別判定之必要，僅就合議體意思判斷其有無故意過失即為已足**❻**。至於不能特定某公務員係加害人時，固無法就公務員個人之故意過失加以判斷，惟如能證明其係複雜之國家機關或公務員組織內部之加害行為，即應推定有過失以資救濟**❼**。

六、須侵害人民之自由或權利

此處所稱自由或權利，係指法律所維護及保障之一切自由及權利而言。所謂自由，包括憲法上所定之一切自由在內，如身體自由、居住遷徙自由、集會結社自由、言論出版自由等是。所謂權利，則包含人格權（如姓名權、生命權、身體權、健康權、名譽權、自由權等）、身分權（即親屬權）、財產權（如物權、準物權、無體財產權、債權）等屬之。又公務員所侵害者，如非現行法律體系上所明認之權利，僅為一種利益時（如侵害占有）（參閱民法第一八四條第一項後段），被害人民是否得依國家賠償法請求賠償不無問題。基於憲法第二十四條之保障人權精神，似宜採肯定見解，換言之，即於公務員以違背善良風俗之方法，故意侵害他人之利益者，國家亦應負損害賠償責任。

本條項前段所稱「人民」，係指應受公權力支配之一般人民，即指居於國家主權作用下一般統治關係者而言。從而關於有服從特別權力關係義務下之個人，例如公務員或軍人是，是否屬於本條項所稱「人民」，不無問題，

---

❹ 參閱陳世榮，前揭文，第八至九頁；古崎慶長，國家賠償法，第一五四頁；同著者，國家賠償法の理論，第五至九頁；乾昭三，國家賠償法，第四○八至四○九頁。

日本最判昭和四十三年四月十九日判例時報第五一八號第四五頁；昭和四十四年二月十八日判例時報第五五二號第四七頁。

❻ 參閱陳世榮，前揭文，第八頁；乾昭三，國家賠償法，第四○八頁。

❼ 參閱乾昭三，國家賠償法，第四○八頁。

有否定說與肯定說不同見解。否定說之見解，認為於特別權力關係（特別服從關係）中，在一定範圍內國家對相對人有概括之命令強制之權利，另一方面相對人即負有服從義務，與國家基於主權之作用，對其管轄所及之一般人民行使公權力，與人民發生一般關係者不同，應非國家賠償法第二條第二項前段所謂之「人民」，是以，國家賠償法係以一般人民為保護對象之法律，此觀該法第二條第二項之文義自明（參閱最高法院九十年台上字第三七一號判決）。肯定之見解，認為軍人亦為廣義之公務員，公務員及軍人，與國家間具有公法上之職務關係，屬於有服從特別權力關係義務之人。惟有服從特別權力關係義務之人，其本身亦屬人民，故於其執行公務時，受其他執行公務，行使公權力之公務員故意或過失不法之侵害，或因公有公共設施設置或管理有欠缺，致受損害者，與一般人民處於同一地位受損害無異，當亦得依國家賠償法之規定請求國家賠償（參閱最高法院九十三年台上字第九二○號判決、九十七年台上字第四四九號判決、一○三年台上字第二四九一號判決）。關於本問題，本書原採否定說之見解，茲改採肯定說之見解。

　　如前所述，國家賠償法第二條、第三條規定所稱「人民」，除居於國家主權作用下一般統治關係，應受公權力支配之一般人民外，尚包括有服從特別權力關係義務下之個人，例如公務員或軍人是。公務員或軍人於其執行公務時，受其他執行公務，行使公權力之公務員故意或過失不法之侵害，或因公有公共設施設置或管理有欠缺，致遭受死亡或受傷之損害時，若合於公務人員撫卹法或軍人撫卹條例之規定，死者之遺族或受傷之軍人即可依法請求給予撫恤金，該已受領撫卹金給予之人，可否再依國家賠償法之規定，請求國家損害賠償，不無問題。依公務人員撫卹法或軍人撫卹條例給予遺族或軍人之撫卹金，係因公務人員或軍人對國家之特殊貢獻，而由國家給予之特別恩惠，旨在撫孤卹寡，藉以鼓勵在職公務人員或軍人主動積極進取，勇敢任事，使其無後顧之憂，並彰顯政府對在職亡故公務人員、軍人所屬遺族或軍人本身生活之特別照護，係屬公法上給付，非屬賠償性質。由是可知，依公務人員撫卹法或軍人撫卹條例所發給之撫卹金，與依

國家賠償法所為之損害賠償，二者性質顯然不同，自不得因此而減免國家之賠償責任。由於國家賠償法與公務人員撫卹法或軍人撫卹條例間，其立法精神、法律依據及請求原因均有不同，應認國家賠償及撫恤金之請求權係並存，二者間亦無重複領取而有相互折抵之問題。故當公務人員或軍人，於其執行公務時，受其他執行公務，行使公權力之公務員故意或過失不法之侵害，或因公有公共設施設置或管理有欠缺，致受損害時，依公務人員撫卹法或軍人撫卹條例受領撫卹金給予之人，仍得依國家賠償法之規定，請求國家損害賠償，不得剝奪其請求國家賠償之權利（參閱最高法院九十五年台上字第二五四〇號判決、九十七年台上字第四四九號判決、一〇三年台上字第二四九一號判決）。

七、須致生損害

　　公務員所為之侵害行為，必須致人民受損害，國家或公共團體始負賠償責任。蓋民事責任，以填補被害人所受損害為目的，從而國家損害賠償責任之成立，自以被害人實際上受有損害為要件，如未有損害之發生，則縱然公務員之行為違法，國家亦不負損害賠償責任❹。所謂損害，其意義與民法上所稱之損害相同，係兼指財產上之損害與非財產上之損害，乃被害人之財產上或其他法益上受有不利益之謂。財產上之損害，應解為兼指積極的損害(現存財產減少)及消極的損害(妨害現存財產之增加)而言❹。至於損害之發生及其範圍，則應由被害人負舉證責任❺。

---

❹　英美法上有所謂「名義上之損害」(Nominal Damages) 者，是否屬於此處所稱之損害，不無問題。有主張損害賠償之作用，並非專在填補損害，尚應考慮及大眾正義感之滿足，尤其是於國家損害賠償事件，除損害填補外，間接的尚蘊有利用民眾監督公務員，以抑制其濫用公權力之機能，因而有承認名義上之損害賠償之必要者，參閱乾昭三，國家賠償法，第四一〇頁。惟通說則認為國家損害賠償之目的，係著重在損害之填補，而名義上之損害因非現實上之損害，當無填補可言，故此名義上之損害並不屬之者，參閱古崎慶長，國家賠償法，第一八三頁;東京地判昭和二十九年四月二十四日下民集第五卷第四號第五三〇頁。

❹　參閱乾昭三，國家賠償法，第四〇九頁;古崎慶長，國家賠償法，第一八三頁。

其次，損害之發生，必係因公務員侵害自由或權利之行為所致者，即侵害行為與損害間須有因果關係，國家始對之負損害賠償責任❺❶。關於因果關係有無之判斷標準，有條件說（凡屬發生結果之條件，皆為原因）、原因說（多數條件中，一條件為原因，其餘為條件）及相當因果關係說（無此行為，不生此結果，有此行為，通常即可發生此結果，又稱適當條件說或相當條件說）三說❺❷，以相當因果關係說為優❺❸。

第二項　偵審人員執行職務行使公權力致生損害之賠償責任

公務員於執行職務行使公權力時，因故意或過失不法侵害人民自由或權利，而具備前項所述要件者，國家即應負損害賠償責任。此處應予注意者，乃推事、檢察官或其他有審判或追訴職務之人員，亦係依法令從事於公務之人員，其實施審判或追訴，亦屬執行職務行使公權力之範圍，如因而致人民權益受到損害，國家對之自亦應依國家賠償法規定負損害賠償責任。惟推事或檢察官等於執行審判及追訴職務時，關於法律之適用及證據之取捨等，難免有不同見解，自不能僅因其見解有所不同，即令負損害賠償責任。為維護審判獨立，外國立法例多以明文否定或限制審判官之侵權行為性。就我國法制而言，有審判或追訴職務之公務員，應如何進行審判或追訴，民刑訴訟法已有明確規定，並有審級制度、再審、非常上訴及冤獄賠償程序，以資救濟。故國家賠償法就國家對於偵審人員執行職務行使公權力之損害賠償責任，另設有特別規定予以處理❺❹。

---

❺⓪　參閱乾昭三，國家賠償法，第四一○頁。

❺❶　參閱陳世榮，前揭文，第十頁；古崎慶長，國家賠償法，第一八四頁；乾昭三，國家賠償法，第四一○頁。

❺❷　關於因果關係，請參閱鄭玉波，民法債編總論，第一五六頁以下；史尚寬，債法總論，第一六○頁以下；加藤一郎，不法行為，第一五二頁以下。

❺❸　參閱鄭玉波，民法債編總論，第一五七頁；史尚寬，債法總論，第一六二頁以下。
　　最高法院二十三年上字第一○七號、三十三年上字第七六九號判例。

❺❹　參閱曹競輝，國家賠償法之理論與實務，六十九年七月初版，第五○○頁以下；

　　國家賠償法第十三條規定：「有審判或追訴職務之公務員，因執行職務侵害人民自由或權利，就其參與審判或追訴案件犯職務上之罪，經判決有罪確定者，適用本法規定。」茲依此分述其特別成立要件如下：

一、須為有審判或追訴職務公務員之行為

　　所謂有審判職務之公務員，係指職司民、刑事訴訟及行政訴訟審判之推事、評事，及掌理公務員懲戒事宜之公務員懲戒委員會委員而言，應無疑義❺❺。至於所謂有追訴職務之公務員，係指直接職掌偵查並有依法提起公訴藉以請求法院科刑權限之人員而言，換言之，即指普通法院檢察官、軍事檢察官及其他依法行使檢察官職權之人員（如兼檢察職務之縣長）而言。廣義之有追訴職務之公務員，則除上述狹義有追訴職務之公務員外，尚包含在提起公訴前主持或協助辦理偵查事務者，如縣市行政長官、警察人員、憲兵隊人員、調查局人員等是（參閱刑事訴訟法第二二九至二三一條）。由於本條係以偵審之特別事由為基礎，故所稱有追訴職務之公務員，以採狹義說較妥❺❻。

二、須為執行職務

　　此之所謂執行職務，係指執行審判及追訴之職務而言。所謂執行審判職務，即指各級法院推事及行政法院評事就民刑事訴訟案件、非訟事件、行政訴訟案件所為之審理，及公務員懲戒委員會委員之審理公務員懲戒案件是。所謂執行追訴職務，乃指就犯罪事實，予以偵查及起訴而言。

三、須參與審判或追訴案件犯職務上之罪

　　所謂參與審判或追訴案件犯職務上之罪，如為枉法裁判（即明知法律

　　黃謙恩，國家賠償法實務，第二八九頁以下。

　　日本國家賠償法並未設有如我國家賠償法第十三條規定，故關於偵審人員執行職務行使公權力致生損害時，國家賠償責任應否受限制，學說判例之見解不一，詳請參閱乾昭三，國家賠償法，第三九七頁；古崎慶長，國家賠償法の理論，第三一頁以下。

❺❺　參閱大法官會議釋字第一六二號解釋。

❺❻　參閱司法院二十一年院字第七三三號、二十一年院字第八一四號、三十五年院解字第三二〇二號解釋。

而故為出入)(刑法第一二四條);濫權追訴處罰(即濫用職權為逮捕或羈押、意圖取供而施強暴脅迫、明知為無罪之人而使其受追訴或處罰、或明知為有罪之人,而無故不使其受追訴或處罰)(刑法第一二五條);違法行刑(即違法執行或不執行刑罰)(刑法第一二七條)等是。

四、須經判決有罪確定

所謂判決有罪,係指被告犯罪事實已經證明,且合於處罰條件,經諭知科刑之判決者而言(參閱刑事訴訟法第二九九條第一項本文、第三○九條、第三一○條)。至於免刑判決,即被告之犯罪事實雖經證明,但依刑法規定(參閱刑法第十六條、第二十三條但書、第二十四條第一項但書、第二十七條)應(或得)免除其刑,而諭知免刑之判決者(刑事訴訟法第二九九條第一項但書),則仍屬有罪判決❺。所謂判決確定,係指判決發生確定力,不得再行撤銷或變更者而言。判決是否確定及其確定時期,因是否得提起上訴而不同。不得上訴之判決(即終審判決),自宣示或送達時確定;得上訴之判決,則於上訴權人未於上訴期間內(參閱刑事訴訟法第三四九條)上訴,或因當事人捨棄其上訴權(參閱刑事訴訟法第三五三條)或撤回上訴(參閱刑事訴訟法第三五四條),而不得上訴者(參閱刑事訴訟法第三五九條),判決均因而確定。

具備上述要件,則受害人民即可依國家賠償法規定,請求國家就有審判或追訴職務之公務員,因執行職務所為侵害行為負損害賠償責任。

第三項　公務員之責任能力及共同侵權行為

關於國家基於公務員執行職務行使公權力致人民權益受損害之賠償責任成立要件,已如上述。此處應予以討論者,乃公務員之責任能力及共同侵權行為問題是。按我國民法就侵權行為人責任能力之有無,並未設有直接規定,依學者之見解,僅能從民法第一八七條第一項、第四項規定之解釋上見之。其情形有二:即 I 無行為能力人或限制行為能力人於行為時無識別能力者,無責任能力;II 有行為能力人於行為當時係在無意識或精神

❺　參閱最高法院二十九年上字第一○四五號判例。

錯亂中者，無責任能力。然有行為能力人之精神障礙係因其人之故意或過失所引起者，則仍應負責（參閱德民法第八二七條後段，日民法第七一三條但書）。由於此項規定適用之結果，因而公務員在上述無責任能力情況下，所為之加害行為，國家對之自不負損害賠償責任。唯依我國公務人員任用法第二十八條第九款之規定，受監護或輔助宣告，尚未撤銷其宣告之人，不得任用為公務員，依公務員服務法第一條規定，公務員負有忠實義務，且公務員與國家成立特別權力關係，因而受國家之特別監督，此項監督應包括公務員是否有任職能力在內，另就民法第一八七條有關法定代理人責任之規定，並觀之前述國家賠償責任產生之思想背景以及憲法第二十四條之立法意旨，則個人認為，於此情況下，應解為由國家對之負無過失賠償責任，較為妥適❺❽。

　　其次，依民法第一八五條規定：「數人共同不法侵害他人之權利者，連帶負損害賠償責任，不能知其中孰為加害人者亦同。造意及幫助人視為共同行為人。」此項規定於國家損害賠償責任自亦應適用之，故公務員與他人，有為共同加害行為、共同危險行為、或造意及幫助者，國家與該他人對被害人，應負連帶損害賠償責任。惟最高法院採不同見解，認為公務員於執行職務行使公權力，不法侵害人民之權利，被害人得依國家賠償法第二條第二項之規定，請求國家機關損害賠償，乃基於國家賠償法之特別規定，原不生該國家機關應依民法第一百八十五條規定，與其所屬公務員為共同侵權行為之其他第三人，負連帶損害賠償問題。斯時，縱國家機關與該第三人因相關法律關係之偶然競合，對於被害人負有同一目的給付（賠償）之債務，然此僅屬不真正之連帶債務關係（參閱最高法院九十八年度台上字第八一三號判決）。

第三節　賠償義務機關

　　人民因公務員違法執行職務行使公權力，致受損害者，固得依國家賠

❺❽　參閱古崎慶長，國家賠償法，第二四五頁；今村成和，國家補償法，第一一二頁；乾昭三，國家賠償法，第四〇七頁。

償法第二條規定向國家請求賠償，惟國家設官分職，機關林立，尤其是於政府職能擴張之今日，更是如此，一旦造成損害，被害人民對應向何機關請求損害賠償，難以確知。為使被害人民易於查明索賠對象，依法向其索賠，故國家賠償法第九條乃對之設有規定。依國家賠償法第九條第一項規定：「依第二條第二項請求損害賠償者，以該公務員所屬機關為賠償義務機關。」故公務員執行職務行使公權力，因故意或過失不法侵害人民之自由或權利者，國家固應負損害賠償責任，惟實際上負擔賠償義務者，則由該公務員所屬之機關任之，俾責有所歸。所謂「公務員所屬機關」，係指將行使公權力之職務，託付該公務員執行之機關而言，該公務員執行職務時所完成之任務，是其本機關之任務，抑或他機關之任務，則非所問❺❾。至於受委託行使公權力之團體，其執行職務之人，及受委託行使公權力之個人，於行使公權力時，既視為委託機關之公務員（國家賠償法第四條第一項），故因此等人之行為致人民之權益受損害者，當以委託機關為賠償義務機關，如原經濟部商品檢驗局❻⓿依民國九十年修正前之商品檢驗法第二十六條規定，或經濟部標準檢驗局依商品檢驗法第四條規定，將商品檢驗工作委託私法人團體或個人代為實施者，該受委託團體實施檢驗工作之人員或受委託之個人，如有不法侵害人民權益情事，商品檢驗局或標準檢驗局即為賠償義務機關是。

　　此外，公務員之選任監督機關與薪津費用負擔機關不一時或公務員係屬借調（即由他機關所借調而來）者，則應以外觀上行使公權力之行政處分機關或調用機關為公務員所屬機關，就其不法行為負損害賠償責任❻❶。其次，於公務員所具職位具有雙重身分，如執行職務有不法侵害人民權益之情事時，則應視其係居於何種職位身分執行職務，而定其賠償義務機關。在公務員有兼職情形亦同，即辦理兼職事務有不法侵害人民權益情事時，

---

❺❾　參閱廖義男，國家賠償法，第七一至七二頁。

❻⓿　經濟部商品檢驗局已於民國八十八年與中央標準局合併，改制為「經濟部標準檢驗局」。

❻❶　參閱廖義男，國家賠償法，第七二頁。

則應由其兼職機關為賠償義務機關❷。

　　如前所述，依國家賠償法第九條第一項規定，則於公務員因執行職務行使公權力，致人民之自由或權利受有損害者，以該公務員所屬之機關為賠償義務機關。惟政府機關事實上常因業務需要而有裁撤、合併或改組等情事，如該應負賠償義務之機關，因有裁撤、合併或改組等情事以致不存在時，為免被害人民索求無門，致其權益平白遭受損害，故國家賠償法第九條第三項規定：「前二項賠償義務機關經裁撤或改組者，以承受其業務之機關為賠償義務機關。無承受其業務之機關者，以其上級機關為賠償義務機關。」

　　國家賠償法第九條第一項、第三項關於因公務員執行職務行使公權力致生損害之賠償義務機關，規定固甚為詳細，已如前述。惟如為侵害行為之公務員所屬機關，經裁撤後，原掌管業務全部結束，無須其他機關承受，且該經裁撤之機關，無上級機關存在，或因賠償義務機關就有無賠償責任發生爭議等事由，致無法確定賠償義務機關時，為保障人民權益，自有特設規定以確定賠償義務機關之必要，故國家賠償法第九條第四項規定：「不能依前三項確定賠償義務機關，或於賠償義務機關有爭議時，得請求其上級機關確定之。其上級機關自被請求之日起逾二十日不為確定者，得逕以該上級機關為賠償義務機關。」所謂「於賠償義務機關有爭議」，係指被請求賠償損害之機關否認其有賠償義務，或賠償義務機關有二以上，而對於損害賠償責任之比例發生爭執者而言。此外，依國家賠償法第九條第四項請求確定賠償義務機關時，如其上級機關不能確定，則應由其再上級機關確定之（國家賠償法施行細則第三條）。

第四節　國家之求償權

第一項　概　說

　　公務員於執行職務行使公權力時，因故意或過失不法侵害人民之自由

---

❷　同❶。

或權利，致人民遭受損害時，依憲法第二十四條及國家賠償法第二條第二項規定，國家固須對之負賠償責任。唯此項損害結果事實上係因公務員之行為所造成，此種責任真正之歸屬，仍為公務員也，依憲法第二十四條規定，公務員亦應負責（參閱民法第一八六條）❻❸，即於公務員具備民法第一八六條規定之特別侵權行為成立要件時，被害人自亦得對之行使侵權行為損害賠償請求權。此時由國家與該為加害行為之公務員對被害人負不真正連帶債務，被害人得選擇的或同時向國家或該應負責任之公務員行使其損害賠償請求權❻❹。如國家依國家賠償法對被害人為損害賠償後，自得向公務員求償，否則將不足以督促公務員善盡職守，且易開啟違法濫權之漸，而有廢弛職務，釀成災害之虞。惟若不分過失輕重，概可求償，則將使公務員遇事畏縮不前，不敢勇於任事。故國家賠償法參照多數立法例，於第二條第三項規定：「前項情形，公務員有故意或重大過失時，賠償義務機關對之有求償權。」對國家求償權之行使要件，設有限制，俾公務員能戮力從公，善盡職守。

其次，國家賠償法第四條第一項規定：「受委託行使公權力之團體，其執行職務之人於行使公權力時，視同委託機關之公務員；受委託行使公權力之個人，於執行職務行使公權力時亦同。」故因此等人之行為致人民之自由或權利受損害者，國家對之亦應負損害賠償責任，前已述及。賠償義務機關依國家賠償法第二條第二項規定對被害人民賠償後，於公務員有故意或重大過失時，既可依國家賠償法第二條第三項規定對之行使求償權，則為使受委託行使公權力之團體或個人，亦能盡其注意義務，於執行職務行使公權力之人因故意或重大過失致人民之自由或權利受到損害者，賠償義務機關對被害人民依國家賠償法為損害賠償後，對之自亦應有求償權，故國家賠償法第四條第二項規定：「前項執行職務之人有故意或重大過失時，

---

❻❸ 有關公務員侵權責任之成立，請參閱拙著公務員賠償責任與國家賠償責任，財稅研究第十三卷第四期（七十年七月），第三八頁以下（本書第一二四頁以下）。

❻❹ 參閱鄭玉波，論國家賠償責任與公務員賠償責任之關係，法學叢刊第一○一期（七十年三月），第七頁；拙著，前揭文，第四七頁以下（本書第一四三頁）。

賠償義務機關對受委託之團體或個人有求償權。」

　　至於國家求償權之性質為何，學者見解不一，主要有下列三說❻，即①不當得利返還請求權說，此乃對國家損害賠償責任之性質採代位責任說者所主張之見解，認為損害賠償責任本應由該為加害行為之公務員自己負擔，但為使被害人民得以迅速獲得確實之賠償，乃先由國家或公共團體代公務員負損害賠償責任。公務員於國家對被害人為損害賠償後，即可因而對被害人免負損害賠償責任，屬於一種無法律上之原因而受利益（消極利益），致國家受損害，構成不當得利，國家自得對之請求返還（民法第一七九條）。②債務不履行損害賠償請求權說，此乃對國家損害賠償責任之性質採自己責任說者所主張之見解，認為公務員係代國家執行職務行使公權力，公務員之行為在本質上即為國家之行為，故國家或公共團體就公務員之不法行為所生損害，負賠償責任，係對自己之行為直接負責，惟公務員對國家負有遵守誓言，忠心努力，依法令所定執行職務之義務（參閱公務員服務法第一條），其違反此項義務而為加害行為，即屬債務不履行，國家自得對之行使債務不履行損害賠償請求權。③第三人代位求償說，此說亦係以代位責任說為立論基礎，乃認為公務員不法侵害人民之自由或權利時，對於被害人自應負損害賠償義務，惟國家對於此項損害賠償義務之履行為有利害關係之第三人，自亦得對被害人為損害賠償，國家對被害人為損害賠償後，自可依代位清償之法理，按其清償之限度，就被害人對於公務員之權利，以自己名義代位行使之（參閱民法第三一二條）。茲就國家求償權之有關問題分述如下。

第二項　求償權之要件

一、須賠償義務機關已對被害人為損害賠償

　　按民法上求償權之成立，皆以求償權人實際上已對被害人為損害賠償

---

❻　參閱吳宗樑，國家賠償法基本原理，七十年七月，第一四八至一四九頁；古崎慶長，國家賠償法，第二〇三頁；乾昭三，國家賠償法，第四一二至四一三頁；今村成和，國家補償法，第一二三頁。

金額支付或回復原狀行為，使權利人（即被害人）之債權消滅或減少為其成立要件（參閱民法第一八八條第三項、第二八一條）。國家賠償法對此雖未設明文規定，惟基於求償權之作用，並從該法第八條第二項規定，求償權之消滅時效期間係自「支付賠償金或回復原狀之日起」算觀之，自應為相同解釋，即於賠償義務機關對被害人民支付損害賠償金額（國家賠償法係以金錢賠償為原則）或為其他免責行為（如抵銷、代物清償或其他回復原狀等行為）以前，求償權尚不存在，必須於其對被害人民為賠償金額支付或為其他免責行為後，始可向公務員求償。從而國家對被害人不負損害賠償責任，或國家僅盡力使損害賠償債務消滅（如使被害人免除債務），自己並未對被害人為有償的給付以消滅債務者，自不得向公務員求償。

二、須公務員有故意或重大過失

所謂故意，係指行為人對於構成侵權行為之事實，明知而有意使其發生，或預見其發生，而其發生並不違反其本意（參閱刑法第十三條）而言。所謂過失，乃怠於或欠缺注意之一種心理狀態也，以其欠缺注意之程度為標準，可分為抽象的過失、具體的過失及重大過失三種。應盡善良管理人之注意(即依交易上一般觀念認為有相當知識經驗及誠意之人應盡之注意)而欠缺者，為抽象的過失；應盡與處理自己事務為同一注意而欠缺者，為具體的過失；顯然欠缺普通人應有之注意者，為重大過失。本法以公務員於執行職務行使公權力時，因故意或重大過失不法侵害人民自由或權利者，為國家對被害人民為損害賠償後行使求償權之要件。此乃因故意行為，其心固屬可殊，重大過失行為亦已跡近故意（有稱為準故意者），故不得免責，民法第二二二條亦規定：「故意或重大過失之責任，不得預先免除。」至於故意或重大過失之認定，賠償義務機關自應審慎為之（參閱國家賠償法施行細則第四十一條第一項），以免畸輕畸重，招致怨懟。

具備上述要件，國家對被害人為損害賠償後，即得向為加害行為之公務員求償。此處尚應予說明者，乃因合議制（或委員制）機關或其他經合議而決議之事項，致人民之自由或權利受損害者，國家對被害人民為損害賠償後，自亦得依國家賠償法第二條第三項規定對參與決議之公務員求償。

惟此時得否向原表示反對該決議之人，行使求償權，不無問題。基於公平之理由，自以解為此時賠償義務機關僅得對贊同決議而有故意或重大過失之公務員，行使求償權❻。

其次，依國家賠償法第三條第一項規定，公有公共設施因設置或管理有欠缺，致人民生命、身體或財產受損害者，國家固應負損害賠償責任，惟如就損害原因有應負責任之人，且其行為具備一般侵權行為要件時，亦應對被害人負一般侵權行為責任。此時由國家與就損害原因應負責任之人，對被害人負不真正連帶債務，被害人得選擇的行使其損害賠償請求權。如被害人依國家賠償法第三條第一項規定，向國家請求損害賠償者，賠償義務機關依法予以賠償後，自得向真正促成此項損害發生之其他應負責任人求償，故國家賠償法第三條第二項規定：「前項情形，就損害原因有應負責任之人時，賠償義務機關對之有求償權。」

國家賠償法第三條第二項所謂就損害原因有應負責任之人，係指就公有公共設施設置或管理之欠缺，有故意或過失者而言，換言之，即指對於被害人應負一般侵權行為責任之人。此從「應負責任」一詞之文義，可為如此解釋，故如損害之肇因人對於被害人不負損害賠償責任時，國家對之自不得行使國家賠償法第三條第二項之求償權。又賠償義務機關行使求償權時，亦應就該應負責任人之故意或過失負舉證責任，固不待言。此時公有公共設施設置或管理機關之公務員如為該條項所稱應負責任之人時，固亦為賠償義務機關行使求償權之對象❼，惟應以其有故意或重大過失者為

---

❻　參閱陳世榮，前揭文，第八頁；城仲模，行政法上國家責任之理論與立法之研究，臺大法學論叢第五卷第一期（六十四年十月），第六九、九二頁。奧國國家賠償法第三條規定：「1.依本法為賠償之官署得向該因故意或重大過失之行為所引起損害與賠償之機關行使求償權。2.合議制機關之決議及處分所造成之侵權行為，僅由投票贊同該決議或處分之人負責，但由於提供資料之不完整或錯誤以致對議決或受處分事項認識錯誤或不明確所致者，投票贊成之人不負損害賠償責任。唯因重大過失致未盡職務上應有之注意者不在此限。」

❼　關於公有公共設施設置或管理之欠缺，係因公務員之行為所致時，被害人得如何請求損害賠償，學者有不同見解，請參閱拙著，前揭書，第二九至三〇頁為

限。此雖未有如國家賠償法第二條第三項設有明文規定，然為期與該法第二條第三項規定之標準一致，並符合該法第二條第三項體恤公務員之精神，自應為相同解釋❻❽。

第三項　求償權之行使及範圍

如前所述，公務員因故意或重大過失侵害人民之自由或權利者，賠償義務機關為損害賠償後，對之有求償權。從而公務員之故意或重大過失，乃賠償義務機關行使求償權之要件，故應由賠償義務機關就其故意或重大過失負舉證責任。至於賠償義務機關之求償，應解為係全部求償，即其對被害人民實際上所支付之損害賠償額全部，均得請求償還，並得請求自支付時起至償還時依法定利率計算之利息，與民法第一八八條所定僱用人之求償權相同，蓋原則上國家無分擔部分，因而公務員若先行賠償時，則不得向國家求償，應由公務員負最後之責任❻❾。如被行使求償權之公務員或個人有二人以上時，應解為由各人平均分別負償還責任。此外，由於國家求償權之範圍，應以其對被害人實際上所支付之損害賠償額為限，從而該損害賠償額，如因被害人為一部免除等而縮減時，則只能就縮減後之餘額向公務員求償；反之，如賠償義務機關因自己之過失，致支付過多之損害賠償金額時，則僅得於適當的損害賠償限度內請求償還，就其超額部分無求償權❼❶。

又此之所謂求償權，固指全部求償而言，惟不以全部求償為必要，賠償義務機關於確定求償額之範圍時，就公務員對於客觀上損害之造成，主觀上具有之可歸責性為故意或重大過失、對於損害之發生是否有預見可能

有關國家賠償法第二條與第三條規定之適用及關係，請參閱古崎慶長，國家賠償法の理論，第二三頁以下。

❻❽ 參閱乾昭三，國家賠償法，第四二四至四二五頁；古崎慶長，國家賠償法，第一六四頁；今村成和，國家補償法，第一二五頁。

❻❾ 參閱鄭玉波，論國家賠償責任與公務員賠償責任之關係，第九頁；乾昭三，國家賠償法，第四一三頁。

❼❶ 參閱乾昭三，國家賠償法，第四一三頁。

性及防止可能性、公務員個人之資力等因素決定求償額度（法務部九十三年八月二十三日法律決字第〇九三〇〇三三七三九號書函參照）。至於賠償義務機關之涉訟費用（如律師費及訴訟費用等），因非屬國家賠償費用，自不在求償範圍（法務部九十八年十月二十六日法律決字第〇九八〇〇四四〇七六號函）。另為體恤公務員或其他個人，故此項求償權之行使，亦應顧及國家或公共團體有物上設備之瑕疵、指導或監督上有過失等事由，類推適用過失相抵之理論（民法第二一七條），或以之為共同侵權行為人間負擔部分之問題，而限制其求償權❼。

　　其次，賠償義務機關行使求償權時，關於公務員之故意或重大過失，自應審慎認定之，並應先與被求償之個人或團體進行協商，協商不成立者，始得依訴訟程序行使求償權。至於求償之方法，或一次全部求償，或分期由該公務員之薪津扣還，均無不可，人事及會計主管，自得酌情處理之（參閱國家賠償法施行細則第四十一條）❼。

第四項　求償權之消滅時效

　　依國家賠償法第二條第三項、第三條第二項及第四條第二項規定，賠償義務機關對於被害人民為損害賠償後，對於為侵害行為之公務員或其他受委託行使公權力之團體或個人，以及就公有公共設施設置或管理之欠缺，應負責任之人，有求償權。此項求償權固以賠償義務機關已實際上對被害人支付賠償金或回復原狀後，始得行使之，惟其得行使之期限，亦不宜太長，為使國家與被求償人間之法律關係早日確定，故該法第八條第二項規定：「第二條第三項、第三條第二項及第四條第二項之求償權，自支付賠償金或回復原狀之日起，因二年間不行使而消滅。」從而賠償義務機關之求償權，應自其實際上對被害人支付賠償金或回復原狀之日起，二年內行使之，否則將因二年時效期間之經過而消滅。至於賠償義務機關求償權之消滅時效，國家賠償法之所以規定自支付賠償金或回復原狀之日起算，乃因賠償

---

❼　參閱鄭玉波，民法債編總論，第一八七頁；乾昭三，國家賠償法，第四一四頁。

❼　參閱鄭玉波，論國家賠償責任與公務員賠償責任之關係，第九頁。

義務機關之求償權,係以其實際支付賠償金額或回復原狀後,始得發生也,換言之,即非俟賠償義務機關已實際支付賠償金額或回復原狀,尚不得行使求償權也。

第五節 結 語

國家賠償法之制定及施行,使我國之民主法治又向前邁進一大步,展開我國法制上輝煌燦爛之新頁,充分實現了「有權利,必有救濟;有損害,即應賠償」之國家損害賠償制度精神,貫澈憲法第二十四條保障人權之基本意旨,實為進步之立法。今後有關國家賠償法第二條規定之適用及解釋,自均須以此為基準,以期人民之權益能獲得確實迅速之保障及救濟。惟「徒法不足以自行」,有良好的法律,尚須有健全的制度與之配合,更須有優秀的人才予以執行,始能實現立法意旨並發揮其應有的功能。由於國家賠償責任之成立,基本上係以公務員之行為為基礎,從而全體公務員自應深體國家賠償法保障人權之意旨,洞悉法律精微,審慎從事,發憤圖強,隨時盡心隨時盡力,務使各項行政不生疏失,俾防損害之發生,避免國家之賠償,使人民之權益因而受保障於無形,此乃制定國家賠償法之最高理想境界。

第三章
公有公共設施設置及管理欠缺致生損害之國家賠償責任

第一節　前　言

　　現代民主法治國家，由於「主權免責」(Sovereign Immunity) 思想沒落，因此對於人民之自由或權利除設有詳盡之事前保障規定外，於為國家服公務之公務員執行職務違法侵害人民之自由或權利時，更設有國家損害賠償之強而有力的事後保障規定，承認國家損害賠償制度。我國於民國三十五年制定現行憲法時，亦順應世界潮流，於憲法第二十四條規定：「凡公務員違法侵害人民之自由或權利者，除依法律受懲戒外，應負刑事及民事責任，被害人民就其所受損害，並得依法律向國家請求損害賠償。」明文揭櫫國家損害賠償責任。為實施此一憲法條文之統一的一般「國家賠償法」，亦已完成立法程序，於民國六十九年七月二日公布，並於七十年七月一日施行（參閱國家賠償法第十七條），使憲法第二十四條保障民權之精神得以貫徹，是我們實施民主法治又向前邁進一大步的里程碑。

　　依我國國家賠償法之規定，國家賠償責任可大別為兩類，即①基於公

務員執行職務行使公權力致生損害之賠償責任（國家賠償法第二條、第十三條）；②基於公有公共設施欠缺致生損害之賠償責任（國家賠償法第三條）。國家賠償法有關公有公共設施損害賠償責任之規定，雖與憲法第二十四條「國家賠償責任」之規定無直接關係，但此項規定卻實現了憲法第二十四條保障及救濟被害人之精神，值得稱許。本章擬就國家賠償法有關公有公共設施損害賠償規定予以分析及檢討。

第二節　損害賠償責任之成立

　　近代國家之任務，不僅以保障國家安全及維護國內治安為限，並須廣及教育、文化、經濟、社會安全等各方面。國家為增進人民福祉，公共設施與日俱增，但危險亦相隨而來。人民因公共設施之瑕疵而受損害者，國家允宜就此侵害負責，亦所以促使國家對公共設施之設置或保管盡其注意，故國家賠償法第三條第一項規定：「公有公共設施因設置或管理有欠缺，致人民生命、身體或財產受損害者，國家應負損害賠償責任。」其立法意旨與民法第一九一條規定之工作物所有人責任同，惟國家賠償法所稱公共設施，其概念較民法第一九一條所稱土地上工作物為廣，且未設有免責規定，其責任較重❶。茲依此分述其成立要件如下：

一、須係公有公共設施所致之損害

　　所謂公共設施，係指以供公共目的使用之有體物，或其他物的設備而言，如道路、河川、橋樑、堤防、港埠、水溝、下水道、民用航空站、停車場所、機關辦公廳房舍、公立學校校舍、社教機關、市場、醫療衛生機構及此等設施之附屬物等是。惟是否以不動產為限，學者見解不一，有認為民法第一九一條所定工作物所有人責任，僅以土地上之工作物為限，且無使國家負較民法上工作物所有人更重責任之理由，而主張不包括動產在內者❷；通說則認為國家賠償法與民法未必具有同一目的，且國家賠償法

---

❶　關於國家賠償法第三條與民法第一九一條之關係，請參閱古崎慶長，國家賠償法の理論，日本有斐閣，昭和五十五年十二月二十日初版第一刷，第一五八頁以下。

第三條之文義亦與民法第一九一條不同，兩者無為同一解釋之必要，從而主張動產亦包括在內。以上兩說應以後者為是，故如警備車、消防車、警犬等亦均屬此之所謂公共設施❸。至若該設施係非供公用之土地上建築物或其他工作物者，則受害人民應依民法第一九一條向國家請求損害賠償❹。

又此之所謂公共設施，須屬於公有，即須屬於國家或公共團體所有，從而如非政府所設置或管理者，不在其內。惟雖非公有而事實上由國家或公共團體管理者，如私有土地供公眾通行成為道路，歷時數十年，因時效完成而被認為有公用地役關係存在，政府機關因該公用地役關係之存在而取得該道路之管理權者是，基於憲法保障人權之精神，似宜解釋為包括在內較妥❺。另最高法院九十四年臺上字第二三二七號判例謂：「凡供公共使用或供公務使用之設施，事實上處於國家或地方自治團體管理狀態者，均有國家賠償法第三條之適用，並不以國家或地方自治團體所有為限，以符合國家賠償法之立法本旨。」可供參考。

國家賠償法第三條第一項所謂之「公有公共設施」，係指已設置完成並開始供公眾使用之設施而言，施工中之建築物或工作物，固非此之「公有公共設施」。然施工中不能認為公共設施者，應係指新建工程尚未完工開放供一般民眾使用，或舊有之公共設施因修繕或擴建暫時封閉不供公眾使用

---

❷　參閱加藤一郎，不法行為，日本有斐閣，昭和五十年二月十日增補版初版第二刷，第一九四頁。

❸　參閱古崎慶長，國家賠償法，日本有斐閣，昭和四十六年六月三十日初版第一刷，第二一四至二一五頁；乾昭三，國家賠償法，載注釋民法(19)，日本有斐閣，昭和四十九年七月三十日初版第十一刷，第四一九頁；焦興鎧，日本行政法上營造物損害賠償制度之研究（下），法律評論第四十六卷第六期（六十九年六月），第三頁。
日本札幌高函館支判昭和二十九年九月六日下民集五卷九號第一四三六頁；鹿兒島地判昭和三十一年一月二十四日下民集七卷一號第九一頁。

❹　參閱行政院研究發展考核委員會編印，國家賠償法之研究，六十七年十二月，第二六頁。

❺　參閱廖義男，國家賠償法，七十年七月初版，第六五頁。

之情形而言。如舊有公共設施並未封閉，一面修繕或擴建，一面仍供使用者，則仍有國家賠償法之適用（最高法院九十六年台上字第四三四號裁定參照）。此外，公有公共設施如已完工並開放供公眾使用，綜令尚未正式驗收，仍有國家賠償法第三條規定之適用，最高法院九十一年臺上字第一〇九二號判決謂：「公有公共設施之結構基礎如已完工，且已開放供公眾使用，縱尚未正式驗收，仍應認有國家賠償法第三條之適用，方足以保護大眾之利益。本件事故發生時，系爭道路工程固尚未經正式驗收，惟倘已開放供公眾使用通行，仍應認有國家賠償法第三條之適用。」即在表示此項意旨。

其次，公營之公用事業，如為公司組織者（如臺灣電力公司是），因僅其股份為公用財產（參閱國有財產法第四條第一項第三款），該公營事業所使用之財產，則屬於私法人組織之公司所有，而非國（公）有之公用財產，此等財產（如電力公司之變電所、輸送高壓線之鐵塔或電線桿等）如因設置或管理有欠缺而發生損害事件時，雖其為公共設施，惟非公有，故無國家賠償法之適用，被害人僅能依較為不利之民法第一九一條規定請求損害賠償。國家為規避對其較為不利之國家賠償法第三條之適用，勢必將原為公法組織形態之公營公用事業（如臺北市公車處、臺北市自來水事業處、電信局等）改組為私法組織形態之公司法人，形成「避難至私法」之現象。此顯非妥適，故學者對國家賠償法第三條之強調公共設施限於公有，頗為非難❻。

二、須該公共設施設置或管理有欠缺

此之所謂「設置或管理」，學者通說認為與民法第一九一條所稱之「設置或保管」意義相同。所謂有欠缺，係指因公共設施之建造或建造後之維持、修繕及保管等不完全，以致該公共設施欠缺通常應具備之安全性而言，換言之，即指該公共設施不具備通常應有之性狀或設備者而言。其欠缺在公共設施建造時即已存在者，如材料有瑕疵或設計不完備、施工不良是，是為設置之欠缺；建造後因修繕、維護之怠慢，或管理不良致生之欠缺，則為保管之欠缺❼。從而縱非公共設施本身有欠缺，惟因將之置於不適當

---

❻　參閱廖義男，國家賠償法，第六四至六五頁。

場所，或未採取各種必要措施以防止損害發生者，亦屬於此之所謂設置或管理有欠缺。此外，公共設施依其本來之用途予以利用時，雖已具備通常所應有之安全性，然於以不合於其本來之用途予以利用（如以隔路用之欄杆作為體操用單槓是）時，即不具有符合該利用之安全性者，如該利用行為業已一般化且為管理人所能預見者，則仍應對之採取必要之安全措施，如未為此項措施，當亦屬設置或管理有欠缺，對於因而所肇致之損害事故，國家仍應負損害賠償責任❽。

　　於此尚應予注意者，乃公共設施設置或管理之欠缺，不必為損害發生之唯一原因，其與自然事實（如颱風、地震、洪水等）、第三人之行為或被害人自己之行為相結合而發生損害之結果者，國家仍應依國家賠償法第三條第一項規定負損害賠償責任。此時國家自得依國家賠償法第三條第二項規定行使求償權，且於被害人本身有過失時，依民法第二一七條規定，主張過失相抵，固不待言。惟公共設施已具備通常應有之安全性，而係因不可預料之外力以致造成損害者，則國家即可不負賠償責任❾。又由於社會環境變遷及科技進步，此種安全性之要求自日益提高，在如何之情形下，始可認為係因不可預料之外力以致造成損害，自必須由具體之事例分別判明❿。

　　其次，公有公共設施之安全性與預算具有密切關係，從而國家得否以預算不足以致無法使公共設施具備通常應有之安全性為理由，而主張免責，不無問題。日本最高裁判所判決曾謂：「地方公共團體所為如在預算範圍內管理道路，道路仍有瑕疵時，則非上開法條所稱道路管理有瑕疵之論點，不足採取。」⓫「在本件道路設置防護柵，其所需費用相當龐大……，雖得

---

❼　參閱最高法院五十年臺上字第一四六四號判例。

❽　參閱劉紹猷，對於公有公共設施所發生事故賠償之商榷，法律評論第三十七卷第三期，第二〇頁。

❾　參閱乾昭三，國家賠償法，第四二四頁；古崎慶長，國家賠償法の理論，第一六四至一六五頁；日本最判昭和五十年六月二十六日民集第二十九卷第六號第八五一頁。

❿　參閱古崎慶長，國家賠償法，第二二三至二二四頁。

⓫　參閱日本最判昭和四十年四月十六日判例時報第四〇五號第九頁。

以推知其係困於預算，惟不得因而即免除由於道路管理有瑕疵所致損害之賠償責任……」❷，顯採否定見解，換言之，即認為不得僅以預算不足為免責事由。學者之見解亦同，蓋認為國家就因公共設施有欠缺致生之損害應否負賠償責任，應專以公共設施是否具備「通常之安全性」，以為決定標準，不許以預算不足為藉口，即為公共設施無欠缺之認定，以致被害人所受損害無法得到救濟❸。

依國家賠償法第三條第一項規定，則公有公共設施之設置或管理有一欠缺而致人民受損害，國家即應負賠償責任，不問國家對之是否有過失，亦不得證明其對於防止損害之發生，已善盡其注意而免責，屬於無過失責任之一種❹。最高法院八十五年臺上字第二七七六號判例謂：「國家賠償法第三條所定之國家賠償責任，係採無過失主義，即以該公共設施之設置或管理有欠缺，並因此欠缺致人民受有損害為其構成要件，非以管理或設置機關有過失為必要。」又最高法院九十一年臺上字第二二三二號判決謂：「國家賠償法第三條第一項所規定之國家賠償責任，係採無過失主義，不以故意或過失為責任要件，祇須公有公共設施因設置或管理有欠缺，致人民生命、身體或財產受損害，國家或其他公法人即應負賠償責任，至其對該設置或管理之欠缺有無故意或過失，或於防止損害之發生已否善盡其注意義務，均非所問。」可供參考。

至於欠缺之有無，則應綜合考慮公共設施之構造、用法、場所的環境

---

❷　參閱日本最判昭和四十五年八月二十日民集第二十四卷第九號第一二六八頁。

❸　參閱古崎慶長，國家賠償法の理論，第一六四頁；乾昭三，國家賠償法，第四二四頁。

❹　行政院所擬國家賠償法草案第三條第一項原設有此項免責規定，立法院審議時則基於該草案係採無過失責任賠償主義，如再設免責規定，不僅畫蛇添足，且與國家賠償法之立法精神有違，而將免責規定予以刪除。
關於國家賠償法第三條所定責任之性質，通說認為係基於危險責任之法理所設之無過失責任，並非完全或絕對之結果責任，參閱古崎慶長，國家賠償法の理論，第一六〇頁以下；日本最判昭和四十五年八月二十日民集第二十四卷第九號第一二六八頁。

及利用狀況等各種情事，客觀的具體的個別的決定之❶。由於國家賠償法第三條規定，旨在使政府對於提供人民使用之公共設施，負有維護通常安全狀態之義務，重在公共設施不具備通常應有之安全狀態或功能時，其設置或管理機關應積極並有效為足以防止危險或損害發生之具體行為，若其設置或管理機關未積極有效為足以防止危險或損害發生之具體行為，即可認為其就該公共設施之管理有欠缺。最高法院七十三年臺上字第三九三八號判例謂：「上訴人（○○○市政府）管理之路段既留有坑洞未能及時修補，又未設置警告標誌，足以影響行車之安全，已不具備通常應有之狀態及功能，即係公共設施管理之欠缺，被上訴人因此受有身體或財產之損害，自得依國家賠償法第三條第一項及第九條第二項規定請求上訴人負賠償責任，至損害之原因，縱係由於某公司挖掘路面所致，倘認該公司應負責任，依同法第三條第二項之規定，上訴人對之有求償權，並不因而可免除上訴人對被上訴人之賠償義務。」可供參考。

　　又公共設施之設置或管理，是否合於法令或內部規則所定之標準，固可為判斷其是否具有瑕疵或欠缺之依據，惟不得僅以其已與該標準相符合，即謂無欠缺❶，應予注意。由於公共設施之欠缺，係被害人請求損害賠償之要件，故有無欠缺，自應由被害人負舉證責任❶。然此種欠缺，證明不易，為保護被害人起見，學者通說認為，被害人如已就可以推定「有欠缺」之事實（如堤防尚在預定安全水位之限度內潰決），提出證明，即為已足❶。

三、須因其欠缺致人民之生命、身體或財產受到損害

　　依國家賠償法第二條第二項規定，則國家就公務員執行職務行使公權力，致人民之「自由或權利」受到損害者，皆應負損害賠償責任；依國家

---

❶　參閱日本最判昭和五十三年七月四日民集第三十二卷第五號第八〇九頁。

❶　參閱乾昭三，國家賠償法，第四二〇頁。

❶　參閱乾昭三，國家賠償法，第四二二頁。

❶　參閱乾昭三，國家賠償法，第四二二頁；古崎慶長，國家賠償法，第二二八頁。依民法第一九一條第一項但書規定，工作物所有人就工作物設置或保管並無欠缺，或損害非因設置或保管有欠缺所致，負有舉證責任。

賠償法第三條第一項規定，則國家就因公有公共設施之欠缺以致人民之「生命、身體或財產」受到損害時，始對之負損害賠償責任，其保護範圍較狹。從國家賠償法之立法本旨係以保障人民權益為目的而言，此項限制顯非妥適，恐有違憲法第二十四條規定之意旨。故第三條所稱之「生命、身體或財產」，宜解為僅屬例示規定，而非列舉規定，從而諸如人民之「健康」因垃圾處理廠設置或管理不當而受損壞之影響者，自得依國家賠償法第三條規定請求損害賠償。又本條項規定所稱「人民」，除居於國家主權作用下一般統治關係，應受公權力支配之一般人民外，尚包括有服從特別權力關係義務下之個人，例如公務員或軍人是；又已依公務人員撫卹法或軍人撫卹條例受領撫卹金給與之人，仍可再依國家賠償法之規定，請求國家損害賠償，均已如前述，於茲不贅。

　　至於人民之生命、身體或財產等損害之發生，須與公共設施之設置或管理有欠缺，具有相當因果關係，自不待言。最高法院九十五年臺上字第九二三號判決謂：「公有公共設施因設置或管理有欠缺，致人民生命、身體或財產受損害者，國家應負損害賠償責任，國家賠償法第三條第一項固定有明文。惟所謂公共設施之設置有欠缺，係指公共設施建造之初，即存有瑕疵而言；管理有欠缺者，係指公共設施建造後未妥善保管，怠為修護致該物發生瑕疵而言。又人民依上開規定請求國家賠償時，尚須人民之生命、身體或財產所受之損害，與公有公共設施之設置或管理之欠缺，具有相當因果關係，始足當之。亦即在公有公共設施因設置或管理有欠缺之情況下，依客觀之觀察，通常會發生損害者，即為有因果關係，如必不生該等損害或通常亦不生該等損害者，則不具有因果關係。」可供參考。

　　具備上述要件，被害人即得向國家請求損害賠償。此處尚應予討論者，乃公有公共設施設置或管理之欠缺，係因公務員之行為所致，如因工務局之工程人員就某公共工程之設計及施工有違法偷工減料情事或怠於執行職務，致生欠缺是；或因公務員之行為與公有公共設施設置或管理欠缺相結合，致發生損害之結果者，如公有公共設施之管理人員未依規定管理使用公共設施或未為必要之注意，致侵害人民之權益是，因而乃發生國家賠償

法第二條與第三條競合問題。被害人民得如何請求損害賠償？關於此問題，雖有認為此時被害人僅得依國家賠償法第二條規定請求損害賠償者，惟因國家賠償法第三條係採無過失責任主義，在損害賠償責任之成立上，對被害人較為有利，基於國家賠償法之保障人權立法目的，自宜解釋為此時被害人得選擇的依第二條或第三條請求損害賠償較妥❶。

第三節　賠償義務機關

　　人民因公有公共設施設置或管理有欠缺，致受損害者，固得依國家賠償法第三條規定向國家請求賠償，惟國家設官分職，機關林立，尤其是於政府職能擴張之今日，更是如此，一旦造成損害，被害人民對應向何機關請求損害賠償，難以確知。為使被害人民易於查明索賠對象，依法向其索賠，故國家賠償法第九條乃對之設有規定。依國家賠償法第九條第二項規定：「依第三條第一項請求損害賠償者，以該公共設施之設置或管理機關為賠償義務機關。」此於同一公有公共設施之設置及管理屬於同一機關時，在適用上固無問題。然於同一公有公共設施，其設置與管理屬於不相同機關時，應以何機關為賠償義務機關，則不無問題。此時固應依其係因設置或管理之欠缺而致損害，決定其賠償義務機關，惟如無法決定其係基於何種原因而肇致損害者，則應認為兩者均係賠償義務機關，被害人得對任何其一請求損害賠償❷。至於公共設施之欠缺，一方面可認為係設置不當，另一方面又可認為是管理有瑕疵，而設置機關與管理機關不相同時，則應解為兩者均係賠償義務機關，對被害人負不真正之連帶債務關係，被害人得對其中之一或兩者，同時或先後，請求全部或一部之損害賠償。

　　如前所述，依國家賠償法第九條第二項規定，則於公有公共設施有欠

---

❶　關於國家賠償法第二條與第三條之關係，請參閱古崎慶長，國家賠償法の理論，第二三頁以下；廖義男，國家賠償法，第六七至六八頁。

❷　有學者認為此時被害人得依國家賠償法第九條第四項規定，請求其上級機關確定之，其上級機關自被請求之日起逾二十日不為確定者，得逕以該上級機關為賠償義務機關者，參閱廖義男，國家賠償法，第七四頁。

缺，致人民之生命、身體或財產受損害者，則以該公共設施之設置或管理機關為賠償義務機關。惟政府機關事實上常因業務需要而有裁撤、合併或改組等情事，如該應負賠償義務之機關，因裁撤、合併或改組等以致不存在時，為使被害人民不致索求無門，致其權益平白遭受損害，故國家賠償法第九條第三項規定：「前二項賠償義務機關經裁撤或改組者，以承受其業務之機關為賠償義務機關。無承受其業務之機關者，以其上級機關為賠償義務機關。」

國家賠償法第九條第二項及第三項關於賠償義務機關之規定，固甚為詳細，惟如該公有公共設施之設置或管理機關，經裁撤後，原掌管業務全部結束，無須其他機關承受，且該經裁撤之機關，無上級機關存在，或因賠償義務機關就有無賠償責任發生爭議等事由，致無法確定賠償義務機關時，為保障人民權益，自有特設規定以確定賠償義務機關之必要，故國家賠償法第九條第四項規定：「不能依前三項確定賠償義務機關，或於賠償義務機關有爭議時，得請求其上級機關確定之。其上級機關自被請求之日起逾二十日不為確定者，得逕以該上級機關為賠償義務機關。」所謂「於賠償義務機關有爭議」，係指被請求賠償損害之機關否認其有賠償義務，或賠償義務機關有二以上，而對於損害賠償責任之比例發生爭執者言。此外，依國家賠償法第九條第四項請求確定賠償義務機關時，如其上級機關不能確定，則應由其再上級機關確定（國家賠償法施行細則第三條）。

第四節　國家之求償權

公有公共設施因設置或管理有欠缺，致人民生命、身體或財產受損害者，國家固應負賠償責任（國家賠償法第三條第一項），惟如就損害原因另有應負責任人時，如公共設施之設計人、承攬人，肇致道路橋樑損壞之毀損人，在道路或其他公共設施放置障礙物或危險物之人，公有公共設施管理機關之公務員，公有公共設施之承租人（民法第四三二、四三七條）、借用人（民法第四六八條）等是，於其具備民法第一八四條規定一般侵權行為要件時，被害人自亦得對之行使侵權行為損害賠償請求權，換言之，即

此等人亦應對被害人負一般侵權行為損害賠償責任。此時由國家與就損害原因應負責任之人，對被害人負不真正連帶債務，被害人得選擇的或同時向國家或該應負責任人行使其損害賠償請求權。如被害人依國家賠償法第三條第一項規定，向國家請求損害賠償者，賠償義務機關（參閱國家賠償法第九條第二項）依法予以賠償後，自得向真正促成此項損害發生之其他應負責任人求償。以下就求償權有關問題分述之。

第一項　求償權之成立

依國家賠償法第三條第二項規定：「前項情形，就損害原因有應負責任之人時，賠償義務機關對之有求償權。」茲依此分述其成立要件如下：

一、須賠償義務機關已對被害人為損害賠償

按民法上求償權之成立，皆以求償權人實際上已對被害人為損害賠償金額支付或回復原狀行為，使權利人（即被害人）之債權消滅或減少為其成立要件（參閱民法第一八八條第三項、第二八一條）。國家賠償法對此雖未設明文規定，惟基於求償權之作用，並從該法第八條第二項規定，求償權之消滅時效期間係自「支付賠償金或回復原狀之日起」算觀之，自應為相同解釋，即於賠償義務機關對於被害人民支付損害賠償金額（國家賠償法係以金錢賠償為原則）或為其他免責行為（如抵銷、代物清償或其他回復原狀等行為）以前，求償權尚不存在，必須於其對被害人民為賠償金額支付或為其他免責行為後，始可行使求償權。從而國家對被害人不負損害賠償責任，或國家僅盡力使損害賠償債務消滅（如使被害人為免除債務之表示），自己並未對被害人為有償的給付以消滅債務者，自不得行使求償權。

二、被求償人須為就損害原因應負責任之人

此之所謂就損害原因應負責任之人，係指就公有公共設施設置與管理之欠缺，有故意或過失者而言，換言之，即指對於被害人應負一般侵權行為責任（參閱民法第一八四條）之人。此從「應負責任」一詞之文義，可為如此解釋，故如損害之肇因人（加害人）對於被害人不負損害賠償責任時，賠償義務機關對之自不得行使國家賠償法第三條第二項之求償權❷。

又賠償義務機關行使求償權時，亦應就該應負責任人之故意或過失負舉證責任，固不待言。其次，公有公共設施設置或管理機關之公務員如為應負責任人時，固亦為賠償義務機關行使求償權之對象，惟應以其有故意或重大過失者為限。此雖未有如國家賠償法第二條第三項設有明文規定，然為期與該法第二條第三項規定之標準一致，並符合該法第二條第三項體恤公務員之精神，自應為相同解釋❷。

此外，賠償義務機關除得依國家賠償法第三條第二項規定，對於就損害之發生應負責任之人行使求償權外，尚得另依債務不履行或瑕疵擔保責任之規定（參閱民法第四九二條以下），行使其損害賠償請求權，固不待言。

第二項　求償權之行使及範圍

如上所述，關於公有公共設施設置或管理有欠缺致生損害，如別有應負責任之人時，賠償義務機關對被害人為損害賠償後，對之有求償權。賠償義務機關之求償，應解為係全部求償，即其對被害人實際上所支付之損害賠償額全部，均得請求償還，並得請求自支付時起至償還時依法定利率計算之利息，與民法第一九一條第二項所定工作物所有人之求償權相同。因而該應負責任之人如已先對被害人為損害賠償時，則不得向國家求償，應由其負最後之責任。如被行使求償權之人有二人以上時，應解為由各人平均分別負償還責任。又由於國家求償權之範圍，應以其對被害人實際上所支付之損害賠償額為限，從而該損害賠償額，如因被害人為一部免除或消滅時效等而縮減時，則只能就縮減後之餘額求償；反之，如賠償義務機關因自己之過失，致支付過多之損害賠償金額時，則僅得於適當的損害賠償限度內請求償還，就其超額部分無求償權❷。

---

❷　參閱乾昭三，國家賠償法，第四二四頁。

❷　參閱乾昭三，國家賠償法，第四二四頁至四二五頁；古崎慶長，國家賠償法，第一六四頁；今村成和，國家補償法，日本有斐閣，昭和四十三年九月十日再版第六刷，第一二五頁。

❷　參閱乾昭三，國家賠償法，第四一三頁。

第三項　求償權之消滅時效

　　具備上述要件，國家固得行使求償權，惟其得行使之期限，亦不宜太長，為使國家與被求償人間之法律關係早日確定，故國家賠償法第八條第二項規定：「第二條第三項、第三條第二項及第四條第二項之求償權，自支付賠償金或回復原狀之日起，因二年間不行使而消滅。」從而賠償義務機關之求償權，應自其實際上對被害人支付賠償金或回復原狀之日起，二年內行使之，否則將因二年時效期間之經過而消滅。至於賠償義務機關求償權之消滅時效，國家賠償法之所以規定自支付賠償金或回復原狀之日起算，乃因賠償義務機關之求償權，係以其實際支付賠償金額或回復原狀後，始得發生也，換言之，即非俟賠償義務機關已實際支付賠償金額或回復原狀，尚不得行使求償權也。

第五節　結　語

　　國家賠償法之制定及施行，使我國之民主法治又向前邁進一大步，展開我國法制上輝煌燦爛之新頁。其中有關因公有公共設施設置或管理欠缺致生損害之國家賠償責任，係採無過失責任主義，使政府機關對於各類公共設施負安全維護之責任，充分實現了「有權利，必有救濟；有損害，即應賠償」之國家損害賠償制度精神，貫澈憲法第二十四條保障人權之基本意旨，實為最進步之立法。今後有關國家賠償法第三條第一項規定之適用及解釋，均須以此為基準，以期人民之權益能獲得確實迅速之保障及救濟。

　　就目前我國公有公共設施設置或管理現況言之，其不符合安全要求而受社會大眾詬病批評者，在所多有，人民因公共設施設置或管理欠缺致生損害之情事，亦時有所聞。凡此均有待全體公務員深體國家賠償法保障人權之意旨，洞悉法律精微，審慎從事，發憤圖強，隨時盡心隨時盡力，務使公共設施設置或管理不生疏失，俾防損害之發生，避免國家之賠償，使人民之權益因而受保障於無形，此乃制定國家賠償法之最高理想境界。

第四章
國家損害賠償之方法及範圍

　　依國家賠償法第二條及第三條規定，國家就公務員執行職務行使公權力因故意或過失不法侵害人民之自由或權利，或因公有公共設施設置或管理有欠缺，致人民之生命、身體或財產受損害者，皆應對之負損害賠償責任❶。此時國家應如何對被害人民為損害賠償？損害賠償之範圍如何？不無問題，本章擬就此加以論述。

第一節　損害賠償之方法

　　損害賠償之方法，不外回復原狀及金錢賠償兩種，民法第二一三條第一項規定：「負損害賠償責任者，除法律另有規定或契約另有訂定外，應回復他方損害發生前之原狀。」故我民法關於損害賠償之方法即以回復原狀為

---

❶　關於國家賠償責任之成立要件，請參閱拙著國家賠償法概要，財稅人員訓練所，七十年二月，第十二頁以下；本書第十六頁以下、第五十二頁以下。

原則，金錢賠償為例外，從而損害發生之後，如有回復原狀之可能，受害人請求加害人賠償，應先請求為原狀之回復，倘非法律另有規定（如民法第一九二條、第一九三條、第一九六條等是）或契約另有訂定，不得逕行請求金錢賠償❷。國家賠償法為取其便捷易行，且對於任何損害均可適用起見，乃規定以金錢賠償為原則，回復原狀為例外❸，即國家賠償法第七條第一項規定：「國家負損害賠償責任者，應以金錢為之，但以回復原狀為適當者，得依請求，回復損害發生前原狀。」

　　如前所述，依國家賠償法第七條第一項規定，則國家損害賠償之方法，雖以金錢賠償為主，惟於以回復原狀為適當者，亦得因被害人之請求，而負回復損害發生前原狀之義務，如車船碰撞之修復、名譽毀損之恢復等是。此項立法固甚周密，在理論上亦尚無不妥。然就實際言之，使國家負回復原狀之責，不僅浪費人力、物力，不合經濟之道，且將使公務員分心旁騖，困擾賠償義務機關，影響其正常業務之進行及效率，為求便捷易行，並鑑於國家損害賠償責任之特性，以及普通法院之權限，對於回復原狀之請求，似宜加以限制。

　　此外，被害人依本法第七條第一項規定，固得請求回復原狀，惟因勒令停業或歇業、駁回申請、拒絕核准、撤銷執照等行政處分而受損害者，得否依國家賠償法提起訴訟請求法院撤銷原行政處分以回復原狀，不無問題。關於此雖有採肯定見解者，惟因關於違法或不當行政處分之補正或糾正，我國除於某些法規內設有特別之救濟程序外（如稅捐稽徵法第三十五條以下），訴願法及行政訴訟法對之設有統一規定，人民對於中央或地方機關之行政處分，認為違法或不當，致損害其權利或利益者，自應依此等規

---

❷　參閱最高法院六十年臺上字第三〇五一號判例。

❸　國家損害賠償之方法，所以規定以金錢賠償為原則，除因以金錢估計損害額而賠償之，便捷易行外，尚有主張因國家賠償責任原在取代公務員個人之賠償義務主體地位，而公務員負賠償責任者，係以個人身分，而非居於國家機關之職務地位，因而不能利用該職務地位變更或撤銷原來之公權力行為而恢復原狀，僅能用金錢賠償，從而國家代位賠償時，亦僅能用金錢賠償之者，參閱廖義男，國家賠償法，七十年七月初版，第八八頁。

定，請求救濟，不得逕依國家賠償法提起訴訟，請求撤銷原行政處分，對於已依上述行政救濟程序規定而確定之行政處分，更不得依國家賠償法提起訴訟請求撤銷該已確定之行政處分，普通法院亦不得依被害人之請求，撤銷該行政處分，自不待言。蓋違法或不當行政處分之糾正及撤銷，僅能由行政爭訟程序加以救濟，而國家賠償法之制定及施行係以填補事實上已發生之損害為目的，並非在補正或糾正行政處分之瑕疵，否則不僅使普通法院取代並侵越行政法院之審判權限，同時將使以補正或糾正具有瑕疵之行政處分為目的之訴願法、行政訴訟法及其他有關行政救濟之規定，形同具文，影響及行政處分之確定力及執行力，有害國家行政之安定❹。

第二節　損害賠償之範圍

第一項　概　說

國家賠償法所規定之損害賠償責任與民法上之損害賠償責任，雖在責任要件、賠償主體等有所不同，但同以填補損害為本旨，民法關於損害賠償及其有關事項之規定，自可逕行適用而不必另行規定，同時為使國家賠償法在適用上完整無缺，並免重複，故國家賠償法第六條規定：「國家損害賠償，本法及民法以外其他法律有特別規定者，適用其他法律。」故關於國家損害賠償之範圍，因國家賠償法對之未設有規定，故應適用民法有關規定，惟其他法律有特別規定者，如土地法第六十八條第二項、刑事補償法第六條及第七條、警械使用條例第十一條、核子損害賠償法第二十三條以下等是，自應優先適用此等規定定其賠償範圍。

國家損害賠償制度之建立，其目的在於填補被害人民所受之損害，故非有損害之發生，雖有加害行為，亦不能成立國家損害賠償責任❺。所謂

---

❹　參閱廖義男，前揭書，第八八頁；王澤鑑，公務員之法律責任，行政院研究發展考核委員會編印，六十五年八月，第一〇一頁；拙著，公務員賠償責任與國家賠償責任，財稅研究第十三卷第四期（七十年七月），第四二頁。

❺　參閱最高法院十九年上字第三六三號、四十三年臺上字第三九五號判例。

損害，則兼指財產上之損害及非財產上之損害而言❻，其因身體上所受損害致生財產上之損害，當然包括在內❼。財產上之損害，應解為兼指積極的損害（現存財產減少）及消極的損害（妨害現存財產之增加）而言。至於損害賠償之範圍，有由當事人約定者，謂之約定賠償範圍；有由於法律規定者，謂之法定範圍。前者尚可分為①事前約定範圍（即於損害發生前預定賠償額），②事後約定範圍（即於損害發生後，由當事人合意以定其範圍）。後者尚可分為一般範圍與特殊範圍，分述如下。

第二項　一般範圍

民法第二一六條第一項規定：「損害賠償，除法律另有規定或契約另有訂定外，應以填補債權人所受損害及所失利益為限。」此乃為民法關於損害賠償法定範圍之一般規定，故除法律另有規定（如民法第一九三條第一項、第一九五條第一項、第二一七條、第二一八條、第二三三條、第二四〇條等是）或契約另有訂定外，一切損害賠償範圍，均應依本條定之，即通常之損害賠償，均應以填補債權人（即被害人）所受損害及所失利益為限。所謂「所受損害」，即指現存財產或利益，因損害事實之發生，以致減少之謂，屬於積極的損害；所謂「所失利益」，乃指新財產或利益之取得，因損害事實之發生而受妨害，即倘無損害事實之發生，勢能取得之財產或利益，而因該損害原因事實之發生，以至於不能取得該利益之謂，屬於消極的損害❽。又因「所失利益」，其範圍頗難確定，因而民法第二一六條第二項乃特別規定：「依通常情形，或依已定之計劃、設備或其他特別情事，可得預期之利益，視為所失利益。」惟所謂可得預期之利益，須客觀的具有確定性始可，如果僅屬一種可能或希望，當不能認為係所失利益。

如上所述，依民法第二一六條第一項規定，除另有約定或法律另有規定者外，債權人（被害人）所受損害及所失利益，均應予以賠償，自不應

---

❻　參閱最高法院四十一年臺上字第二七八號判例。

❼　參閱最高法院三十九年臺上字第九八七號判例。

❽　參閱最高法院四十八年臺上字第一九三四號判例。

因賠償義務人係國家而有所不同，且國家賠償法對此未設特別規定，故被害人依國家賠償法請求損害賠償時，自得依民法第二一六條規定，就其「所受損害」及「所失利益」一併請求國家賠償（參閱國家賠償法第五條）。惟依我國舊行政訴訟法第二條規定：「提起行政訴訟，得附帶請求損害賠償。前項損害賠償除適用行政訴訟法之程序外，準用民法之規定，但第二百十六條規定所失利益，不在此限。」本條第二項但書之規定，乃因此項損害賠償之被告，係國家行政官署，為顧及國家財政之負擔，故其賠償範圍不宜過廣❾。此項理由，自屬可通，但就現代損害賠償之立法趨勢，已由過失責任進到無過失責任，且就產生國家損害賠償思想之社會保險原則及國家相對主權說觀之，則此項限制，恐不合於國家損害賠償之精神。又就現代工商社會言之，由於不法行為所造成之損害，「所失利益」往往是大於「所受損害」，因而對於「所失利益」之賠償，益見其必要。更就民法第二一六條第二項規定觀之，所失利益係指依通常情形或依已定計劃、設備或其他特別情事，可得預期之利益。故得以請求賠償「所失利益」者，其範圍及條件乃有相當之限制，因而亦不至於使國家負擔過重之損害賠償。其次，依舊行政訴訟法第二條規定提起行政訴訟附帶請求損害賠償，因不須繳納訴訟費用，對被害人（原告）雖屬有利，但其賠償範圍與國家賠償法規定之賠償範圍包括所受損害及所失利益相較，則對於被害人顯然較為不利。且依國家賠償法第十一條但書規定，則已依行政訴訟法規定，附帶請求損害賠償者，就同一原因事實，不得依國家賠償法更行起訴，從而被害人民因違法之行政處分受有損害者，為求獲得「所失利益」之賠償，勢必不在行政訴訟中附帶請求損害賠償，如此不僅使舊行政訴訟法第二條規定失去作用，且將使被害人進行兩個不同之程序，徒增勞費。職是之故，舊行政訴訟法第二條第二項但書所為之限制，是否有刪除之必要，不無研究之餘地❿。現行行政訴訟法已將舊法第二條規定予以刪除，在適用上已無上述

---

❾　參閱林紀東，行政法新論，六十二年十月重訂十五版，第三五三至三五四頁。

❿　參閱廖義男，前揭書，第九一頁。

　　最高法院五十三年臺上字第二六七六號判決，亦認為國家損害賠償之範圍，以

問題，應予注意。

第三項 特殊範圍

損害賠償，固應以被害人實際上所受損害之程度為範圍，惟有特殊情形時，亦得減免其賠償金額。此外，民法就因侵權行為所發生損害賠償，其範圍及方法，亦另設有特別規定。凡此於國家損害賠償責任亦均應適用之，分述如下：

一、過失相抵

民法第二一七條第一項規定：「損害之發生或擴大，被害人與有過失者，法院得減輕賠償金額，或免除之。」學者稱之為過失相抵。此項規定自應適用於國家損害賠償。至於何種情形，始為與有過失，極易爭執，故民法第二一七條第二項規定：「重大之損害原因，為債務人所不及知，而被害人不預促其注意或怠於避免或減少損害者，為與有過失。」其次，此之所謂相抵，並非指以意思表示所為之抵銷（民法第三三四條）而言，乃法院於裁判時，得依職權減輕賠償金額或免除之謂。又適用民法第二一七條過失相抵之規定，須被害人之行為與加害人之行為為損害之共同原因，且須被害人於其行為有過失而無正當理由者為限。從而被害人之行為，在社會觀念上認為正當時，縱令被害人明知將受損害，或因過失而不知，亦不能謂為與有過失，而限制其賠償請求權，如冒險救火是。至於被害人之代理人或使用人與有過失者，是否有過失相抵規定之適用，我國民法原未設明文規定，惟學者通說認為縱令被害人與加害人間並無債之關係存在，亦應準用民法第二二四條之規定，視為被害人與有過失，而有民法第二一七條過失相抵規定之適用❶。嗣修正民法債編，增訂第二一七條第三項規定：「前二項之規

「所受損害」為限，「所失利益」不在得請求賠償之範圍內，惟該項判決並非以舊行政訴訟法第二條第二項但書之規定為其依據，而係依據憲法第二十四條及民法第二一六條規定，此判決在法律之適用上顯然有其違誤之處，詳請參閱拙著國家損害賠償責任之法律依據及賠償範圍，臺大法學論叢第二卷第二期（六十二年四月），第四六五頁以下；本書第八十七頁以下。

定，於被害人之代理人或使用人與有過失者，準用之。」

在此最成問題者，乃被害人因過失而怠於以法律上之救濟方法除去其損害時，如對於違法之行政處分怠於訴願或行政訴訟，對於法院之裁判怠於抗告或上訴等，因而造成損害之發生或擴大者，此項事由是否應被斟酌，認為係與有過失，而適用上述民法過失相抵之規定？觀之民法第一八六條第二項規定，本問題似乎是應該採肯定說❷。唯民法第一八六條為關於公務員責任之規定，姑不論該條立法是否得當，觀之憲法第二十四條之保障人權精神，此條規定不應適用於國家損害賠償。故被害人因過失而怠於採取法律上之救濟方法，是否視為與有過失，應就具體之事實觀之，即以通常人是否可以被期待其採取此項救濟手段，而採取此項救濟手段是否可能以及是否容易為之，作為其判斷標準❸。

二、損益相抵

損益相抵亦稱損益同銷，即損害賠償請求權人因同一賠償原因事實，受有利益時，應將所受得利益，由所受損害中扣除，以定賠償範圍是。損益相抵，我民法原無明文規定，但因我民法採羅馬法主義，以實際損害之發生為損害賠償債權成立之要件，並參照民法第二六七條但書之規定，故為學說及判例所承認❹。民國八十九年五月五日施行之修正民法債編，增

---

❶　參閱最高法院民庭庭推總會六十八年三月二十一日決議。
　　關於第三人與有過失時之過失相抵問題，請參閱王澤鑑，第三人與有過失與損害賠償之減免，民法學說與判例研究第一冊（一九八〇年六月五版），第六三頁以下。

❷　參閱廖義男，提起國家損害賠償之訴前不要延誤訴願期間，工商時報七十年七月三日第二版。

❸　參閱古崎慶長，國家賠償法，日本有斐閣，昭和四十六年六月三十日初版第一刷，第二四六頁。

❹　參閱鄭玉波，民法債編總論，三民書局，五十九年八月五版，第二五三頁；鄭玉波，論過失相抵與損益相抵之法理，民商法問題研究（二），六十八年十月，第十七頁以下；史尚寬，債法總論，六十一年三月三版，第二九八頁；王伯琦，民法債編總論，正中書局，五十一年五月臺一版，第一四六頁；曾世雄，損害

訂第二一六條之一規定:「基於同一原因事實受有損害並受有利益者,其請求之賠償金額,應扣除所受之利益。」對損益相抵設明文規定。從而於國家為損害賠償時,自亦有損益相抵原則之適用。

三、醫療費、增加生活上需要之費用及殯葬費

民法第一九二條第一項規定:「不法侵害他人致死者,對於支出醫療及增加生活上需要之費用或殯葬費之人,亦應負損害賠償責任。」故凡屬支出醫療費、增加生活上需要費用或殯葬費之人,不論其與被害人之關係如何,有無支出義務,只須有支出之事實,均得請求賠償。惟為慈善行為而支出殯葬費者,通說認為不得請求賠償,然因民法並未設有限制,故以解為得請求賠償較妥。至於所謂殯葬費,係指收殮及埋葬費用而言,其數額以依死者之年齡、身分、喪家之環境及地方習慣等情事,客觀上認為相當者為限。此外,關於醫療費或殯葬費,法院尚得依聲請為假處分,命賠償義務機關暫先支付(國家賠償法第十一條第二項)。蓋因醫療費或喪葬費之支出,往往刻不容緩,如必俟判決確定後始可獲得支付,將有緩不濟急之虞。

四、扶養費

民法第一九二條第二項規定:「被害人對於第三人負有法定扶養義務者,加害人對於該第三人亦應負損害賠償責任。」故扶養權利人亦有損害賠償請求權,此項法定扶養權利之賠償額,解釋上應就被害人於可推知之生存期及請求權人得享受扶養之期間,予以決定。至支付之方法,可定期支付,而適用定期金之規定(民法第一九二條第三項),亦可一次支付。惟命加害人一次賠償扶養費用者,須先認定被害人於可推知之生存期內應向第三人支付扶養費用之年數,及其歷年應付之數額,並就歷年將來應付之數

賠償法原理,五十八年十二月初版,第一八八頁以下。

最高法院二十七年滬上字第七十三號判例:「損害賠償除法律另有規定或契約另有訂定外,應以填補債權人所受損害及所失利益為限,為民法第二百十六條第一項所明定。故同一事實一方使債權人受有損害,一方又使債權人受有利益者,應於所受之損害內扣抵所受之利益,必其損益相抵之結果,尚有損害,始應由債務人負賠償責任。」

額，各以法定利率為標準，依霍夫曼式計算法扣除各該年以前之利息，俾成歷年現在應付之數額，再以歷年現在應付之總數為賠償額❶。又被害人現雖尚無扶養能力，而其法定扶養權利人（如父母）將來賴其養贍，苟無反對情形，不能謂其將來亦無養贍能力，侵害被害人將來應有之養贍能力，即與侵害法定扶養權利人將來應受扶養之權利無異，故法定扶養權利人對其將來可得扶養利益之損害，亦得請求賠償。至其數額，則應以被害人將來之供給能力為準，不應以法定扶養權利人此時需要受扶養之生活狀況為準❶。

五、勞動能力之喪減或生活需要之增加

民法第一九三條第一項規定：「不法侵害他人之身體或健康者，對於被害人因此喪失或減少勞動能力或增加生活上之需要時，應負損害賠償責任。」所謂喪失或減少勞動能力，即其工作能力全部或一部滅失之謂。至於其減少及殘存勞動能力之價值或所受之損害額，則應客觀計算之，不能以現有之收入為準，蓋現有收入每因特殊因素之存在而與實際所有勞動能力不能相符，現有收入高者，一旦喪失其職位，未必能自他處獲得同一待遇，故所謂減少及殘存勞動能力之價值，應以其能力在通常情形下可能取得之收入為標準❶，換言之，即其金額應就被害人受損害前之身體健康狀態、教育程度、專門技能、社會經驗等方面酌定之，不能以一時一地之工作收入為準。又商人之經營能力固為勞動能力之一種，但營業收入乃出於財產之運用，資本及機會等皆其要素，不能全部視為勞動能力之所得❶。所謂增加生活之需要，乃指被害以前並無此需要，因為被害以後始有支付此費用之必要者而言，如醫療費，因受傷，以致必須裝上義肢、另作物理按摩

---

❶　參閱最高法院二十九年附字第三七九號判例。

霍夫曼式為：$X = \dfrac{A}{1 + nr}$，n＝最後之年數，A＝該年應賠償之額，r＝年利率，

X＝現在應付額。

❶　參閱最高法院十八年上字第二〇四一號判例。

❶　參閱最高法院六十一年臺上字第一九八七號判例。

❶　參閱最高法院六十三年臺上字第一三九四號判例。

或吃補藥是。

上述對於喪失或減少勞動能力或增加生活上需要之賠償，依民法第一九三條第二項規定：「前項損害賠償，法院得因當事人之聲請，定為支付定期金。但須命加害人提出擔保。」然當事人如願一次支付時，自非法所不許，此時應先認定被害人因喪失或減少勞動能力而不能陸續取得之金額，按其日後本可陸續取得之時期，各照霍夫曼式計算法扣除依法定利率計算之中間利息，再以各時期之總數為加害人一次所應支付之賠償總額❶。

六、物之毀損

民法第一九六條規定：「不法毀損他人之物者，被害人得請求賠償其物因毀損所減少之價額。」故物受毀損者，在被害人方面，得不請求回復原狀，而直接請求金錢賠償。所謂毀損，不以變更物之形體為限，即無形的毀損，事實上或感情上使其物不能供原來之用，因而減少其價值者，亦包括之，如便溺於他人之飲食器是。

七、非財產的損害賠償

民法第十八條規定：「人格權受侵害時，得請求法院除去其侵害；有受侵害之虞時，得請求防止之。前項情形，以法律有特別規定者為限，得請求損害賠償或慰撫金。」故因人格權受侵害而請求非財產上損害賠償者，自以法律有特別規定者為限，其情形如下：

㈠生命權之侵害

民法第一九四條規定：「不法侵害他人致死者，被害人之父、母、子女及配偶，雖非財產上之損害，亦得請求賠償相當之金額。」所謂賠償相當金額，自應視損害賠償請求權人與被害人之關係及所受痛苦之程度，由法官酌量一切情形定之，但不得以子女為胎兒或年幼少知為不予賠償或減低賠償之依據。

㈡身體健康名譽自由之侵害

民法第一九五條第一項規定：「不法侵害他人之身體、健康、名譽、自由、信用、隱私、貞操，或不法侵害其他人格法益而情節重大者，被害人

---

❶ 參閱最高法院二十二年上字第三五三號判例。

雖非財產上之損害，亦得請求賠償相當之金額。其名譽被侵害者，並得請求回復名譽之適當處分。」從而不法侵害他人之身體或健康者，並不限於因此喪失或減少勞動能力，始負損害賠償之責任，換言之，即被害人請求非財產上之損害賠償時，並不以發生財產上損害為要件。職是之故，縱其侵害程度，尚不至因而有財產上之損失，被害人亦得請求賠償相當之金額❷。至於所謂相當之金額，其核給標準固與財產上損害之計算不同，然可由法院斟酌雙方當事人之身分、地位、資力與加害程度，及其他各種情形核定之❷。此項非財產上之損害賠償之請求權，不得讓與或繼承，但以金額賠償之請求權，已依契約承諾或已起訴者，不在此限（民法第一九五條第二項）。蓋因人格權不得讓與或繼承，故因人格權受侵害所發生之非財產上之損害賠償請求權，自亦不得讓與或繼承。惟此項損害賠償請求權，其內容係以金錢賠償者（如撫慰金），如已依契約承諾，則已與一般之金錢債權無異，而已起訴，則被害人行使該項權利之意思已決定，故得為繼承或讓與。

至於侵害姓名權（參閱民法第十九條）及財產權所致非財產上之損害（如傳家寶被毀，而生精神上之苦痛），因民法未設有得請求非財產上損害賠償之明文規定，故學者有認為被害人不得請求賠償者❷。惟民法第一八四條所稱權利，係包括財產權及人格權等在內，而所謂損害賠償又係指財產上及非財產上之賠償❷，故無予以排除之理由，換言之，即就侵害姓名權及財產權所致非財產上損害，亦均應予以賠償，僅其賠償方法參照民法第十八條第二項及第一九五條規定意旨，應解為以回復原狀為限，不得請求金錢賠償❷。又名譽權受侵害時，除得請求金錢賠償外，尚得請求為回復名譽之適當處分（民法第一九五條第一項後段），如登報道歉，或將被害

❷　參閱最高法院十九年上字第一一五二號判例。
❷　參閱最高法院五十一年臺上字第二二三號判例。
❷　參閱鄭玉波，民法債編總論，第二〇三頁。
❷　參閱最高法院四十一年臺上字第二七八號判例。
❷　參閱王澤鑑，人格權之保護與非財產損害賠償，民法學說與判例研究第一冊，第四十三頁。

人勝訴之判決公諸報端是。其次，因非財產上損害之賠償須以人格權遭遇侵害，使精神受有痛苦為必要，而公司係依法組織之法人，其名譽遭受損害，無精神上痛苦之可言，登報道歉已足回復其名譽，自亦無依民法第一九五條第一項規定請求精神慰藉之餘地，應予注意❷。

第三節　賠償經費預算之編列及支付

第一項　賠償經費預算之編列

國家依國家賠償法規定，對被害人民負損害賠償責任者，應以金錢為之，但以回復原狀為適當者，得依其請求，回復損害發生前原狀（本法第七條第一項）。凡此均需相當經費，為免因財源不濟，致被害人民不能迅速得到確切適當之損害賠償，成為施行國家賠償法之障礙，使良法美制形同具文，故國家賠償法第七條第二項規定：「前項賠償所需經費，應由各級政府編列預算支應之。」為使此項預算之編列不致落空，且使權責明確，故國家賠償法施行細則第四條規定：「本法第七條第二項之經費預算，由各級政府依預算法令之規定編列之。」其次，此項為支應賠償所需經費而編列之預算，自須另立專門帳戶，不得移作他用，否則有違本條項之立法意旨。所謂「各級政府」，則係指中央、省（市）政府及其所屬機關及縣（市）政府及其所屬機關三級。

第二項　賠償金額之支付或回復原狀之實施

至於國家賠償事件，如經當事人成立協議，或經請求權人訴請法院判決賠償，請求權人於收到協議書、訴訟上和解筆錄或確定判決後，自得即向賠償義務機關請求支付賠償金或聲請回復原狀（參閱國家賠償法施行細則第五條第一項）。賠償義務機關收到前項請求時，自應盡速支付賠償金、墊付醫療費或喪葬費或開始為回復原狀之行為，不得拒絕或遲延履行（參閱國家賠償法施行細則第四十條第一項）。為保護請求權人之權益，並避免

❷　參閱最高法院六十二年臺上字第二八〇六號判例。

賠償義務機關藉故推拖，故國家賠償法施行細則第五條第二項乃規定：「賠償義務機關收到前項請求後，應於三十日內支付賠償金或開始回復原狀。」賠償義務機關拒絕或遲延履行者，請求權人得聲請法院強制執行（參閱國家賠償法施行細則第四十條第二項）。請求權人領取賠償金或受領原狀之回復時，則應填具收據或證明原狀已回復之文件（參閱國家賠償法施行細則第六條）。

第三項　賠償經費之撥付

如前所述，依國家賠償法第九條規定，國家賠償係由賠償義務機關負賠償之責任，但賠償經費之預算，則由各級政府編列（參閱國家賠償法第七條第二項），如賠償義務機關與編列預算機關不一，而賠償金之支付或為回復原狀所必需之經費，應由各級政府撥付者，該編列預算之各級政府如對之仍有撥付與否之審核權，則不僅使前述賠償義務機關應盡速對損害賠償請求權人為損害賠償之規定，形同具文，無以維護請求權人之權益，且將使國家賠償法以賠償義務機關為負責機關之立法意旨，無以貫徹，故國家賠償法施行細則第五條第三項乃規定：「前項賠償金之支付或為回復原狀所必需之費用，由編列預算之各級政府撥付者，應即撥付。」

第四節　結　語

國家損害賠償之方法，依國家賠償法第七條第一項規定，係以金錢賠償為原則，回復原狀為例外，此與民法以回復原狀為原則，以金錢賠償為例外者，恰好相反。惟民法關於侵權行為損害賠償亦多特別規定以金錢為之，例如殯葬費、扶養費、定期金、慰撫金及價額賠償（民法第一九二至一九六條）等均是。因此雖謂民法上侵權行為損害賠償以金錢賠償為原則，而國家賠償法與民法採取相同方法，亦不為過[26]。其次，關於損害賠償之範圍，國家賠償法能突破民國八十七年修正前之行政訴訟法第二條第二項以「所受損害」為限[27]，明定適用民法之規定，包括「所失利益」在內，

---

[26]　參閱鄭玉波，論國家賠償責任與公務員賠償責任之關係，法學叢刊第一〇一期（七十年三月），第六頁。

乃充分保護人民權益之明證。故關於國家損害賠償請求權之性質雖有採公
法上之請求權說者，惟關於國家賠償之方法及範圍，則須完全基於私法之
觀點加以處理，自不待言。

㉗　民國八十七年修正前之行政訴訟法第二條規定：「提起行政訴訟，在訴訟程序
　　終結前，得附帶請求損害賠償。前項損害賠償，除適用行政訴訟之程序外，準
　　用民法之規定。但民法第二百十六條規定之所失利益，不在此限。」該條文已
　　於民國八十七年行政訴訟法修正時，予以刪除。

第五章
國家損害賠償責任之法律依
據及賠償範圍（判決評釋）

壹、判　決

最高法院五十三年度臺上字第二六七六號

五十三年九月十九日

（司法院公報第七卷第四期第二頁）

一、事　實

　　本件上訴人起訴主張：於四十六年三月間，在嘉義市設廠製造興台肥皂精發售，不屬於化粧品，不應課徵貨物稅，然為慎重起見，於同年五月，曾請求被上訴人（指嘉義縣稅捐稽徵處——筆者註）轉請上級鑑定應否課徵，被上訴人並不轉呈，即於同年六月派人搜查，將製成品扣留，謂係私製私售應徵貨物稅貨物，移送法院處罰，並於同年九月十六日，通函各縣市稅捐處查辦該貨品，旋上訴人自行呈經臺灣省政府財政廳轉奉財政部核定不在課徵貨物稅之列，並令知各縣市稅捐處，准予恢復營業，因之前開

送罰案件，亦改為不罰確定在案。上訴人因被勒令停業及被上訴人通函禁售之結果，自四十六年六月六日起至四十七年五月八日法院裁定不罰日止，損失預期可得之利益新臺幣二萬三千餘元（第一審判令被上訴人賠償七千零三十五元七角三分），依法應由被上訴人賠償云云。

二、理　由

　　按一般損害賠償之範圍，雖包括填補債權人所受損害及所失利益兩項，且依通常情形，可得預期之利益，視為所失利益，但法律另有規定者，不在此限（民法第二一六條）。本件依上訴人所訴事實，被上訴人機關，當時處理上訴人申請免稅之公務員，有違法侵害上訴人權利情事，上訴人雖得請求賠償，但依憲法第二十四條規定，上訴人得請求其賠償者，以「其所受損害」為限（此即民法第二一六條第一項所謂「除法律另有規定外」），至於所失利益，即可得預期之利益，不在得請求賠償範圍之內，法條文義，甚為明顯。茲上訴人所請求賠償者，既為可得預期之利益，而非依法可得請求之所受損害，自屬不應准許。原審本此見解，將第一審命被上訴人為一部分賠償之判決廢棄，變更為駁回上訴人部分之訴之判決，於法並無不合。上訴論旨，任意指摘原判決未敘明適用法律依據，求為廢棄，非有理由。

貳、評　釋

一、憲法第二十四條規定之性質

　　損害賠償問題，是為法律學主要課題之一，民法、刑法、行政法、憲法、國際法上，都有損害賠償問題。其中最值得我們注意，而且曾發生很大之爭論者，為國家損害賠償問題。在民主政治思潮澎湃之今日，國家也須受法律之限制❶，因而現代民主國家之憲法，大都有國家損害賠償責任問題之規定，亦即皆承認國家損害賠償制度，而廢棄國家無責任原則❷。

---

❶　其詳參閱梅仲協譯，法國狄驥 (L. Duguit) 著，憲法精義，第二一至二九頁（四十五年一月臺初版，譯者發行）。

❷　參閱我國五五憲草第二十六條，西德基本法第三十四條，日本憲法第十七條，意大利憲法第二十八條，韓國憲法第二十七條等，條文之詳細內容請參閱世界

所謂國家損害賠償，乃指於公務員當其執行公務時，違反法律之規定，而侵害人民之自由或權利時，由國家負或連帶負損害賠償之責任❸。

我國憲法第二十四條規定：「凡公務員違法侵害人民之自由或權利者，除依法律受懲戒外，應負刑事及民事責任，被害人民就其所受損害，並得依法律向國家請求賠償。」此乃為憲法對人民自由權利保護事後救濟或保障的基本規定，因而凡公務員違法侵害人民之自由或權利時，不論是因執行什麼職務而發生，亦不論其係因基於公法關係或係基於私法關係而造成之損害，國家皆應依法律之規定而負賠償責任❹，此即為憲法承認國家損害賠償制度之表現，這也是本條立法意旨之所在。蓋憲法對於人民權利保障之規定，固甚為詳盡，然均為事前保障之性質，如不附以有力之事後保障，則憲法上有關人民自由權利之事前保障規定，恐難得實效。且我國實行民

　　各國憲法大全（中華大典）。

　　民國二十三年七月九日披露之中華民國憲法草案初稿審查修正案第二十六條，就已確立了國家損害賠償責任，參閱王子蘭，現行中華民國憲法史綱，第二三頁（六十年三月初版，商務印書館人人文庫第一五七七號）。

　　關於國家損害賠償責任問題之理論基礎學說及其思想、立法例之變遷經過等，本文不加論述，其詳請參閱林紀東，中華民國憲法逐條釋義第一冊，第三六四至三七〇頁（五十九年九月初版，三民書局總經售，以下簡稱林著憲法釋義）；何佐治，中國冤獄賠償法論，第一至九頁（四十八年九月初版，著者發行，以下簡稱何著冤獄賠償）；今村成和，國家補償法，第四至四二頁（法律學全集(9)，日本有斐閣，昭和四十三年九月十日再版第六刷，以下簡稱今村著補償法）；古崎慶長，國家賠償法，第一至六頁（日本有斐閣，昭和四十六年六月三十日初版第一刷，以下簡稱古崎著賠償法）。

❸　參閱❷所列各國憲法之規定。

　　日本國家賠償法第一條第一項規定：「行使國家或公共團體權力之公務員，於其執行職務之際，因故意或過失，違法損害他人權利時，國家或公共團體，負賠償責任。」

　　我國司法院擬國家賠償法草案第一條第一項：「人民因政府機關或自治團體執行公務人員之職務上違法侵害其自由或權利者，除法律別有規定外，得依本法請求賠償其損害。」（引自何著冤獄賠償第一六三頁）

❹　參閱今村著補償法第八三頁，古崎著賠償法第六頁。

主政治之時期尚淺，公務員對人民之權利，尚欠尊重，倘公務員執行職務，違法侵害人民之自由權利時，僅許人民提起訴願或訴訟，未必能獲得確實有效之救濟，縱令使公務員個人負其損害賠償責任，亦恐因公務員未必有賠償之能力，以致徒託空言，故憲法特仿第一次世界大戰後之法例，於本條設國家賠償責任之規定，以貫澈保障人民權利之目的❺。

憲法上之規定，大都為概括性之原則規定，本條亦為概括性規定，具有原則規範之性質❻，所以表明我國憲法承認：國家對於公務員違法執行職務，以至於人民自由權利受到損害之行為，應負損害賠償責任，已如上述。依憲法第二十四條規定，受害人民只得依法律向國家請求損害賠償，不得直接依據憲法本條之規定向國家請求損害賠償。唯此之所謂「依法律」，並非「法律保留」之意義，乃為「國家無責任原則」之拋棄的表示。因而如法律或命令，囿於舊日觀念，為排除國家應負賠償責任之規定者，即為違憲之法令，又該項法令原則上亦不得規避民法有關侵權行為要件或損害賠償範圍等之規定❼。故如法院之判決違反此項立法意旨者，亦為違憲之判決。

一般言之，國家損害賠償責任，約有三種情形：即 1.國家與公務員各負損害賠償責任，如我國刑事補償法第三十四條（原冤獄賠償法第十六條、後修正為第二十二條）之規定是，2.由國家與公務員連帶負損害賠償責任，如民法第二十八條之規定是， 3.由國家單獨負損害賠償責任，如土地法第六十八條第一項之規定是❽。至於我國憲法第二十四條之規定，究係由國

---

❺　參閱林著憲法釋義第三五九至三六〇頁，註解日本國憲法上卷，第三八一頁（法學協會編，日本有斐閣，昭和三十三年一月卅日初版第九刷，以下簡稱註解憲法），陳固亭譯，美濃部達吉著，日本新憲法精義，第四九頁（四十九年十二月臺初版，正中書局，以下簡稱陳譯憲法精義）。

❻　概括性之原則規定，為憲法特性之一，其詳請參閱林紀東，中華民國憲法釋論，第十至十五頁（六十年四月重訂十八版，朝陽大學法律評論社發行，以下簡稱林著憲法釋論）。

❼　參閱林著憲法釋義第三六一至三六二頁，今村著補償法第八四至八五頁。

❽　參閱管歐，中華民國憲法論，第六五頁（五十八年四版，三民書局，以下簡稱管著憲法論），何著冤獄賠償第五頁。

家與公務員雙方，分負損害賠償責任？抑係負連帶責任？關於此問題，宜解為負連帶責任，蓋如此才能符合憲法本條之保障人權的立法意旨，且亦符合現代國家賠償責任之潮流。觀之民法第二十八條規定，亦應該為如此解釋❾。

二、國家損害賠償請求權之性質

　　關於國家損害賠償責任，可分為基於國家權力作用之國家損害賠償責任與非基於權力作用之國家損害賠償責任兩者，後者即係國家立於準私人地位時，其公務員所為之不法行為，國家所應負之損害賠償責任，此時國家應依民法第二十八條或第一八八條之規定，負其損害賠償責任，殆無疑義，有如後述。成為問題者，為基於權力作用所造成之損害，於國家賠償法制定前，而又無如土地法第六十八條等之特別規定者，國家損害賠償責任是否成立？！蓋我國憲法第二十四條規定：「被害人民就其所受損害，並得依法律向國家請求賠償」，人民不得直接依據憲法該條之規定而請求賠償，前已述及。關於此學說上有因適用法規不存在（即無法律之規定）因而否定國家損害賠償責任之否定說，與認為應該類推適用民法有關規定，而承認國家損害賠償責任之肯定說，兩相對立❿。本問題與國家損害賠償請求權之性質，即認該項請求權係為公法上之權利抑或為私法上之權利有關，故應先就此問題略述之。

　　就產生國家損害賠償責任思想觀之，絕對主權思想之動搖，結果責任主義之形成及社會保險思想之崛起，因而產生的平等負擔原則⓫，乃為國家損害賠償責任產生之理論基礎。故權威學者們認為國家損害賠償請求權應屬於私法上之權利，其訴訟應依民事訴訟為之⓬。除上述之思想背景外，

---

❾　參閱林著憲法釋論第一六九頁。
　　關於國家責任之類型及特質，本文不加論述，其詳情參閱今村著補償法第九一至九九頁。

❿　參閱今村著補償法第八四頁，古崎著賠償法第二六〇至二六一頁（古崎有不同之見解）。

⓫　參閱林著憲法釋論第三六六至三七〇頁，今村著補償法第三七至四二頁。

⓬　參閱陳譯憲法精義第四九頁，註解憲法第三八八頁，今村著補償法第八四、八

就憲法第二十四條規定觀之，該條之規定，乃在於排除舊有之國家無責任原則，並放棄國家以公權力之主體所擁有之特權地位，而使國家亦與私人負同一之責任，亦即由於憲法第二十四條之規定，因而全面的承認國家損害賠償制度，使國家亦負私法上之責任，前已言之，故亦以私法說較為可採，且較符合現代之民主精神。

另外就立法例觀之，日本國家賠償法第四條規定：「國家或公共團體之損害賠償責任，除前三條之規定外，依民法之規定。」我國民國八十七年修正前之行政訴訟法第二條第二項規定：「前項損害賠償除適用行政訴訟之程序外，準用民法之規定……。」又我國司法院擬國家賠償法草案第四條亦規定：「民法關於損害賠償之方法及範圍等規定準用之。」本條之立法理由（即說明）為：「此項損害賠償訴訟其性質原屬私法上之權利，自得準用民法關於損害賠償之方法及範圍等規定以資簡便。」[13]凡此皆為國家損害賠償請求權為私法上之權利的表現。

三、本案請求權之法律基礎

依憲法第二十四條之規定：「被害人民就其所受損害，並得依法律向國家請求賠償。」故人民不得逕依本條之規定而為賠償之請求，尚須依法律為之。唯目前我國並無關於國家賠償法之一般規定，僅有局部之損害賠償規定，而適用於合於一定條件之特定事件，如土地法第六十八條、行政訴訟法第二條、冤獄賠償法等是。如上所述，憲法第二十四條之規定，在於表明承認國家損害賠償制度，而具有概括性之原則規範性質，其立法本旨，顯在實行普遍之國家賠償制度，而保障人民之自由權利。因而有關各方，似宜從速制定國家賠償法，以副憲法之立法本意[14]。目前我國雖無有關國家損害賠償法，然非謂人民之自由權利被侵害時，國家可因而不負損害賠償責任，此從上述憲法第二十四條之立法意旨及國家損害賠償請求權性質上為私法之權利，可以推知。唯於國家賠償法制定前，而又無如上述特別

八至八九頁，古崎著賠償法第十一至十五頁。

[13]　引自何著冤獄賠償第一六三頁。

[14]　參閱林著憲法釋義第三六四頁。

法之規定者，遇有公務員違法侵害人民之權利時，國家應如何負其損害賠償責任？亦即人民之損害賠償請求權，其法律根據為何？即不無研究之餘地，以下就此論述之。

民法第二十八條規定：「法人對於其董事或其他有代表權之人因執行職務所加於他人之損害，與該行為人連帶負賠償之責任。」國家為公法人，公務員為國家之職員，故國家於其公務員違法執行職務侵害人民之權利，而造成損害時，依本條之規定，自應連帶負損害賠償責任。唯該公務員執行職務之行為，須非基於國家主權之行使，而致人民之權利受害者，亦即須國家立於「準於私人地位」時，其公務員所為之私法上的行為所造成之損害，受害人民才得依本條之規定，請求國家負連帶損害賠償責任。故於公務員基於國家主權之行使，致第三人權利受害者，人民不能依民法第二十八條之規定請求損害賠償[15]。此蓋因民法為私法，其所規定者為私人相互間之關係，故僅限於國家立於準於私人地位時，即國家與私人立於相同之法律地位，同受私法之支配時，而其公務員違法執行職務侵害人民之權利造成損害者，才有適用之餘地[16]。

如上所述，民法第二十八條之規定，僅於公務員執行職務之行為，係非基於國家主權之行使（所謂立於「準於私人地位」之國家），而致人民之權利受害者，才有適用之餘地。然最高法院民刑庭總會有：「憲法第二十四條，有得依法律向國家請求賠償之規定，民法侵權行為之損害賠償規定，即為所得依據之法律。侵權行為不限於私法上之行為，凡事實上之行為包含不作為，無論是公法或私法上之行為均可構成侵權行為。因之，民法第一八四條侵權行為人及第二十八條之法人，均應包含公法人之國家在內。而國家之行政行為，亦可構成侵權行為。」之決議[17]。此項決議，就民法之

---

[15] 參閱梅仲協，民法要義，第四七頁（五十二年臺新八版，著者發行）；鄭玉波，民法總則，第一八三至一八四頁（六十年五月七版，三民書局）；史尚寬，民法總論，第一四四至一四五頁（五十九年十一月臺初版，史吳仲芳發行）。

[16] 參閱林著憲法釋義第三七二頁。

[17] 民國五十年三月十四日決議（見最高法院民刑庭總會決議錄類編第二頁），原

適用範圍及其對象而言，顯然有其違誤之處。唯如就憲法第二十四條之立法意旨及精神觀之，並就國家損害賠償請求權之性質為私法上之請求權言之，於國家損害賠償法制定前，將民法第二十八條之規定擴張解釋，而類推適用該條之規定，使國家負連帶損害賠償責任，誠有其必要❸。因而個人以為此項決議，就我國目前之情形而言，可謂為極正確而富有創意，並符合憲法第二十四條之立法意旨及精神，在我國國家損害賠償法制定前，更是具有開創性的重大意義❸。

就本件訴訟而言，依原判決所確定之事實，最高法院判決亦認為：「被上訴人機關，當時處理上訴人申請免稅之公務員，有違法侵害上訴人權利

文引自傅秉常、周定宇編中華民國六法理由判解彙編㈠憲法第五頁（五十三年元月新編第一版，新陸書局）。

❸ 管著憲法論第六五頁，何著冤獄賠償第四至五頁，洪應灶，中華民國憲法新論，第一一六頁（五十二年四月四版，以下簡稱洪著憲法新論），今村著補償法第八四頁。

林紀東大法官雖認民法第二十八條規定僅限於國家立於準私人地位之時，始有適用之餘地，對於因執行其他職務而引起之侵權行為，殊難適用該條。唯認為民法對此一問題之態度，未免過於保守，而有違憲之嫌（其詳請參閱林著憲法釋義第三七一至三七二頁）。

❸ 就我國冤獄賠償法言之，該法於民國四十八年六月十一日公布，同年九月一日施行（其後曾經於五十五年六月二日、五十六年八月一日、七十二年六月二十四日及八十年十一月二十二日四度總統令修正），共有二十六條，係偏採無過失責任主義，只要符合構成冤獄之條件，即可請求賠償，其賠償之範圍及方法均甚為廣泛，如該法第一條、第二條、第三條、第十六條等是。而憲法第二十四條所規定者，則係以公務員有違法為條件，其範圍不如冤獄賠償法之廣泛，其對人身自由權利之保障，亦不如冤獄賠償法之周密。惟學者們皆認為冤獄賠償法之制定係依據憲法保障人民自由權利之精神，就憲法第二十四條作廣義解釋，為尊重人權之表現，亦為司法正義之發揚，實則創我國法治前途之里程碑。其詳請參閱洪著憲法新論第一一一至一一四頁，林著憲法釋義第三七二頁，謝瀛洲，中華民國憲法論，第四八頁（五十四年十月十一版增訂本），何著冤獄賠償第一〇六至一〇八頁。從而對於民法第二十八條適用之解釋，亦該採取同樣之態度，體會憲法第二十四條之精神為之。

情事。」然卻認為：「上訴人雖得請求賠償，但依憲法第二十四條規定，上訴人得請求賠償者，以『其所受損害』為限（此即民法第二百十六條第一項所謂『除法律另有規定外』），至於所失利益，即可得預期之利益，不在得請求賠償範圍之內……。」此種適用及解釋法律方法，顯然違誤，以下述之：

　　憲法為國家之根本大法，原則上其效力高於一切法律❷，因而將憲法之規定作為普通法律之除外規定的規定，而加以適用，在解釋上即有其矛盾之處，不合乎一般適用法律之常規。且憲法第二十四條僅為承認國家損害賠償制度之概括性原則規定，人民不得逕依該條規定而請求損害賠償，尚須依法律為之，亦即人民之自由權利受到國家機關公務員執行職務行為之侵害，就其所受之損害，請求國家為損害賠償時，其請求之要件、程序、賠償之範圍、方法及時效等，均須另依據法律為之，而人民之請求是否合法及有無理由，亦應依據該法律判斷之。然最高法院就本案認為：「上訴人雖得請求賠償」，但並未指出其法律根據為何？又就其駁回被害人上訴之法律根據言之，其所適用之法律亦顯然不當且違誤，其詳後述。唯就該判決理由之文義觀之，最高法院似乎是直接依僅具有概括性原則規定之憲法第二十四條及民法第二一六條，作為其判決之法律根據，此亦非無可議之處。

四、國家損害賠償之範圍

　　國家損害賠償請求權為私法上之權利，已如上述。則國家損害賠償之範圍，原則上亦應依民法上有關規定定之。民法第二一六條第一項規定：「損害賠償，除法律另有規定或契約另有訂定外，應以填補債權人所受損害及所失利益為限。」此乃為民法關於財產上之損害賠償法定範圍之一般規定，故除法律另有規定或契約另有訂定外，一切之私法上的損害賠償範圍，均應依本條定之。而該條所謂「除法律另有規定外」，當係指其他法律就損害賠償之範圍有特別規定者而言，如民法第一九五條第一項前段、第一九三條第一項、第二一七條、第二一八條、第二三三條、第二四○條等是，此均為法律所定之特殊損害賠償範圍，自應優先適用該特別規定❷。

---

❷　憲法第一七一條參照。

　　有關憲法與法律間之效力問題，另請參閱林著憲法釋論第三九三至三九五頁。

如上所述，於無特別約定或規定時，一切之財產上的法定損害賠償範圍，自當依民法第二一六條定之，即以債權人所受損害及所失利益為其範圍，不應因負損害賠償義務者為國家，而使其所負之私法上責任有不同之範圍。唯我國民國八十七年修正前之行政訴訟法第二條規定：「提起行政訴訟，在訴訟程序終結前，得附帶請求損害賠償。前項損害賠償，除適用行政訴訟之程序外，準用民法之規定。但第二百十六條規定之所失利益，不在此限。」本條第二項但書之規定，係因此項損害賠償之被告，為國家行政官署，為顧及國家財政之負擔，故其賠償範圍不宜過廣❷。此項理由，自屬可通，但如就現代損害賠償之立法趨勢，已由過失責任進到結果責任，且就產生國家損害賠償思想之社會保險原則及國家相對主權說觀之，則此項限制，恐不合於國家損害賠償之精神。更就現代工商社會言之，由於不法行為所造成之損害，「所失利益」往往是大於「所受損害」，因而對於「所失利益」之賠償，益見其必要。因而行政訴訟法第二條第二項但書所為之限制，是否有刪除之必要，不無研究之餘地。

憲法第二十四條所謂「其所受損害」，是否能解為與民法第二一六條所謂「所受損害」同義，亦即憲法第二十四條是否亦為對國家損害賠償範圍之規定，不無研究之餘地。就憲法第二十四條之規定言之，如前所述，該條之立法目的僅在承認國家損害賠償制度，故與民法第二一六條僅為規定一般損害賠償之法定範圍者不同。又就行政訴訟法第二條第二項之規定觀之，姑不論該條項之規定是否妥當，如謂憲法第二十四條規定「其所受損害」與民法第二一六條規定「所受損害」同其意義，即認憲法第二十四條亦為對國家損害賠償範圍之限制，則行政訴訟法第二條第二項但書即無規

---

❷ 參閱鄭玉波，民法債編總論，第二五一至二五四頁（五十九年八月五版，三民書局）；史尚寬，債法總論，第二八九至三〇八頁（六十一年三月三版，史吳仲芳發行）；胡長清，中國民法債編總論，第二五八至二六四頁（五十三年三月臺一版，臺灣商務印書館）。

❷ 參閱林紀東，行政法新論第三五三至三五四頁（五十九年九月重訂十二版，著者發行）。

定之必要。蓋行政訴訟法第二條亦為國家損害賠償制度表現之一，憲法第二十四條之規定，如亦為對國家損害賠償範圍之限制，則該條之損害賠償範圍當然應該適用憲法之規定，因憲法之效力較強，憲法所明文規定之事項，當然應該優先適用。故最高法院於本案判決理由內稱：「……依憲法第二十四條規定，上訴人得請求其賠償者，以『其所受損害』為限……，至於所失利益，即可得預期之利益，不在得請求之範圍內，法條（即指憲法第二十四條——筆者註）文義，甚為明顯。」其對憲法第二十四條所為之解釋及適用，顯然違誤，而有望文生義之嫌。

五、結　語

綜上所述，我們可知道憲法第二十四條之立法意旨，乃在於確立國家損害賠償制度，人民之自由權利因國家機關公務員之不法行為而受侵害時，得依法律向國家請求損害賠償。唯目前我國並未有國家賠償法之制定，因而於該法制定前，為達保障人民之自由權利，並使其自由權利被不法侵害時，得有救濟之機會，於無特別法規定之情況下，應該類推適用民法第二十八條之規定，使國家負連帶損害賠償責任，以符合憲法第二十四條之立法意旨。又國家損害賠償請求權為私法上之權利，故損害賠償之範圍，原則上應依民法之規定。因而被害人「所受損害」及「所失利益」，依理言之，均應在國家損害賠償之範圍內，但我國目前因有行政訴訟法第二條第二項但書之規定，以至於國家損害賠償的範圍非常狹小，僅以「所受損害」為限（該條文現已刪除）。

又就本案判決而言，最高法院未能正確地體認憲法第二十四條之立法意旨及精神，同時亦未能注意及該院五十年三月十四日民刑庭總會之決議，並誤解憲法第二十四條之意義，甚而誤用法律，以至於使該判決有不適用法規或適用不當之違背法令情形。

（後記）本文撰於民國六十二年，原登載於臺大法學論叢第二卷第二期（六十二年四月），文中所述有關問題，因國家賠償法之公布施行，業已解決。本判決所持法律見解，固有值得商榷之處，惟在國家賠償法制不完備之當時，對人民權益之保障，自有其價值。

第六章
國家損害賠償請求權之行使及其相關問題

第一節　前　言

　　國家賠償法之制定及施行，使憲法第二十四條保障民權之精神得以貫徹，是我們實施民主法治又向前邁進一大步的里程碑，展開我國法制上輝

煌燦爛之新頁。依國家賠償法第二條及第三條之規定，則公務員於執行職務行使公權力時，因故意或過失不法侵害人民自由或權利者，或公有公共設施因設置或管理有欠缺，致人民生命、身體或財產受損害者，國家皆應對之負損害賠償責任❶，換言之，即被害人民就其所受損害得依國家賠償法向國家請求損害賠償。惟此項損害賠償請求權應如何行使？其與訴願、行政訴訟等行政爭訟之關係如何？不無問題。本章擬就此加以論述。

第二節　國家損害賠償請求權之性質

　　國家損害賠償，可分為基於權力作用之損害賠償與非基於權力作用之損害賠償，後者即係國家立於私人地位（準於私人地位）時，其公務員所為之不法行為，國家所應負之損害賠償責任，此時國家應依民法第二十八條（或民法第一八八條）之規定，負其損害賠償責任，被害人民對國家所有之損害賠償請求權，屬於私法上之請求權，殆無疑義。成為問題者，乃基於權力作用所造成之損害,被害人民依國家賠償法規定請求損害賠償時，此項損害賠償請求權之性質為何？則不無爭論，以下略予闡述之。

　　關於國家損害賠償請求權之性質為何？有公法上之權利與私法上之權利兩說相對立。我國學者通說認為國家賠償法為公法❷，從而基於該法所發生之損害賠償請求權，自亦屬於公法上之權利。此固有其理論根據，惟就產生國家損害賠償責任思想觀之，絕對主權思想之動搖、無過失責任主義形成及社會保險思想之崛起，因而產生的平等負擔原則及損害賠償社會化，乃國家損害賠償責任產生的理論基礎❸。又就憲法第二十四條規定觀

---

❶　參閱拙著國家賠償法概要，財稅人員訓練所，七十年二月，第十二頁以下；本書第十六頁以下、第五十二頁以下。

❷　關於國家賠償法之性質，學者見解不一，主要有公法說與私法說之爭，詳請參閱古崎慶長，國家賠償法，日本有斐閣，昭和四十六年六月三十日初版第一刷，第十二頁以下；乾昭三，國家賠償法，注釋民法(19)，日本有斐閣，昭和四十九年七月初版第十一刷，第三八八頁以下；葉百修，公務員不法行為所生之國家賠償責任，六十六年三月臺大法律學研究所碩士論文，第七六頁以下。

❸　其詳參閱林紀東，行政法論集，三民書局，五十三年六月初版，第一八○至一

之，該條之立法意旨，乃在於排除舊有之國家無責任原則，並放棄國家以公權力主體所擁有之特權地位，而使國家亦與私人負同一之責任，亦即由於憲法第二十四條之規定，因而全面的承認國家損害賠償制度，此項損害賠償與私法上之損害賠償，本質上當無不同❹。

此外，就立法例觀之，日本國家賠償法第四條規定：「國家或公共團體之損害賠償責任除前三條之外，依民法之規定。」我國國家賠償法第五條規定：「國家損害賠償，除依本法規定外，適用民法規定。」第十二條規定：「損害賠償之訴，除依本法規定外，適用民事訴訟法之規定。」司法院前所擬國家賠償法草案第四條亦規定：「民法關於損害賠償之方法及範圍等規定準用之。」該條之立法理由（即說明）為：「此項損害賠償訴訟其性質原屬私法上之權利，自得準用民法關於損害賠償之方法及範圍等規定，以資簡便。」❺凡此皆為國家損害賠償請求權具有私法上權利性質於立法例上之表

八六頁；林紀東，中華民國憲法逐條釋義第一冊，五十九年元月初版，第三六四頁以下；何佐治，中國冤獄賠償法，四十九年九月初版，第五至七頁；城仲模，行政法上國家責任之理論與立法研究，臺大法學論叢第五卷第一期（六十四年十月），第六頁以下；葉百修，公務員不法行為所生之國家賠償責任，第九頁以下；拙著公務員不法行為之國家損害賠償責任及其範圍，法學叢刊第十九卷第三期（六十三年七月），第四〇至四一頁（本書第二頁以下）；今村成和，國家補償法，法律學全集(9)，日本有斐閣，昭和四十三年九月十日再版第六刷，第十八至二七頁；古崎慶長，國家賠償法，第一至三頁。

❹　關於國家損害賠償請求權之性質，日本之判例雖亦有認為係公法上之請求權者，如大阪高判昭和四十三年二月二十八日判決訴訟月報第十四卷第五號第五二〇頁是。惟大多數判例認為係私法上之請求權，參閱最判昭和四十六年十一月三十日民集第二十五卷第八號第一三八九頁；東京高判昭和三十一年三月三十一日下裁民集第七卷第三號第八二〇頁；東京地判昭和三十九年三月十六日下裁民集第十五卷第三號第五三二頁。
　　參閱下山瑛二，國家補償法，現代法學全集(13)，筑摩書房，昭和四十八年十二月二十日初版第一刷，第一一七頁以下；古崎慶長，國家賠償法，第十二至十三頁。

❺　引自何佐治，冤獄賠償法，第一六三頁。

現，故有關國家賠償法之解釋及適用，除應注意及其公法性質外，尚須基於私法之觀點為之，以符合現代之民主精神及憲法保障人權之意旨。

第三節　損害賠償之當事人

第一項　損害賠償請求權人

如前所述，國家賠償法第二條、第三條規定所稱「人民」，除居於國家主權作用下一般統治關係，應受公權力支配之一般人民外，尚包括有服從特別權力關係義務下之個人，例如公務員或軍人是。惟國家賠償法關於損害賠償請求權人未設特別規定，自應適用民法有關規定（參閱國家賠償法第五條）。損害賠償請求權人，原則上為被害人，即權利或利益直接受到損害之人，間接受害人則不包括在內，但於被害人死亡之情形下，法律對於間接受有損害之人，亦賦予損害賠償請求權，其情形如下：

一、為被害人支出醫療費、增加生活上需要之費用或殯葬費之人

民法第一九二條第一項規定：「不法侵害他人致死者，對於支出醫療及增加生活上需要之費用或殯葬費之人，亦應負損害賠償責任。」故凡屬支出醫療費、增加生活上需要之費用或殯葬費之人，不論其與被害人之關係如何？有無支出義務？只須有支出之事實，均得請求賠償。惟為慈善行為而支出殯葬費者，通說認為不得請求賠償，然因民法並未設有限制，故以解為得請求賠償較妥。

二、被害人對之負有法定扶養義務之人

民法第一九二條第二項規定：「被害人對於第三人負有法定扶養義務者，加害人對於該第三人亦應負損害賠償責任。」故扶養權利人亦有損害賠償請求權，惟因扶養請求權被侵害而生之損害賠償請求權，以扶養請求權存在為前提，而扶養之請求，乃請求權人身分上專屬之權利，該權利因請求權人死亡而消滅，其繼承人不得繼承其身分關係，對加害人請求賠償死亡後之扶養費❻。

---

❻　參閱最高法院四十九年臺上字第六二五號判例。

三、被害人之父母、子女及配偶

民法第一九四條規定：「不法侵害他人致死者，被害人之父、母、子、女及配偶，雖非財產上之損害，亦得請求賠償相當之金額。」此項損害賠償，係對被害人之特定親屬之獨立賠償，而非因被害人生命權被侵害而對被害人為賠償，換言之，即此項損害賠償請求權，係屬於被害人之父母、子女及配偶本身之獨立的損害賠償請求權，並非繼承被害人而取得者，應予注意。又民法第一九四條所稱被害人之子女，應包括胎兒在內（參閱民法第七條），惟胎兒被害時，其父母不能依民法第一九四條請求賠償。

第二項　賠償義務機關

人民因國家應負責之事由致受損害者，固得依國家賠償法第二條及第三條規定向國家請求賠償，惟國家設官分職，機關林立，尤其是於政府職能擴張之今日，更是如此，一旦造成損害，被害人民對應向何機關請求損害賠償，難以確知。為使被害人民易於查明索賠對象，依法向其索賠，故國家賠償法第九條乃對之設有規定，以下分述之：

一、因公權力行使所致損害之賠償義務機關

國家賠償法第九條第一項規定：「依第二條第二項請求損害賠償者，以該公務員所屬機關為賠償義務機關。」故公務員執行職務行使公權力，因故意或過失不法侵害人民之自由或權利者，國家固應負損害賠償責任，惟實際上負擔賠償義務者，則由該公務員所屬之機關任之，俾責有所歸。所謂「公務員所屬機關」，係指將行使公權力之職務，託付該公務員執行之機關而言，該公務員執行職務時所完成之任務，是其本機關之任務抑或他機關之任務，則非所問❼。至於受委託行使公權力之團體，其執行職務之人，及受委託行使公權力之個人，於行使公權力時，視為委託機關之公務員（國家賠償法第四條第一項），故因此等人之行為致人民之權益受損害者，當以委託機關為賠償義務機關，如原經濟部商品檢驗局❽依民國九十年修正前

---

❼　參閱廖義男，國家賠償法，第七一至七二頁。

❽　經濟部商品檢驗局已於民國八十八年與中央標準局合併，改制為「經濟部標準

之商品檢驗法第二十六條規定，或經濟部標準檢驗局依商品檢驗法第四條規定，將商品檢驗工作委託私法人團體或個人代為實施者，該受委託團體實施檢驗工作之人員或受委託之個人如有不法侵害人民權益情事，商品檢驗局或標準檢驗局即為賠償義務機關是。此外，公務員之選任監督機關與薪津費用負擔機關不一時，或公務員係屬借調者，則應以外觀上行使公權力之行政處分機關或借調機關為公務員所屬機關，就其不法行為負損害賠償責任❾。其次，於公務員所居職位具有雙重身分，如執行職務有不法侵害人民權益時，則應視其係居於何種職位身分執行職務，而定其賠償義務機關。在公務員有兼職情形亦同，即辦理兼職事務有不法侵害人民權益情事時，則應由其兼職機關為賠償義務機關❿。

二、因公有公共設施欠缺所致損害之賠償義務機關

國家賠償法第九條第二項規定：「依第三條第一項請求損害賠償者，以該公共設施之設置或管理機關為賠償義務機關。」此於該公有公共設施之設置及管理屬於同一機關時，在適用上固無問題。然於同一公有公共設施，其設置及管理屬於不相同機關時，應以何機關為賠償義務機關，則不無問題。此時固應依其係因設置或管理之欠缺而致損害，決定其賠償義務機關，惟如無法決定其係基於何種原因而肇致損害者，則應認為兩者均係賠償義務機關，被害人得任向其一請求損害賠償⓫。又本條項所稱「管理機關」係指法律所定之管理機關或依法律代為管理之機關而言，如無法律所定之管理機關或依法律代為管理之機關時，始由事實上之管理機關為賠償義務機關（法務部九十八年四月二十日法律字第〇九八〇七〇〇二八〇號函）。

檢驗局」。

❾ 參閱廖義男，國家賠償法，第七二頁。

❿ 仝❾。

⓫ 學者有認為此時應依國家賠償法第九條第四項規定請求其上級機關確定之，其上級機關自被請求之日起逾二十日不為確定者，得逕以該上級機關為賠償義務機關者，參閱廖義男，國家賠償法，第七四頁。

三、賠償義務機關裁撤改組後之賠償義務機關

如前所述，依國家賠償法第九條第一、二兩項規定，則於公務員因執行職務行使公權力，致人民之自由或權利受有損害者，以該公務員所屬之機關為賠償義務機關；於公有公共設施有欠缺，致人民之生命、身體或財產受損害者，則以該公共設施之設置或管理機關為賠償義務機關。惟政府機關事實上常因業務需要而有裁撤、合併或改組等情事，如該應負賠償義務之機關，因裁撤、合併或改組等以致不存在時，為使被害人民不致索求無門，致其權益平白遭受損害，故國家賠償法第九條第三項規定：「前二項賠償義務機關經裁撤或改組者，以承受其業務之機關為賠償義務機關。無承受其業務之機關者，以其上級機關為賠償義務機關。」例如原屬行政院新聞局掌理之衛星廣播電視法相關業務，依國家通訊傳播委員會組織法第二條、第三條規定，衛星廣播電視法之執照換發業務移撥由國家通訊傳播委員會掌理，故於新聞局裁撤後，因執照換發而發生之賠償案件，應由國家通訊傳播委員會為賠償義務機關是。

四、賠償義務機關不明時之賠償義務機關

國家賠償法第九條第一項、第二項及第三項關於賠償義務機關之規定，固甚為詳細，已如前述。惟如為侵害行為之公務員所屬機關，或公有公共設施之設置或管理機關，經裁撤後，原掌管業務全部結束，無須其他機關承受，且該經裁撤之機關，無上級機關存在，或因賠償義務機關就有無賠償責任發生爭議等事由，致無法確定賠償義務機關時，為保障人民權益，自有特設規定以確定賠償義務機關之必要，故國家賠償法第九條第四項規定：「不能依前三項確定賠償義務機關，或於賠償義務機關有爭議時，得請求其上級機關確定之。其上級機關自被請求之日起逾二十日不為確定者，得逕以該上級機關為賠償義務機關。」所謂「於賠償義務機關有爭議」，係指被請求賠償損害之機關否認其有賠償義務，或賠償義務機關有二以上，而對於損害賠償責任之比例發生爭執者而言。此外，依國家賠償法第九條第四項請求確定賠償義務機關時，如其上級機關不能確定，則應由其再上級機關確定之（國家賠償法施行細則第三條）。又本法第九條所稱之「賠償

義務機關」，係指民眾請求國家賠償時，依其所主張之事實受理其請求而應開啟行政程序之機關而言，該被指定或確定之機關是否就原因事實所致生之損害結果，負國家賠償責任，仍應視所主張之事實是否符合本法第二條第二項或第三條第一項規定之要件為斷，非謂一經上級機關指定為賠償義務機關，即須負完全之害賠償責任（法務部九十八年四月二十日法律字第〇九八〇七〇〇二八〇號函）。

此處應予注意者，乃同一賠償事件，數機關均應負損害賠償責任時，依國家賠償法施行細則第十八條第一項規定，則請求權人得對賠償義務機關中之一機關，或數機關，或其全體，同時或先後，請求全部或一部之損害賠償，換言之，即由該數賠償義務機關對被害人（請求權人）負連帶責任。惟請求權人依上述規定同時或先後向賠償義務機關請求全部或一部之賠償時，為防止請求權人重複請求或超額請求，及為使損害賠償之協議早日解決，俾權利義務關係易於確定，請求權人自應於請求協議之書面載明其已向其他賠償義務機關請求賠償之金額或申請回復原狀之內容（參閱國家賠償法施行細則第十八條第二項）。

第四節　協議程序

國家賠償法第十條第一項規定：「依本法請求損害賠償時，應先以書面向賠償義務機關請求之。」故被害人民就其所受損害，得向國家請求損害賠償時，不得逕向法院提起損害賠償之訴，應先向賠償義務機關以書面請求之，學者稱之為「賠償請求先行主義」或「協議先行主義」。此乃國家賠償法關於損害賠償請求權之行使，在程序上所特設之規定，其目的在於便利人民並尊重賠償義務機關，使其有機會先行處理，以簡化賠償程序，避免訟累，疏減訟源❷。從而請求權人未先進行「協議程序」，逕行向法院提起損害賠償訴訟者，法院應依民事訴訟法第二四九條第一項第六款規定，以

---

❷　賠償請求先行主義或協議先行主義，係參照韓國國家賠償法第九條、奧國國家賠償法第八條而為規定，其詳請參閱行政院國家賠償法草案之立法說明（載拙著國家賠償法概要，第一一五至一一六頁）（本書第二〇四至二〇六頁）。

其訴為不合法裁定駁回之。以下就協議程序有關問題分述之。

第一項　書面請求

如前所述，依國家賠償法第十條第一項規定，則被害人民就其所受損害，向國家請求損害賠償時，應先向賠償義務機關以書面請求之。至於國家賠償法所以規定請求應以書面為之者，則在使請求之關係臻於明確。此項書面，應載明①請求權人之姓名、性別、出生年月日、出生地、身分證統一編號、職業、住所或居所。請求權人為法人或其他團體者，其名稱、主事務所或主營業所及代表人之姓名、性別、住所或居所；②有代理人者，其姓名、性別、出生年月日、出生地、身分證統一編號、職業、住所或居所；③請求賠償之事實、理由及證據。④請求損害賠償之金額或回復原狀之內容；⑤賠償義務機關；⑥年、月、日等事項，由請求權人或代理人簽名或蓋章，提出於賠償義務機關（參閱國家賠償法施行細則第十七條）。

第二項　協議代理人及其權限

被害人或請求權人如無暇或因其他原因，未能親自與賠償義務機關進行協議時，自應許其得依委任之規定，委由他人代理進行協議，故國家賠償法施行細則第七條第一項規定：「請求權人得委任他人為代理人，與賠償義務機關進行協議。」其次，同一損害賠償事件有多數請求權人者（如水壩崩潰，泛濫成災，某一地區之居民均受害是），得委任其中一人或數人為代理人，與賠償義務機關進行協議（參閱國家賠償法施行細則第七條第二項）。此時與賠償義務機關進行協議之代理人有無代理權，自應依委任書定之，故國家賠償法施行細則第七條第三項規定：「前二項代理人應於最初為協議行為時，提出委任書。」至於請求權人為無行為能力人或限制行為能力人時，此項協議自應由其法定代理人代為進行，該法定代理人並應於最初為協議行為時，提出法定代理權存在之證明，而何人有法定代理權，則應依民法（參閱民法第一○八六、一○九八條等）及其他法令（參閱公司法第八條、破產法第八十三條等）之規定定之（參閱國家賠償法施行細則第十三條）。

　　代理人於代理權範圍內所為之代理行為，始對本人（被代理人）發生效力（參閱民法第一○三條），從而賠償義務機關如認為協議代理人之代理權有欠缺者，自不應與之進行協議。惟代理權雖有欠缺而可以補正者，則賠償義務機關應定七日以上之期間，通知其補正，此時為兼顧協議之進行，得許其暫為協議行為，然如逾期不補正者，其協議代理權既有欠缺，則其所為協議自不生效力（參閱國家賠償法施行細則第十四條）。其次，委任代理人之權限如何，自應依請求權人之授權行為定之，如請求權人未為特別規定，則該代理人就其受委任之事件，有為一切協議行為之權，但拋棄損害賠償請求權、撤回損害賠償之請求、領取損害賠償金、受領原狀之回復或選任複代理人等，因關係請求權人本人之利益較鉅，故非受特別委任，代理人不得為之（參閱國家賠償法施行細則第八條第一項）。請求權人對於代理人之代理權加以限制者，則應於其所提出之委託書內記明，以杜紛爭而明責任（參閱國家賠償法施行細則第八條第二項）。至於請求權人得委任多少代理人，法無限制，惟如其委任多數代理人者，各該代理人均得單獨代理請求權人，請求權人違反此項規定而為委任者，對於賠償義務機關不生效力（參閱國家賠償法施行細則第九條）❸。又委任代理人為協議行為，既係本於請求權人之授權，而關於事實上之陳述，請求權人本人比委任代理人知之更詳，言之較切，故委任代理人事實上之陳述，經到場之請求權人即時撤銷或更正者，失其效力，應以請求權人之陳述為準（參閱國家賠償法施行細則第十條）。

　　協議代理人之委任係屬委任人與被委任人間之任意行為，且以當事人相互信賴為其基礎，從而此項委任關係自得由該當事人自行解除，但為防賠償義務機關不知其有解除之事實而仍對之為協議行為起見，故國家賠償

---

❸　民法第一六八條規定：「代理人有數人者，其代理行為應共同為之，但法律另有規定或本人另有意思表示者，不在此限。」可知在我民法上代理人有數人時，原則上應屬共同代理。依國家賠償法第五條規定：「國家損害賠償，除依本法規定外，適用民法規定。」故國家賠償法施行細則第九條就代理人有數人時所為單獨代理規定，是否妥當，值得商榷。

法施行細則第十二條規定:「委任代理之解除,非由委任人到場陳述或以書面通知賠償義務機關不生效力。」其次,協議代理人之代理權,係基於請求權人本人之授權行為,其代理權之消滅,自亦應依其授與代理權之內容定之,非如委任關係,因委任人之死亡、破產或喪失行為能力而消滅(民法第五五〇條)。為免請求權人或其繼承人受不利之結果,並期協議迅速成立起見,故國家賠償法施行細則第十一條乃明文規定:「委任代理權不因請求權人死亡、破產、喪失行為能力、或法定代理權變更而消滅。」使協議代理人仍得照常為協議行為。

第三項　協議之處所及參與協議人

協議原則上係由賠償義務機關與請求權人或其代理人為之,則協議期日所應為之行為,自宜在賠償義務機關為之,但賠償義務機關認為在其他處所進行協議為適當者,當亦得在其他處所行之(參閱國家賠償法施行細則第三十二條)。至於賠償義務機關處理賠償事件之人員,因國家賠償法涉及憲法、行政法、民法、民事訴訟法等有關法律,非熟諳法律之人員,無法勝任其業務,故各級機關應指派法制(務)或熟諳法律人員,承辦國家賠償業務(參閱國家賠償法施行細則第四十二條),且為利協議之進行,賠償義務機關於協議時,尚得按事件之性質,洽請具有專門知識經驗之人陳述意見,並支給旅費及出席費(參閱國家賠償法施行細則第二十二條第一項)。此外,請求賠償之金額或回復原狀之費用,在同一事件達到經由法務部所擬並報請行政院核定之一定金額時,該管地方法院檢察署應賠償義務機關之請,得指派檢察官提供法律上之意見(參閱國家賠償法施行細則第二十二條第二項、第三項)❶。

其次,同一賠償事件,數機關均應負損害賠償責任時,如何協議賠償,與各該賠償義務機關均有密切之關係,故請求權人如僅對其中一賠償義務機關請求協議者,該被請求之賠償義務機關,應以書面通知未被請求之賠

---

❶　此項金額業經行政院七十年六月二十四日臺七十法字第八六二〇號函核定為臺幣一百萬元。

償義務機關參加協議（參閱國家賠償法施行細則第十五條第一項）。此外，賠償義務機關尚應以書面通知為侵害行為之所屬公務員或受委託行使公權力之團體、個人、或公有公共設施因設置或管理有欠缺，致人民生命、身體或財產受損害，而就損害原因有應負責之人，於協議期日到場陳述意見（參閱國家賠償法施行細則第十六條），蓋依國家賠償法第二條第三項，第三條第二項及第四條第二項規定，賠償義務機關向被害人為損害賠償後對之有求償權，則此等人員對於如何協議賠償，具有密切之利害關係，故賠償義務機關自應使之有於協議期日到場參加協議，俾能陳述意見之機會（參閱國家賠償法施行細則第十六條）。又依國家賠償法施行細則第十五條第二項規定：「未被請求之賠償義務機關未參加協議者，被請求之賠償義務機關，應將協議結果通知之，以為處理之依據。」

第四項　協議期日期間

被害人依前述規定，先以書面向賠償義務機關請求協議時，該被請求賠償之機關，除認其非賠償義務機關或無賠償義務者，應於收到請求權人之請求起三十日內，以書面敘明理由拒絕之，並通知有關機關外（參閱國家賠償法施行細則第十九條），為使國家損害賠償事件得以迅速解決，而減訟累，故國家賠償法第十條第二項前段規定：「賠償義務機關對於前項請求，應即與請求權人協議。」從而賠償義務機關於接到被害人民請求損害賠償之書面通知時，應即指定期日（參閱國家賠償法施行細則第二十九條），並制作通知書，送達於協議關係人（參閱國家賠償法施行細則第三十一條），且為使請求權人有相當之準備期間，故國家賠償法施行細則第二十一條第一項規定：「賠償義務機關為第一次協議之通知，至遲應於協議期日五日前，送達於請求權人。」至於協議期日，則除經請求權人之同意或有不得已之情形外，不得於星期日、國定紀念日或其他休息日定之（國家賠償法施行細則第三十條）。又因民法第一一九條規定：「法令、審判或法律行為所定之期日及期間，除有特別規定外，其計算依本章之規定」，則協議程序各種期日及期間之計算，自亦應依民法之規定（參閱國家賠償法施行細則第三十

四條）。

　　由於期日乃賠償義務機關會合協議關係人為協議行為之時間，既定之後自不應輕率變更或延展，以維信譽而免遲滯。惟如確有正當事由（如因災變或道路發生障礙等，預計協議關係人不能於原定期日到場是），賠償義務機關自得依申請或依職權變更之（參閱國家賠償法施行細則第三十三條）。其次，賠償義務機關所指定之期日，固應即制作通知書，送達於協議關係人，但經面告以所定期日並記明協議紀錄，或經協議關係人以書面陳明屆期到達者，與送達有同一之效力（參閱國家賠償法施行細則第三十一條）。

第五項　協議之進行及協議紀錄

　　賠償義務機關與損害賠償請求權人進行協議時，自應以各種平和方法基於平等立場，共同謀求一折衷至當而能為雙方接受之損害賠償方法及數額。惟賠償義務機關在決定應否賠償或賠償若干金額及應否回復原狀或應為如何之回復前，須明瞭事實真相，以為協議之基礎，故賠償義務機關於協議前，應就與協議有關之事項，蒐集證據（參閱國家賠償法施行細則第二十條），以利協議之進行。又協議進行時，雙方當事人之聲明、陳述、所用證據及國家賠償法施行細則第十五條、第十六條、第二十二條所定參與協議人員之意見與協議結果等，均應有所記載，以便查考而明責任，故賠償義務機關應指派所屬職員，記載協議紀錄（國家賠償法施行細則第二十三條第一項）。至於協議紀錄則應記載下列各款事項：①協議之處所及年、月、日。②到場之請求權人或代理人。賠償義務機關之代表人或其指定代理人、第十五條、第十六條及第二十二條所定之人員。③協議事件之案號、案由。④請求權人請求損害賠償之金額或回復原狀之內容及請求之事實理由。⑤賠償義務機關之意見。⑥第十五條、第十六條及第二十二條所定人員之意見。⑦其他重要事項。⑧協議結果。（國家賠償法施行細則第二十三條第一項）

　　其次，到場之請求權人或代理人、賠償義務機關之代表人或其指定代

理人、第十五條、第十六條及第二十二條所定參與協議之人員，於協議進行時，就事實、證據及法律上之意見，均有所陳述，為求協議之真實，並確保協議紀錄之正確性，以免爭議起見，自應由此等人在紀錄上簽名蓋章之必要，故國家賠償法施行細則第二十三條第二項乃規定：「前項第二款人員應緊接協議紀錄之末行簽名或蓋章。」

第六項　協議之成立及協議書之作成

協議因請求權人與賠償義務機關就損害賠償之方法、內容及範圍等合意而成立，固不待言。惟國家設官分職，各有一定權責範圍，且為免浮濫，故關於賠償義務機關在如何範圍內得逕行與請求權人成立協議，自有訂定一定標準以為遵循之必要。蓋依國家賠償法第七條第二項規定，國家賠償所需之經費，雖應由各級政府編列預算支應之，但具體賠償事件發生時，究應賠償若干金額，或應為如何之回復原狀，始為妥適，宜許各級機關在一定金額限度內，得逕行決定，方可與賠償請求權人迅速協議解決，以免國家賠償法所定協議程序，徒成具文。職是之故，國家賠償法施行細則第二十四條第一項乃規定：「賠償義務機關得在一定金額限度內，逕行決定賠償金額。」至於此項得逕行決定之賠償金額限度，中央政府各機關及省政府，由行政院依機關等級定之；縣（市）、鄉（鎮、市），由縣（市）定之；直轄市，由其自行定之（國家賠償法施行細則第二十四條第二項），俾與機關之性質、事權之大小及社會經濟情況相適應❶❺。

至於賠償義務機關所認定之應賠償金額，超過前述行政院所核定得逕

❶❺　各級政府得逕行決定之賠償金額限度，業經行政院七十年七月九日臺七十法字第九五七二號函核定如下：

一、鄉、鎮（縣轄市）及縣、直轄市逕行決定賠償金額之限度，由省核定。

二、省、直轄市，不限定金額，直轄市所屬機關，得酌情區分等級，各級得逕行決定賠償金額的限度，由直轄市核定。

三、各部、會、處、行、局、署，新臺幣三百萬元以下，所屬機關得酌情區分等級，各級得逕行決定賠償金額之限度，由各部、會、處、行、局、署核定，並函報本院核備。

行決定之賠償金額限度時，則應報請其直接上級機關核定後，始得為賠償之決定；如此項賠償金額過大，超過其直接上級機關依行政院規定所得決定之金額限度時，該直接上級機關應報請再上級機關核定（參閱國家賠償法施行細則第二十五條第一、二項）。其次，損害賠償案件之處理，貴在迅速，為恐有核定權限之上級機關遲延不決，影響協議之進行，故國家賠償法施行細則第二十五條第三項明定：「有核定權限之上級機關，於接到前二項請求時，應於十五日內為核定。」又依國家賠償法施行細則第四十一條之二第一項規定：「賠償義務機關得在第二十四條第二項所定之金額限度內逕為訴訟上之和解。」惟賠償義務機關認應賠償之金額，超過前項所定之金額時，應逐級報請該管上級權責機關核定後，始得為訴訟上之和解（國家賠償法施行細則第四十一條之二第二項）。

　　此外，依國家賠償法第十條第二項後段規定，則賠償義務機關與請求權人成立協議時，應作成協議書，該項協議書得為執行名義。由於此項協議書即係強制執行法第四條第一項第六款所規定之執行名義，其協議內容如何？關係甚大，故有就其應記載之事項，予以明定之必要。依國家賠償法施行細則第二十七條第一項規定，則協議成立時所作成之協議書，應記載下列各款事項：①請求權人之姓名、性別、出生年月日、出生地、身分證統一編號、職業、住所或居所。請求權人為法人或其他團體者，其名稱、主事務所或主營業所及代表人之姓名、性別、住所或居所。②有代理人者，其姓名、性別、出生年月日、出生地、身分證統一編號、職業、住所或居所。③賠償義務機關之名稱及所在地。④協議事件之案由及案號。⑤損害賠償之金額或回復原狀之內容。⑥請求權人對於同一原因事實所發生之其他損害，願拋棄其損害賠償請求權者，其拋棄之意旨。⑦年、月、日。並由到場之請求權人或代理人及賠償義務機關之法定代理人或其指定代理人簽名或蓋章，同時加蓋機關之印信。此項協議書，應由賠償義務機關於協議成立後十日內送達於請求權人（參閱國家賠償法施行細則第二十七條第二項），俾請求權人得據以主張權利。至於協議書之送達，依國家賠償法施行細則第二十八條規定：「協議文書得由賠償義務機關派員或由郵政機關送

達，並應由送達人作成送達證書。協議文書之送達，除前項規定外，準用民事訴訟法關於送達之規定。」

第七項　協議不成立證明書之發給及繼續協議

賠償義務機關接獲請求權人之協議請求書後，除認其非賠償義務機關或無賠償義務者，應於收到請求權人之請求起三十日內，以書面敘明理由拒絕之，並通知有關機關外，即應指定協議期日，與請求權人進行協議，前已述及。惟經進行協議後，賠償義務機關認為本身無不法行為而拒絕賠償，或關於損害賠償之方法及範圍等，無法達成合意，以致協議不成立者，則請求權人與賠償義務機關間之爭執，自惟有提起損害賠償之訴，訴請法院解決（參閱國家賠償法第十一條第一項）。此時為便利請求權人提起損害賠償訴訟，故國家賠償法施行細則第二十六條第一項乃規定：「自開始協議之日起逾六十日協議不成立者，賠償義務機關應依請求權人之申請，發給協議不成立證明書。」

其次，雖自開始協議之日起逾六十日協議不成立，但請求權人未依前述規定申請發給協議不成立證明書者，得否請求繼續協議，不無問題。由於國家賠償法第十一條第一項僅規定：「自開始協議之日起逾六十日協議不成立時，請求權人得提起損害賠償之訴」，對於請求權人之請求繼續協議，並無限制之明文，為充分發揮協議之功能及疏減訟源起見，自應准許其請求賠償義務機關繼續協議，但以一次為限（參閱國家賠償法施行細則第二十六條第二項）。

第八項　協議文書之送達

在協議程序中所制作之各項協議文書，如協議通知書、拒絕賠償書、協議不成立證明書及協議書等是（參閱國家賠償法施行細則第十九條、第二十條、第二十六條及第二十七條），自應送達於協議當事人或其他參與協議人。因協議文書之送達，以由賠償義務機關指派其所屬職員或交由郵政機關送達為多，而協議文書送達之效力，係自收受送達之翌日起算，為使

送達之法律上效果明確，且便於考查而免爭議，故國家賠償法施行細則第二十八條第一項規定：「協議文書得由賠償義務機關派員或交由郵政機關送達，並應由送達人作成送達證書。」又因民事訴訟法關於送達之規定甚為完備（參閱民事訴訟法第一二三條以下），而有關協議文書之送達與訴訟文書之送達，性質相近，故得準用之（參閱國家賠償法施行細則第二十八條第二項）。

第五節　損害賠償訴訟

第一項　民事訴訟之提起

如前所述，關於國家損害賠償案件，國家賠償法為便利人民並尊重賠償義務機關，使其有機會先行處理，以簡化賠償程序，避免訟累，疏減訟源，乃採「賠償請求先行主義」或「協議先行主義」，於該法第十條第一項規定：「依本法請求損害賠償時，應先以書面向賠償義務機關請求之。」惟賠償義務機關拒絕賠償，或經進行協議後，認為本身無不法行為而拒絕賠償，或關於損害賠償之方法及範圍等有關損害賠償事宜，無法達成合意，以致協議不成立者，則請求權人與賠償義務機關間之爭執，自惟有提起損害賠償之訴，訴請法院解決，故國家賠償法第十一條第一項乃明文規定：「賠償義務機關拒絕賠償，或自提出請求之日起逾三十日不開始協議，或自開始協議之日起逾六十日協議不成立時，請求權人得提起損害賠償之訴。」此處所稱「開始協議之日」，係指賠償義務機關為第一次協議通知時，在該通知所載之第一次協議期日（參閱國家賠償法施行細則第二十一條第二項）。

至於國家賠償法第十一條第一項所稱：「損害賠償之訴」，當係指民事訴訟而言，蓋國家賠償法第十二條規定：「損害賠償之訴，除依本法規定外，適用民事訴訟法規定。」按被害人民對國家或公共團體之損害賠償請求訴訟，究應由行政法院管轄，抑或由普通法院管轄？在外國立法例互有不同。我國因行政訴訟程序不甚周密，且人民因國家公權力或公共設施之侵害，

致其權利受損，而請求賠償者，其情形與民事上損害賠償相若，就其請求之標的言，以適用民事訴訟法之規定，由普通法院審理為宜，故國家賠償法關於國家損害賠償案件之審理，採行民事訴訟程序，旨在使人民權益之保障更為周妥，兼以訴訟費用之徵收，防止濫訴❶。被害人民依國家賠償法規定所提起之損害賠償訴訟，除該法另有規定外，既應適用民事訴訟法之規定，則諸如管轄法院、各審程序、上訴、抗告、再審程序、及訴訟費用等，自均應依民事訴訟法及民事訴訟費用法等有關規定，與一般民事訴訟案件之處理及進行完全相同。又依國家賠償法施行細則第四十一條之一規定：「賠償義務機關於請求權人起訴後，應依民事訴訟法規定，將訴訟告知第十六條所定之個人或團體，得於該訴訟繫屬中參加訴訟。」

第二項　起訴要件

其次，依國家賠償法第十一條第一項規定，則請求權人提起損害賠償之訴，係以賠償義務機關拒絕賠償，或自提出請求之日起逾三十日不開始協議，或自開始協議之日起逾六十日協議不成立者，為前提要件。從而請求權人起訴時，自應提出相當之證據，以證明賠償義務機關確有拒絕賠償、逾期不開始協議或協議不成立情事，否則即屬起訴要件不備。又依國家賠償法施行細則第十九條及第二十六條規定，賠償義務機關拒絕賠償或協議不成立時，均有拒絕賠償書及協議不成立證明書送達予請求權人，故國家賠償法施行細則第三十七條第一項規定：「請求權人因賠償義務機關拒絕賠償，或協議不成立而起訴者，應於起訴時提出拒絕賠償或協議不成立之證明書。」至於請求權人如係因賠償義務機關逾期不開始協議，或有拒不發給拒絕協議或協議不成立證明書之情事而起訴者，則應於起訴時提出已申請協議或已請求發給證明書之證明文件（參閱國家賠償法施行細則第三十七條第二項）。

被害人所受損害，如係行政機關之違法處分所致者，則既可經訴願之

---

❶　參閱行政院研究發展考核委員會編印，國家賠償法之研究，第四一頁；國家賠償法草案總說明十一，拙著，國家賠償法概要，第八五頁附錄。

程序，依行政訴訟法第七條之規定合併請求損害賠償；亦可依國家賠償法規定，先以書面向賠償義務機關請求賠償（國家賠償法第十條第一項），如賠償義務機關拒絕賠償，或自提出請求之日起逾三十日不開始協議，或自開始協議之日起逾六十日協議不成立時，可依民事訴訟法規定向有管轄權之普通法院提起損害賠償訴訟（國家賠償法第十一條一項本文）。依行政爭訟程序請求賠償，優點是程序簡易，不必繳納訴訟費用，不必對簿公庭，且過去不能上訴，「附帶」請求賠償，其賠償範圍，以「所受損害」為限，不得請求「所失利益」之賠償的相關規定也已刪除❶。反之，向普通法院訴請賠償，優點是程序審慎，能作充分言詞辯論，較能獲得公平之結果；缺點是較為勞費，不合經濟原則。二者各有短長，悉憑被害人自由抉擇❶。惟為避免一事再理，虛耗勞費及裁判之互相抵觸，並減少爭訟審理之重複，故國家賠償法第十一條第一項但書規定：「但已依行政訴訟法規定，附帶請求損害賠償者，就同一原因事實，不得更行起訴。」學者稱之為「一事不再理原則」。

第三項　訴訟協助及審理人員

此外，國家賠償事件，既應以賠償義務機關為被告，則其於被訴時，如有必要，基於國家賠償事件之性質及機關互助之原則，自得洽請該管法院檢察機關指派檢察官為訴訟上必要之協助（參閱國家賠償法施行細則第三十九條）。又國家損害賠償責任所涉及者，不外法令規章是否完備及執行是否合法允當之問題，尤其是基於公務員執行職務行使公權力致生損害時，

❶　舊行政訴訟法第三條規定：「對於行政法院之裁判，不得上訴或抗告」，亦即修正前的行政訴訟審判是採一審一級制，不得上訴或抗告。惟八十七年行政訴訟法修正後已將此規定刪除，改採二級二審制，已無不得上訴或抗告之問題。且刪除舊行政訴訟法第二條：「提起行政訴訟，在訴訟程序終結前，得附帶請求損害賠償。前項損害賠償，除適用行政訴訟之程序外，準用民法之規定。但民法第二百十六條規定之所失利益，不在此限。」故已無賠償範圍僅限所受損害之問題。

❶　參閱行政院研究發展考核委員會編印，國家賠償法之研究，第十八頁。

更是如此，故國家損害賠償訴訟案件之審理，與單純民事損害賠償案件之審理尚有所不同，審理推事除民、刑法學識外，尚應具備憲法、行政法之學識，始足以勝任。由於我國過去司法官考試原來不考行政法，而法律學系課程亦向來偏重於民、刑法，故嫻熟憲法、行政法的司法人才亦甚缺少。為期有關國家損害賠償案件之裁判允當，各級法院除應加緊儲訓此項人才外，自當成立專庭或指定專人負責審理。據七十年六月十二日各報所載，臺北地方法院已成立專庭指定專人，負責審理國家損害賠償案件，值得稱許。

第六節　損害賠償訴訟與行政爭訟之關係

我國現行裁判管轄審理制度係採行政訴訟與民、刑訴訟分立主義（雙軌爭訟制度或訴訟制度二元主義），前者由行政法院管轄審理，後者由普通法院（最高法院、高等法院及地方法院）管轄審理。人民對於中央或地方機關之行政處分，認為違法侵害其權利者，得向原處分機關之上級機關提起訴願，不服訴願決定者，並得向行政法院提起行政訴訟（行政爭訟）（參閱訴願法第一條、第二條；行政訴訟法第四條、第五條）。同時，亦可依國家賠償法之規定，向賠償義務機關（參閱國家賠償法第九條）請求損害賠償。關於行政不法之審理，即行政處分是否違法之判斷，係歸由行政法院管轄審理；國家損害賠償之訴，則歸由普通法院審理（參閱國家賠償法第十二條）。由於國家損害賠償責任所涉及者不外法令規章是否完備，及執行是否合法允當之問題，尤其是基於公務員執行職務行使公權力致生損害時，更是如此。故國家損害賠償訴訟與行政爭訟之關係，極為密切，固不待言。以下就有關問題分述之：

一、國家損害賠償請求權之行使，不以完成行政爭訟程序為前提要件

關於被害人以行政處分係違法為由，請求國家損害賠償時，是否應以該行政處分經行政爭訟程序（訴願、行政訴訟）認定為違法而被撤銷或得到無效之確認判決為前提要件，則有不同見解，日本之通說及判例係採否

定見解，即不以之為前提要件❶；奧國法制上則採肯定見解，即認為國家損害賠償之訴以行政官署之決定違法與否為斷者，在憲法法院或行政法院對該項行政決定違法與否尚未確定判決之前，除應依該國憲法第二條之規定予以駁回之情形外，應停止訴訟程序（參閱奧國國家賠償法第十一條、第十二條）❷。為避免對行政處分是否違法，有不同之認定起見，似以奧國法制較為可採。惟為使被害人民得以迅速得到賠償，自以日本判例所採之見解較妥。

　　由於我國家賠償法關於損害賠償訴訟之提起，僅限於被害人已於行政訴訟程序中合併請求損害賠償者（參閱行政訴訟法第七條），就同一原因事實，始不得更行起訴（參閱國家賠償法第十一條第一項但書），此外則未設有特別限制規定。另就民事訴訟法第一八二條第二項僅規定法律關係應依行政爭訟程序確定其是否成立者，在其確定前得裁定停止訴訟程序，而非應停止訴訟程序觀之，被害人就其因公務員違法行政處分致受損害者，自得選擇的或同時分別向有關機關提起損害賠償訴訟或行政爭訟，換言之，即被害人以行政處分係違法為由，請求國家損害賠償時，不以該行政處分經撤銷或得到無效之確認判決為先決要件❸。最高法院九十六年度台上字第一五九五號判決：「人民對於公務員為（或不為）行政處分而執行職務、行使公權力時，認有違法不當者，除得依行政爭訟程序尋求救濟外，當然亦得依國家賠償法請求賠償，且二者併行不悖，應無先後次序之限制，始

---

❶　參閱古崎慶長，國家賠償法，第一八一頁；今村成和，國家補償法，第一二一頁；乾昭三，國家賠償法，第四〇六頁。不同見解，參閱山內一夫，行政行為の公定力について，演習行政法，第五〇頁以下。
　　日本最判昭和三十六年四月二十一日民集第十五卷第四號第八五〇頁；昭和四十二年九月十四日民集第二十一卷第七號第一八〇七頁；昭和四十七年十二月十二日民集第二十六卷第十號第一八五〇頁。

❷　奧國國家賠償法第十一條及第十二條譯文，請見行政院研究發展考核委員會編印，國家賠償法之研究，第一六八頁。

❸　參閱司法院二十三年院字第一一二六號解釋；最高法院十五年抗字第一五四號、二十一年抗字第五四八號判例。

符法律保障人民權利之本旨。」可供參考。惟我國學者有主張為維護行政爭訟制度之功能，並尊重行政法院之審判權，尤其為避免審判結果之矛盾，鞏固司法之威信，不妨對受理國家賠償訴訟之普通法院，在適用民事訴訟法第一八二條時，做嚴格解釋，縮小其命中止訴訟與否之裁量權限，在知其先決問題之行政處分是否違法，已進入行政爭訟程序者，即應依據該條文裁定停止訴訟程序，對於行政行為是否不法，不宜自行加以審理❷。

二、行政處分是否違法，普通法院得依職權再為審理認定

其次，人民對於中央或地方機關之行政處分，認為違法，致損害其權益，已依訴願、行政訴訟請求救濟，並經訴願機關決定或行政法院判決確定後，再依國家賠償法提起損害賠償之訴時，受理損害賠償訴訟之普通法院，關於該行政處分是否不法能否再行審理，而為不同之認定，學者見解不一❷。由於普通法院不受行政機關法律見解及意思決定之拘束，而行政訴訟係以補正或糾正行政處分之瑕疵為目的，與損害賠償訴訟之以填補事實上已發生損害為目的者不同。故普通法院對於原行政處分違法與否，有無構成國家賠償責任要件，自得再加審理認定❷。又行政處分縱經最高行政法院判決撤銷確定，因行政處分被撤銷，與承辦之公務員是否構成職務上侵權行為，分屬兩事，作成系爭行政處分之公務員是否有故意過失，仍應依憑證據認定之，不得遽以系爭行政處分既被撤銷，即認作成該行政處分之公務員難謂「無過失」，進而推論該公務員所屬機關應負國家賠償責任（最高法院一〇三年台上字第六四四號判決參照）。

三、遲誤訴願期間者，仍得依法另行提起損害賠償訴訟

至於人民因違法或不當之行政處分而受損害，因遲誤訴願期間，以致無法獲得行政救濟者，能否依國家賠償法規定請求損害賠償，不無問題。

---

❷　參閱廖義男，國家賠償法，第八二頁。

❷　詳請參閱廖義男，國家賠償法，第七八頁以下。

❷　不同見解，請參閱廖義男，國家賠償法，第七九至八〇頁。

　　奧國國家賠償法第十一條第一項後段規定：「行政法院判決確定後，受訴法院應繼續訴訟程序，其判決並應受行政法院之見解拘束。」

有學者認為國家賠償制度僅是一種第二層次之救濟方法，並不能用來取代第一層次之救濟方法即行政爭訟制度。人民因違法行政處分而受到損害時，即首應循行政爭訟之第一層次救濟方法除去其損害，如此種救濟方法尚有未足，再繼以第二層次之救濟方法請求國家賠償，以填補不足，始為正途。否則，如對第一層次之救濟方法可以不顧，而認為可依第二層次之救濟方法獲得賠償，不僅將使法律有關行政不服之異議期間或訴願期間之規定，形同具文，而且將使行政爭訟制度不能發揮其應有之功能。此外，國家賠償責任係建立在公務員侵權責任上，人民遲誤訴願期間怠於提出行政救濟時，依民法第一八六條第二項規定，公務員個人既不負損害賠償責任，則國家當亦無損害賠償責任可言。職是之故，乃主張對於人民因違法之行政處分受到損害，而在遲誤訴願期間後始提起國家損害賠償之訴者，普通法院應認為其訴無理由，以判決駁回之❷❺。

　　上項見解，固不無理由。惟如前所述，國家損害賠償請求權之行使，不以該行政處分經撤銷或得到無效之確認判決為先決要件。又訴願之目的在使原行政處分受到變更或撤銷，而損害賠償訴訟之目的則在填補事實上已發生之損害，且普通法院不受行政機關法律見解及意思決定之拘束，得對原行政處分違法與否，有無構成國家賠償責任要件，再加審理認定。故不宜僅因訴願期間之遲誤，即剝奪其請求損害賠償之權利，使其因違法行政處分事實上所受到之損害無法得到填補❷❻，否則有違制定國家賠償法以保護人民權益之立法本旨。此外，被害人民如因遲誤訴願期間不依訴願程序請求變更或撤銷原行政處分，致其損害發生或擴大者，法院尚得依民法第二一七條過失相抵之規定，認為被害人與有過失而減免賠償金額，自不待言。被害人當無故意遲誤訴願期間放棄第一層次之救濟機會，而甘心承受減免賠償金額不利益之理。

---

❷❺　參閱廖義男，國家賠償法，第八五至八六頁。

❷❻　參閱最高法院五十二年臺上字第六九四號判例。

第七節　假處分之聲請與實施

一、假處分之聲請及裁定

　　賠償請求權人就其所支出之醫療費及喪葬費，固可向國家請求賠償，惟醫療費及喪葬費係被害人或其遺族所必需之支出，往往刻不容緩，如必俟判決確定後始可獲得支付，將有緩不濟急之虞，故國家賠償法第十一條第二項規定：「依本法請求損害賠償時，法院得依聲請為假處分，命賠償義務機關暫先支付醫療費或喪葬費。」此項聲請，於本案繫屬前或繫屬中均得為之，由本案管轄法院（即訴訟已繫屬或應繫屬之第一審法院，但訴訟現繫屬於第二審者，以第二審法院為本案管轄法院）管轄，亦得由請求標的物所在地之地方法院管轄（參閱民事訴訟法第五三三條、第五二四條）。惟國家賠償法第十條第一項規定，依該法請求損害賠償時，應先以書面向賠償義務機關請求之；第十一條第二項又規定，依該法請求損害賠償時，法院得依聲請為假處分，命賠償義務機關暫先支付醫療費或喪葬費。從而請求權人聲請法院為暫先支付醫療費或喪葬費之假處分裁定，自以有損害賠償請求之存在為前提要件，故民國八十五年修正前之國家賠償法施行細則第三十五條第一項乃規定：「請求權人未依本法第十條第一項以書面向賠償義務機關請求損害賠償前，不得依本法第十一條第二項為假處分之聲請。」惟本條項規定，業經刪除。

　　其次，國家賠償法第十一條第二項之所以規定法院得依聲請為假處分裁定，命賠償義務機關暫先支付醫療費或喪葬費，乃因此等費用，皆係因應急需，非即時支付，即有延誤時機之虞，屬於暫時應急措施。請求權人究應受若干之賠償，仍應循協議或訴訟程序解決之。職是之故，法院命賠償義務機關暫先支付之醫療費或喪葬費，自以急需及必要之費用為限（參閱民國八十五年修正前之國家賠償法施行細則第三十五條第二項）。至於何謂「急需及必要之費用」，自應由法院斟酌請求權人之身分、地位、家庭情形及經濟狀況等定之。又因國家賠償法第十一條第二項規定之假處分有臨時救急之性質，從而解釋上，得依上開規定聲請對賠償義務機關為假處分

者，自應以權利人係依國家賠償法規定求償，且賠償義務機關應暫先支付之項目，屬權利人因賠償事故所生有即刻支付必要之「醫療費」及「喪葬費」為限，倘權利人所請求之損害，並非因賠償事故所生之緊急性負擔（例如日常生活費），即無類推適用之餘地（最高法院九十九年台抗字第九五二號裁定參照）。

二、醫療費或喪葬費之支付、扣除及返還

前述醫療費或喪葬費，既屬因應急需之用，故賠償義務機關於收受假處分裁定時，自應立即墊付，否則國家賠償法第十一條第二項規定之立法本旨即將無法達成（參閱國家賠償法施行細則第三十五條）。其次，賠償義務機關依法院所為之假處分裁定，固應對請求權人暫先支付醫療費或喪葬費，惟此項費用既係暫先支付，則嗣後因協議成立或訴訟上和解或判決確定，應由賠償義務機關對請求權人給付賠償金額時，該暫先支付之費用，即屬一部先付之性質，故國家賠償法施行細則第三十六條第一項乃規定：「前條暫先支付之醫療費或喪葬費，應於給付賠償金額時扣除之。」又請求權人受領賠償義務機關暫先支付之醫療費或喪葬費後，有①協議不成立，又不請求繼續協議；②協議不成立，又不提起損害賠償之訴；③請求權人受敗訴判決確定；④暫先支付之醫療費或喪葬費，超過協議、訴訟上和解或確定判決所定之賠償總金額等情形之一時，請求權人即應將之返還予賠償義務機關（參閱國家賠償法施行細則第三十六條第二項）。

三、賠償義務機關暫先支付醫療費或喪葬費之性質

關於法院依國家賠償法第十一條第二項規定，依聲請而命賠償義務機關暫先支付醫療費或喪葬費者，其性質為何？不無問題。有認為屬於假扣押之性質者，蓋民事訴訟法第五二二條第一項規定：「債權人就金錢請求或得易為金錢請求之請求，欲保全強制執行者，得聲請假扣押。」又同法第五三二條第一項規定：「債權人就金錢請求以外之請求，欲保全強制執行者，得聲請假處分。」故聲請法院為假處分裁定以保全強制執行者，其標的須非金錢之給付，換言之，即就金錢請求以外之請求保全強制執行者係假處分，就金錢請求保全強制執行者係假扣押。被害人或請求權人依國家賠償法第

十一條第二項規定,聲請法院命賠償義務機關暫先支付之醫療費或喪葬費,均係金錢給付,故法院所命自屬假扣押。

假扣押說固不無道理,惟假扣押僅限於保全強制執行而扣押債務人之財產,請求權人並無立即實現其權利之可能(參閱強制執行法第一三三條及第一三四條)。又請求權人向法院聲請命賠償義務機關暫先支付之醫療費或喪葬費,既已成為暫時實現其權利之狀態,其性質係屬民事訴訟法第五三八條所謂定暫時狀態之假處分,故國家賠償法第十一條第二項明文採假處分說,其立法理由與原民事訴訟法第五七九條規定相同❷。

第八節　強制執行之聲請與實施

依國家賠償法第十條第二項後段規定,則協議書得為執行名義(參閱強制執行法第四條第一項第六款)。此外,依損害賠償訴訟所取得之終局勝訴判決(參閱強制執行法第四條第一項第一款)、法院命賠償義務機關暫先支付醫療費或喪葬費之假處分裁定(參閱國家賠償法第十一條第二項及強制執行法第四條第一項第二款)及依民事訴訟法所成立之訴訟上和解筆錄(參閱強制執行法第四條第一項第三款、第六條第一項第三款),亦得為執行名義。請求權人於取得上述執行名義向賠償義務機關請求賠償或墊付醫療費或喪葬費時,該賠償義務機關自不得拒絕或遲延履行(參閱國家賠償法施行細則第四十條第一項)。故國家賠償法施行細則第五條第二項規定,賠償義務機關收到請求權人賠償之請求後,即應於三十日內支付賠償金額或開始回復原狀;至於醫療費或喪葬費,則賠償義務機關應於收受假處分裁定時,立即墊付(參閱國家賠償法施行細則第三十五條)。若賠償義務機關拒絕支付,或不於上述規定期限內付款或開始為回復原狀之行為者,請求權人即得聲請法院強制執行(參閱國家賠償法施行細則第四十條第二項),以確保其權利。

如上所述,請求權人於取得執行名義向賠償義務機關請求賠償或墊付

---

❷　有關國家賠償法第十一條第二項規定之立法經過及立法理由,詳請參閱立法院公報第六十九卷第五十期第七至十一頁。

醫療費或喪葬費，而賠償義務機關拒絕或遲延履行者，得對賠償義務機關之財產，依強制執行法規定請求強制執行。惟為顧及政府公務推行之安定及公益計，故國家機關及地方自治團體本於公權力而得行使之課稅權，或本於行政權之作用而為之給付（如省政府撥付縣市政府之經費），不能認為係私法上之債權債務關係，自不得為強制執行之標的。此外，供公共目的或公眾使用之公有物（如官署、軍艦等是）及公用物（如河川、道路、公園等是）（此兩類財產國有財產法第四條第二項稱之為公用財產），學者通說認為係不融通物，自亦不得為強制執行之標的（參閱國有財產法第二十八條）。至於僅為供財政上目的而不用於公共目的之公有物（如公有山林、礦產等）（此類財產國有財產法稱之為非公用財產，參閱該法第四條第三項），則仍為融通物，自得為強制執行之標的（參閱國有財產法第四十九至五十七條）。

第九節　損害賠償請求權之消滅時效

依國家賠償法第十條及第十一條第一項本文規定，請求權人依本法請求損害賠償時，應先以書面向賠償義務機關請求之；賠償義務機關接到請求權人提出之損害賠償書面請求後，拒絕賠償、或自提出請求之日起逾三十日不開始協議，或自開始協議之日起逾六十日協議不成立時，請求權人得提起損害賠償之訴。惟關於請求權人提出書面請求及提起損害賠償訴訟之期間，國家賠償法未設規定，僅就賠償請求權設有消滅時效規定，茲就有關問題分述之。

關於民法上因侵權行為而生之損害賠償請求權，其時效期間有二年及十年兩種（民法第一九七條第一項），國家賠償法為使國家之賠償義務早日確定，並避免舉證困難，特於第八條第一項規定：「賠償請求權，自請求權人知有損害時起，因二年間不行使而消滅；自損害發生時起，逾五年者亦同。」國家賠償法施行細則第三條之一規定：「本法第八條第一項所稱知有損害，須知有損害事實及國家賠償責任之原因事實。」可知所謂知有損害，非僅指單純知有損害而言，其因而受損害之公務員行為係侵權行為，亦須

一併知之，若僅知受損害及行為人，而不知其行為之係侵權行為，或公務員之行為是否違法尚未確定前，則無從依本法規定請求賠償，時效即無從進行❷。最高法院九十四年臺上字第一三五〇號判決謂：「國家賠償法第八條第一項規定，賠償請求權，自請求權人知有損害時起，因二年間不行使而消滅。所稱知有損害，須知有損害事實及國家賠償責任之原因事實，國家賠償法施行細則第三條之一定有明文。而所謂知有國家賠償責任之原因事實，指知悉所受損害，係由於公務員於執行職務行使公權力時，因故意或過失不法行為，或怠於執行職務，或由於公有公共設施因設置或管理有欠缺所致而言。於人民因違法之行政處分而受損害之情形，賠償請求權之消滅時效，應以請求權人實際知悉損害及其損害係由於違法之行政處分所致時起算，非以知悉該行政處分經依行政爭訟程序確定其為違法時為準。」可供參考。至於土地法第六十八條第一項所規定之損害請求權，因土地法並未規定其消滅時效期間，自應類推適用國家賠償法第八條第一項之規定（最高法院 98 年度第 6 次民事庭會議決議㈠認為應依國家賠償法第八條第一項之規定，據以判斷損害賠償請求權是否已罹於時效而消滅）。又國家賠償法第二條第二項係以公務員執行公法上之職務有所違背，侵害他人權利為要件，此與公務員因私法關係所生之侵權行為，國家機關應依民法第二十八條及第一百八十八條負損害賠償責任之情形不同，不生一請求權時效完成，影響及另一請求權行使之問題（最高法院九十八年度台上字第一八〇三號裁定參照），應予注意。又此之所謂知有損害，係指知悉受有何項損害而言，對於損害額則無認識之必要，故以後損害額變更而於請求權消滅時效之進行，並無影響❷。

　　其次，國家賠償法基於「正義之遲延，即係正義之拒絕」之法諺，為免被害人之權利，曠日持久，難獲賠償，故國家賠償法第九條第四項規定：「不能依前三項確定賠償義務機關，或於賠償義務機關有爭議時，得請求其上級機關確定之。其上級機關自被請求之日起逾二十日不為確定者，得

---

❷　參閱最高法院四十六年臺上字第三十四號判例。

❷　參閱最高法院四十九年臺上字第二六五二號判例。

逕以該上級機關為賠償義務機關。」第十一條第一項本文規定：「賠償義務機關拒絕賠償，或自提出請求之日起逾三十日不開始協議，或自開始協議之日起逾六十日協議不成立時，請求權人得提起損害賠償之訴。」此之二十日、三十日、六十日期間，僅在杜絕政府機關疏懶，而張正義，並非時效期間，應予注意。

第十節　結　語

　　國家賠償法係屬新創之法律，乃在具體實現憲法第二十四條所明定之國家賠償制度，對人民之權益賦予強而有力的事後保障。在國家損害賠償請求權之行使上，所面臨之最大困擾問題，是國家損害賠償訴訟如何與行政爭訟制度相互配合之問題。蓋我國現行裁判管轄制度係採行政訴訟與民、刑訴訟分立主義（雙軌爭訟制度或訴訟制度二元主義），關於行政不法之審理，即行政處分是否違法之判斷，係歸由行政法院管轄審理，國家損害賠償之訴，則歸由普通法院審理（參閱國家賠償法第十二條），因而關於某一行政處分是否違法，可能因行政法院與普通法院見解不一而生歧異。故如何使兩者互相配合協調，以保障人民之權益並維護司法威信，乃今後立法及司法政策上之重大問題。

　　其次，關於國家損害賠償之請求，國家賠償法為便利人民並尊重賠償義務機關，使其有機會先行處理，以簡化賠償程序，避免訟累，疏減訟源，而採「賠償請求先行主義」或「協議先行主義」（參閱國家賠償法第十條第一項）。惟協議程序之進行及處理，具有技術性及專門性，且國家賠償法尚涉及憲法、行政、民法、民事訴訟法等有關法律，非熟諳法律之人員，無法勝任其業務。我國各級政府機關對於法制或法務人才之延攬配置，一向未予應有之重視，故目前各級政府機關處理此等事務之人才甚為缺乏，為使「賠償請求先行主義」或「協議先行主義」得以發揮其應有之功能，積極延攬並加強培育優良法務人才，當為國家賠償法公布施行後各級政府機關所面臨之新課題。

第七章
公務員賠償責任與國家賠償責任

第一節　前　言

　　我國憲法第二十四條規定：「凡公務員違法侵害人民之自由或權利者，除依法律受懲戒外，應負刑事及民事責任。被害人民就其所受損害，並得依法律向國家請求賠償。」故於公務員違法侵害人民之自由或權利時，所發生之損害賠償責任，就我國現行法制體系而言，可分為二類：一為公務員之侵權責任（參閱民法第一八六條）；一為國家之賠償責任（參閱國家賠償法、舊行政訴訟法第二條、土地法第六十八條、警械使用條例第十一條、刑事補償法、冤獄賠償法及核子損害賠償法等）。我國國家賠償法已於民國六十九年七月二日公布，並已於七十年七月一日施行，不但使憲法第二十四條保障人民權益之概括規定具體化，表現了政府貫徹民主法治的誠意及決心，同時由於國家賠償責任之成立，原則上是建立在公務員之行為上，

從而國家賠償法之公布施行，對公務員之民事責任，當有所影響，本章擬就國家賠償法公布施行後所涉及之公務員侵權責任問題及其與國家賠償責任之關係加以探討。

第二節　公務員之侵權責任

第一項　民法第一八六條規定之適用範圍

民法第一八六條規定：「公務員因故意違背對於第三人應執行之職務，致第三人受損害者，負賠償責任。其因過失者，以被害人不能依他項方法受賠償時為限，負其責任。前項情形，如被害人得依法律上之救濟方法，除去其損害，而因故意或過失不為之者，公務員不負賠償責任。」此乃現行法上關於公務員民事責任之基本規定。民法之所以於一般侵權行為規定（民法第一八四條）外，另設公務員特殊侵權行為規定，不外因公務員之職務行為繁雜，多與人民之權益有關，終年從事於此，難免有所疏忽，對於因而所致損害，如均令其負賠償責任，則公務員因恐懼負擔過重之責任，勢必遇事推諉，影響公務之效率，妨礙國家事務之執行（關於公務員責任之限制，詳後述）。從而公務員違背職務之行為同時構成民法第一八四條一般侵權行為之要件者，公務員僅依民法第一八六條規定負責，換言之，即民法第一八六條係第一八四條之特別規定，應優先適用❶。

其次，公務員之侵權行為，可分為職權範圍以外之行為（如因私事與人打架或詐欺、竊盜等是）與職權範圍內之行為，前者與公務員身分無關，故應由公務員以其私人之資格依一般侵權行為之規定（民法第一八四條）

---

❶　關於公務員侵權責任之理論基礎及其在侵權行為法體系上之地位,請參閱王澤鑑,公務員之法律責任,行政院研究發展考核委員會,六十五年八月,第九二頁以下。Larenz, Schuldrecht, Band II, Besonderer Teil, 11 Aufl., 1977, S. 577. 最高法院九十八年度台上字第七五一號判決:「民法第一百八十六條就公務員執行職務之侵權責任,已有特別規定,要無適用同法第一百八十四條關於一般侵權行為規定之餘地。」(另請參閱最高法院九十二年度台上字第一一八六號判決)

負其責任，自不待言，於此不贅。至於公務員職權範圍內之行為，其情形尚可分為私法上之行為（即非權力作用行為）與公法上之行為（即權力作用行為）❷。民法第一八六條所稱之行為，係指公法上之行為，或指私法上之行為，抑或兼括兩者在內不無問題。關於此學者有認為民法第一八六條所稱違背職務之行為，包括私法上之行為，換言之，即認為民法第一八六條對於公務員違背公法上職務行為及私法上職務行為均得適用者❸，此就民法第一八六條規定寓有保護公務員之深義言之，固無不妥。然公務員之民事責任係憲法所規定之責任，而民法第一八六條規定則不無過於保護公務員，忽視被害人權益之維護，屬於侵權行為之例外規定，其適用範圍不宜擴張至與政務執行無直接關係之行為，蓋公務員之執行私法上職務行為，與一般人民之從事私法上之行為，本質上並無不同，當無特加優遇之理由及必要，故應將私法行為除外，即民法第一八六條所謂違背職務之行為，應係指公法上之行為（即基於國家主權之行使，如刑罰權、課稅權等之行使是）而言，不包括私法上之行為❹。從而公務員所執行之職務，如

---

❷ 國家之作用或活動，可分為基於權力之作用與非基於權力之作用兩種，所謂非基於權利之作用，即一般所稱準於私人地位之國家時，所為之作用，詳請參閱林紀東，行政法新論，六十二年十月重訂十五版，第二七頁以下。

❸ 參閱梅仲協，民法要義，五十二年十月臺新八版，第一四六頁；王澤鑑，公務員之法律責任，第九四至九五頁。

❹ 參閱史尚寬，債法總論，六十一年三月三版，第一七一頁；何孝元，損害賠償之研究，商務印書館，五十七年三月初版，第一一〇頁；鄭玉波，民法債編總論，三民書局，五十九年八月五版，第一七〇頁；鄭玉波，論國家賠償責任與公務員賠償責任之關係，法學叢刊第一〇一期（七十年三月），第六頁；王伯琦，民法債編總論，正中書局，五十一年五月臺一版，第八五頁；洪文瀾，民法債編通則釋義，文光圖書公司，四十八年四月，第一四一頁；孫森焱，民法債編總論，六十八年九月初版，第二〇七至二〇八頁。

最高法院四十九年臺上字第一〇一八號判例，認為某市自來水廠之收費員，雖係公務員，其浮收水費，乃違背私法上之職務行為，應由公法人與該收費員依民法第二十八條對被害人負連帶損害賠償責任，其詳參閱林榮輝，民事個案研究，五十九年七月三版，第十二頁以下。最高法院一〇〇年度台上字第一八二

係私法上之行為（即非本於國家主權之作用而為其行為時，如買賣、租賃、承攬、運送、出賣公有財產、向銀行借款等是），致侵害他人之權利者，應依民法第二十八條、第一八八條或公司法第二十三條等有關規定，與國家或公共團體對被害人負連帶損害賠償責任❺。

第二項　公務員侵權責任之成立要件

如前所述，民法第一八六條係現行法上關於公務員個人責任之基本規定，以公務員之公法上行為為其適用對象，依該條及民法第一八七條第一項、第四項之解釋，可知公務員侵權責任之成立，應具備下列要件，即①侵害主體須為公務員；②須違背對於第三人應執行之職務；③須為不法之行為；④須有故意或過失；⑤須有責任能力；⑥須致第三人受損害；⑦須侵害行為與損害間有因果關係，以下就此分述之：

一、侵害主體須為公務員

關於公務員之意義，我國現行法令尚無統一規定，係分別規定於各種法律中，其意義頗不一致；因而其範圍乃有廣狹之不同，大體言之，約可分為下列四種：

1.最廣義之公務員：

舊刑法第十條第二項規定：「稱公務員者，謂依法令從事公務之人員」❻，國家賠償法第二條第一項規定亦同，是為最廣義之公務員。從而不論其係由於選舉、派用、任用、聘用或僱用；政務官或事務官；文職或武職；有給或無給；有無任用資格；是否為編制內之人員；長期僱用或臨

一號裁定：「公務員執行之職務，既為公法上之行為，其任用機關自無民法第一八八條第一項規定之適用。」

❺　關於民法第一八六條與第二十八條、第一八八條之關係，請參閱王澤鑑，公務員之法律責任，第一〇四頁以下。

❻　刑法第十條第二項於民國九十四年已修正為：「稱公務員者，謂下列人員：一、依法令服務於國家、地方自治團體所屬機關而具有法定職務權限，以及其他依法令從事於公共事務，而具有法定職務權限者。二、受國家、地方自治團體所屬機關依法委託，從事與委託機關權限有關之公共事務者。」

時僱用；以及是否經過任命或銓敘，只要是依法令從事於公務者，即為公務員。故各機關之雇員、丁役、司機、各級民意代表及國營、省市營機關服務之人員等，既均係依法令從事於公務之人員，自均係此處所稱之公務員❼。此外，如公司行號承辦會計或出納之人員，依所得稅法第八十八條以下規定，對納稅義務人之薪津或其他所得扣繳所得稅時，就其所從事之扣繳行為言之，亦屬依法令從事於公務之人員。至於所謂法令，其範圍甚廣，凡法律以及國家機關於其權限範圍內所發布之命令規程，抽象的規定公務員之職務者，均屬之❽。

　　2.廣義之公務員：

　　此乃指公務員服務法上所稱之公務員，即指受有俸給之文武職公務員及其他公營事業機關服務人員（參閱公務員服務法第二十四條），不問其為政務官或事務官；由於民選或由於任用，凡受有俸給者均屬之。從而如非受有俸給者，則雖係依法令從事於公務之人員，亦非公務員服務法上所稱之公務員❾，其涵義較前者為狹。至於所謂俸給，則不僅指現行公務人員俸給法所定之俸給而言，其他法令所定國家公務員之俸給亦屬之，且不以由國家預算內開支者為限，其由縣市或鄉鎮自治經費內開支者包括在內❿。

　　3.狹義之公務員：

　　此乃指公務員懲戒法上所稱之公務員，即僅指有官等（如特、簡、薦、委）或職等之公務員而言⓫。

　　4.最狹義之公務員：

　　此乃指公務人員任用法、公務人員考績法、分類職位公務人員任用法及分類職位公務人員考績法所稱之公務員，即僅指定有職稱或職等之文職

❼　相關解釋及判例，請參閱黃謙恩，國家賠償法實務，六十九年九月初版，第九六頁以下。

❽　參閱韓忠謨，刑法原理，六十年五月增訂九版，第五一四頁。

❾　參閱司法院二十九年院字第二〇九七號、三十二年院字第二五〇四號、三十四年院解字第二九〇三號解釋。

❿　參閱司法院三十五年院解字第三一五九號解釋。

⓫　參閱鄭玉波，民法債編總論，第一七〇頁；王伯琦，前揭書，第八四頁。

簡、薦、委任或第一至第十四職等之事務官而言，武職人員及文職之政務官不包括在內（參閱民國七十五年修正前之公務人員任用法第二十二條；民國七十六年廢止之分類職位公務人員任用法第二十四條）。此外，民選人員及文職人員中未具職等之技術人員、教育人員、公營事業人員，其他臨時任用、派用或以契約定期聘用之人員，亦不包括在內，其適用範圍最狹，故稱之最狹義公務員。

　　公務員既有上述四種不同之意義，則民法第一八六條所稱之公務員究應以何者為準，不無問題。我國學者有從最廣義者❶，惟因公務員之民事責任，係以其違背應執行之職務為前提，而其是否違背職務，公務員服務法之規定可以為判斷之標準，故我國學者通說認為民法第一八六條所稱之公務員，應以公務員服務法所稱之公務員為範圍❸。

　　如上所述，關於民法第一八六條所稱之公務員，學者通說多採廣義，認為係指公務員服務法所稱之公務員，惟近來學說上有認為公務員之範圍，應予從寬解釋，不以具有公務員之身分者為必要，即政府機關之雇員，甚至公司之職員，凡從事公務時（例如公司職員代扣所得稅），皆應認為公務員，而採最廣義說❹。此外，國家賠償法關於公務員之意義，亦採最廣義之概念，即該法所稱公務員，係指依法令從事於公務之人員（國家賠償法第二條第一項）❺，則民法第一八六條所稱公務員，似亦應為同一解釋，

---

❶　參閱胡長清，中國民法債編總論，商務印書館，五十三年三月臺一版，第一六一頁。
　　林紀東先生認為憲法第二十四條公務員之意義約與刑法第十條所稱之公務員意義相當，指依法令從事公務者而言，參閱林紀東，中華民國憲法逐條釋義第一冊，五十九年元月初版，第三六二頁。

❸　參閱鄭玉波，民法債編總論，第一七〇頁；王伯琦，前揭書，第八四頁；王澤鑑，公務員之法律責任，第九八頁；史尚寬，前揭書，第一七〇頁；孫森焱，前揭書，第二〇七頁。

❹　參閱鄭玉波，公務員侵權行為與國家之賠償責任，民商法問題研究㈡，六十八年十月，第二四八頁；古崎慶長，國家賠償法，日本有斐閣，昭和四十六年六月三十日初版第一刷，第一〇八頁。

以期一致❶。

二、須違背對於第三人應執行之職務

　　公務員侵權行為之成立，以其行為違背對於第三人應執行之職務為基本構成要件，此項違背職務之行為，得為作為或不作為。至於職務之範圍及有無違背職務，則應以行為時所適用之法律、命令、規章等決定之。又公務員所違背之職務必須係對第三人所應執行之職務，換言之，所應執行之職務必須係為第三人利益而存在，而該第三人又屬於受保護之範圍❶。從而依規定公務員職務行為之法令之目的及職務行為之性質，該職務義務僅為維持機關內部秩序或專以保護社會公益為目的者，如檢察官之偵查追訴犯罪行為是，則非屬對於第三人應執行之職務，公務員對該職務行為縱有違背，尚不構成民法第一八六條所定公務員侵權行為❶。

三、須為不法之行為（行為之違法性）

　　依民法第一八六條規定文義觀之，公務員侵權行為之成立，係以公務員有違背職務之行為為要件。由於公務員負有依法從事職務行為之義務，從而公務員違背職務致侵害他人權利，原則上即屬不法，惟有時因某種事由可阻卻其違法性，不成立侵權行為。故此之所謂不法，係指侵害他人之權利而無違法阻卻之情形而言。學者通說認為下列行為，即①正當防衛行為；②緊急避難行為；③自助行為；④無因管理行為；⑤行使權利之行為；⑥經被害人允諾之行為；⑦正當業務之行為等，在不違背公序良俗之範圍內或非權利之濫用，均足以阻卻行為之違法性，故雖屬侵害他人之權利，亦非不法。

　　至於公務員依上級具有拘束力之指示，致為違背職務之行為者，服從該項指示之公務員得否因而免責，不無問題。由於公務員服務法第二條規

---

❶　其詳參閱拙著，國家賠償法概要，財稅人員訓練所，七十年二月，第十三至十四頁（本書第十九至二十頁）。

❶　參閱鄭玉波，論國家賠償責任與公務員賠償責任之關係，第六頁註一。

❶　參閱王澤鑑，公務員之法律責任，第九十八頁；Larenz, Schuldrecht II, S. 583ff.

❶　參閱王澤鑑，公務員之法律責任，第九十九頁；Larenz, Schuldrecht II, S. 585.

定：「長官就其監督範圍以內所發命令，屬官有服從之義務。但屬官對於長官所發命令，如有意見，得隨時陳述。」可知公務員對於上級長官之命令，並無審查權❶，故本問題應採肯定見解，即因服從該項指示致為違背職務行為之公務員得以免責，而由發布指示之上級公務員或機關負其責任❷。

四、須有故意或過失

　　一般侵權行為之成立，我國民法係採過失責任主義，即以行為人有故意或過失為其成立要件（民法第一八四條），若其行為並無故意或過失，即無賠償之可言。關於公務員侵權行為之成立亦採同一原則，即以公務員違背職務行為具有故意或過失時，始能成立侵權行為。所謂故意，係指公務員對於違背職務行為之事實，明知而有意使其發生，或預見其發生，而其發生並不違反其本意者（參閱刑法第十三條）。所謂過失，係指公務員對於違背職務行為之發生，雖非故意，但按其情節應注意並能注意而不注意，或其對於構成違背職務行為之事實，雖預見其能發生而確信其不發生者（參閱刑法第十四條）。至於過失之有無，一般言之，應以是否怠於善良管理人之注意為斷（參閱最高法院十九年上字第二七四六號判例）；對公務員而言，則應以其是否已盡一般忠於職務公務員所應盡之注意為斷。故公務員對於明確法律規定未予注意，以致違背職務，固應認為具有過失，關於某項法律爭議，最高司法機關（例如司法院大法官會議）已作有解釋，公務員仍採不同見解者，亦應認為具有過失，對於被害人所受之損害，應負賠償責任，蓋公務員執行職務應具備必要之法律知識，更不得以不知法律規定作為免責理由也❸。

　　此外，在一般侵權行為之成立上，行為人之故意與過失原則上同其價

---

❶　參閱林紀東，行政法新論，第二一四頁。
　　薩孟武先生認為養成公務員法治精神，所以官吏接受上司的命令，必須先行檢查，命令若有違法，官吏不須服從，倘若服從就要負法律上的責任，參閱薩孟武，中國憲法新論，三民書局，六十三年九月初版，第一二六頁。
❷　參閱王澤鑑，公務員之法律責任，第一〇〇頁。
❸　同❷。

值，惟於公務員違背職務之侵權行為損害賠償責任上，則因故意與過失而有不同，即公務員因故意違背對於第三人應執行之職務，致第三人受有損害者，即應負賠償責任，被害人得逕向其請求損害賠償，有無他項受賠償之方法在所不問；其因過失者，則以被害人不能依他項方法受賠償時為限，公務員始對之負賠償責任（民法第一八六條第一項），其詳將於「公務員責任之限制」中述之。

五、須有責任能力

所謂責任能力，乃侵權行為人能負損害賠償責任之資格也，亦稱侵權行為能力。按我國民法就侵權行為人責任能力之有無，並未設有直接規定，依學者之見解，僅能從民法第一八七條第一項、第四項規定之解釋上見之，其情形有二：即 I 無行為能力人或限制行為能力人於行為時無識別能力者，無責任能力；II 有行為能力人於行為當時係在無意識或精神錯亂中者，無責任能力。然有行為能力人之精神障礙係因其人之故意或過失所引起者，則仍應負責（參閱德民法第八二七條後段，日民法第七一三條但書）。由於此項規定適用之結果，因而公務員於行為時無識別能力者，對其所為之加害行為自不負損害賠償責任[22]。

六、須致第三人受損害

依民法第一八四條規定，我國一般侵權行為之體系，係由三個基本侵權行為類型所構成，即 I 因故意或過失不法侵害他人之權利（第一八四條第一項前段）；II 故意以背於善良風俗之方法加損害於他人（第一八四條第一項後段）；III 違反保護他人之法律加損害於他人（第一八四條第二項）[23]。

---

[22] 公務員就自己之無責任能力行為，固不必負責，惟國家不宜因之而免責，詳請參閱拙著，前揭書，第二六至二七頁（本書第三七至三八頁）；古崎慶長，國家賠償法，第二四五頁。

[23] 關於舊民法第一八四條第二項之規範功能，學說上有兩種不同基本見解。有認為該條項係單純舉證責任倒置之規定者，參閱王伯琦，前揭書，第七五頁；史尚寬，前揭書，第一〇七頁以下；胡長清，前揭書，第一五二頁。有認為應構成侵權行為獨立類型者，參閱梅仲協，前揭書，第一四一頁；鄭玉波，民法債編總論，第一五四頁；戴修瓚，民法債編總論，三民書局，六十七年十一月三

其保護客體，除現行法律體系上所明認之權利外，尚包含權利以外之合法利益（簡稱法益）。依民國八十八年修正前之民法第一八六條規定，則公務員之違背職務行為，以侵害他人之「權利」時，始負賠償責任，所侵害之客體如係權利以外之法益，即不須負責，其保護範圍較狹。此項規定，對公務員之保護固甚周到，但對人民權益之維護則嫌不足，恐有違憲法第二十四條明文規定公務員應負民事責任之意旨❷。現行民法第一八六條已將「之權利」等字刪除，使保護客體及於「利益」。至於所謂權利，則係指享受特定利益法律所賦予之力量，依其內容，可分為人格權（如姓名權、生命權、身體權、健康權、名譽權、自由權等）、身分權（即親屬權）、財產權（如物權、準物權、無體財產權、債權）等。

七、須侵害行為與損害間有因果關係

民事責任，以填補被害人所受損害為目的，從而侵權行為之成立，自以被害人實際上受有損害為要件，如未有損害之發生，則雖其行為違法，亦不能構成侵權行為❷，至於為侵權行為人，是否受有利益，則非所問。從而公務員侵權行為之成立，自以被害人實際上受有損害為要件，如未有損害之發生，則縱然公務員之行為違法，亦不負損害賠償責任。所謂損害，則兼指財產上之損害與非財產上之損害，乃被害人之財產上或其他法益上受有不利益之謂。財產上之損害，則應解為兼指積極的損害（現存財產減少）及消極的損害（妨害現存財產之增加）而言。

版，第一五三頁以下；王澤鑑，違反保護他人法律之侵權責任，民法學說與判例研究第二冊，六十八年六月初版，第一八八頁以下。

❷ 參閱王澤鑑，公務員之法律責任，第九九至一○○頁。梅仲協先生認為本條「之權利」三個字，應予刪去，參閱梅仲協，前揭書，第一三七頁。
德國民法第八三九條第一項規定，大致與我民法第一八六條規定相同，惟我舊民法以公務員之違背職務行為致第三人之「權利」受有損害者為限，始負賠償責任，較之德國民法規定公務員因違背職務所生之一切損害，對於第三人均應負賠償責任，不以侵害第三人之「權利」致受有損害為限，其範圍尚有不同。

❷ 參閱最高法院十九年上字第三六三號、二十二年上字第七五三號、四十三年臺上字第三九五號、四十九年臺上字第二四一三號判例。

其次，損害之發生，必係因侵害權利之行為所致者，即侵害行為與損害間須有因果關係，行為人始依侵權行為而負其責任❷❻。從而公務員之違背職務行為，亦須與被害人所受損害間有因果關係時，始對之負賠償責任。關於因果關係有無之判斷標準，有條件說（凡屬發生結果之條件，皆為原因）、原因說（多數條件中，一條件為原因，其餘為條件）及相當因果關係說（無此行為，不生此結果，有此行為，通常即可發生此結果，又稱適當條件說或相當條件說）三說，以相當因果關係說為優，實例採之❷❼。

第三項　法律效果

侵權行為一經成立，被害人即得請求損害賠償，加害人即負有損害賠償之義務，因而發生債之關係，公務員因故意過失違背對第三人應執行之職務，致第三人受損害者亦同。此項損害賠償之債，係依法律規定而發生，屬於法定損害賠償之債，除其性質不相容者外，自應適用民法損害賠償之債之一般規定（民法第二一三條至第二一八條）及侵權行為之特別規定（民法第一九三條至第一九八條）❷❽，茲將公務員損害賠償之特殊問題分述如下：

一、損害賠償方法

損害賠償之方法，不外回復原狀及金錢賠償兩種。所謂回復原狀，即回復損害發生前之原狀（如打破他人之玻璃窗者，應為之重新配裝是）；所謂金錢賠償，即按照損害程度支付金錢，以填補其損害。民法第二一三條第一項規定：「負損害賠償責任者，除法律另有規定或契約另有訂定外，應回復他方損害發生前之原狀。」第二一四條規定：「應回復原狀者，如經債權人定相當期限催告後，逾期不為回復時，債權人得請求以金錢賠償其損害。」第二一五條規定：「不能回復原狀或回復顯有重大困難者，應以金錢

---

❷❻　參閱司法院二十六年院字第一六六二號解釋；最高法院二十二年上字第一一四六號、四十八年臺上字第四八一號判例。

❷❼　參閱最高法院二十三年上字第一〇七號、三十三年上字第七六九號判例。

❷❽　參閱王澤鑑，公務員之法律責任，第一〇一頁。

賠償其損害。」可知關於損害賠償之方法，我國民法係以回復原狀為原則，以金錢賠償為例外，此與國家損害賠償方法，係以金錢賠償為原則，以回復原狀為例外（國家賠償法第七條第一項），恰好相反❷。惟民法就侵權行為之損害賠償亦設有特別規定以金錢為之者，如第一九二條第一項規定支出醫療及增加生活上需要之費用或殯葬費之賠償；第一九三條規定喪失或減少勞動能力或增加生活上需要之賠償；第一九四條規定致人於死對一定親屬精神上損害之賠償；第一九五條規定侵害身體、健康、名譽、自由、信用、隱私、貞操或其他重大人格法益之非財產上損害之賠償；第一九六條規定毀損他人之物之賠償等是。

　　關於公務員侵權行為之損害賠償方法，民法未設特別規定，自應適用民法上述規定，以回復原狀為原則，金錢賠償為例外。惟回復原狀原則之適用，鑑於公務員侵權行為之特殊性，以及普通法院之權限，並避免影響公務員正常業務之進行及效率，應加以限制，即於認為回復原狀不適當時，應改採金錢賠償方式。從而被害人不得依民事訴訟請求公務員撤銷其職務上之行為，普通法院亦不得依被害人之請求，撤銷公務員所作之職務行為。蓋損害賠償係以填補事實上已發生之損害為目的，並非在補正或糾正行政處分之瑕疵，否則不僅將使以補正或糾正具有瑕疵之行政處分為目的之訴願法、行政訴訟法及其他有關行政救濟之規定，形同具文，且將影響及行政處分之確定力及執行力，有害國家行政之安定❸。

二、損害賠償範圍

　　損害賠償之範圍，有由當事人約定者，謂之約定賠償範圍；有由於法律規定者，謂之法定範圍。前者尚可分為①事前約定範圍（即於損害發生前預定賠償額），②事後約定範圍（即於損害發生後，由當事人合意以定其範圍）。後者尚可分為一般範圍與特殊範圍，分述如下：

　　1.一般範圍：

　　民法第二一六條第一項規定：「損害賠償，除法律另有規定或契約另有

---

❷　參閱拙著，前揭書，第三五至三六頁（本書第六五至六七頁）。

❸　參閱王澤鑑，公務員之法律責任，第一○一頁；拙著，前揭書，第三六頁。

訂定外，應以填補債權人所受損害及所失利益為限。」此乃為民法關於損害
賠償法定範圍之一般規定，故除法律另有規定（如民法第一九三條第一項、
第一九五條第一項、第二一七條、第二一八條、第二三三條、第二四〇條
等是）或契約另有訂定外，一切損害賠償範圍，均應依本條定之，即通常
之損害賠償，均應以填補債權人（即被害人）所受損害及所失利益為限。
所謂「所受損害」，即現存財產或利益，因損害事實之發生，以致減少之謂，
屬於積極的損害；所謂「所失利益」，乃指新財產或利益之取得，因損害事
實之發生而受妨害，即倘無損害事實之發生，勢能取得之財產或利益，而
因該損害原因事實之發生，以至於不能取得該利益之謂，屬於消極的損害
（參閱最高法院四十八年臺上字第一九三四號判例）。又因「所失利益」，
其範圍頗難確定，因而民法第二一六條第二項乃特別規定：「依通常情形，
或依已定計劃、設備或其他特別情事，可得預期之利益，視為所失利益。」
惟所謂可得預期之利益，須客觀的具有確定性始可，如果僅屬一種可能或
希望，當不能認為係所失利益。

　　關於公務員侵權行為之損害賠償範圍如何？是否包括所失利益在內？
尚有爭論。蓋民法第一八六條有：「致第三人受損害者，負賠償責任」字樣，
此之所謂「受損害」是否僅指「所受損害」，而不包括「所失利益」？抑係
兩者均包括在內？不無疑問❸。由於民法第二一六條第一項規定，係關於
損害賠償範圍之一般規定，除另有約定或法律另有規定者外，債權人（被
害人）所受損害及所失利益，均應予以賠償，自不應因賠償義務人係公務
員而有所不同，且民法對之亦無排除明文，為保護被害人，對於公務員侵
權行為之損害賠償範圍不宜加以限制，應認為所受損害及所失利益均包括
在賠償範圍內較妥❷。

　　2.特殊範圍：

　　損害賠償，固應以被害人實際上所受損害之程度為範圍，惟有特殊情
形時，亦得減免其賠償金額，是為特殊範圍。民法第二一七條規定，損害

---

❸　參閱鄭玉波，公務員侵權行為與國家之賠償責任，第二四八頁。

❷　參閱王澤鑑，公務員之法律責任，第一〇二頁。

之發生或擴大，被害人與有過失者，法院得減輕賠償金額或免除之（學者稱之為過失相抵原則）；民法第二一八條規定，損害非因故意或重大過失所致者，如其賠償致賠償義務人之生計有重大影響時，法院得減輕其賠償金額。此兩項規定，對於公務員侵權責任均有適用之餘地，自不待言。此外，尚有所謂損益相抵（亦稱損益同銷）者，即損害賠償請求權人因同一賠償原因事實，受有利益時，應將所受得利益，由所受損害中扣除，以定賠償範圍是。損益相抵，我民法原無明文規定，但因我民法採羅馬法主義，以實際損害之發生為損害賠償債權成立之要件，並參照民法第二六七條但書之規定，故為學說及判例所承認❸。現行民法第二一六條之一規定：「基於同一原因事實受有損害並受有利益者，其請求之賠償金額，應扣除所受之利益。」從而於公務員為損害賠償時，自亦有損益相抵原則之適用。

第四項　公務員責任之限制

依我國憲法第二十四條規定，公務員違法侵害人民之自由或權利者，除由國家依國家賠償法等有關法律，對被害人民負損害賠償責任外，該為加害行為之公務員對被害人亦應負損害賠償責任。惟公務員職務之執行，係推動國家之政務，以促進人民之福利，事繁且重，難免疏忽，如因而招致損害，不論故意或過失，一律使之負賠償責任，則公務員不免心生畏懼，遇事退縮，甚至釀成「多做多錯，少做少錯，不做不錯，得過且過」之不敢負責心理，此不僅使國家政務遭受阻礙，一般人民利益亦必因而深受影

---

❸ 參閱鄭玉波，民法債編總論，第二五三頁；鄭玉波，論過失相抵與損益相抵之法理，民商法問題研究㈡，第十七頁以下；史尚寬，前揭書，第二九八頁；王伯琦，前揭書，第一四六頁；曾世雄，損害賠償法原理，五十八年十二月初版，第一八八頁以下。

最高法院二十七年滬上字第七十三號判例：「損害賠償除法律另有規定或契約另有訂定外，應以填補債權人所受損害及所失利益為限，為民法第二百十六條第一項所明定。故同一事實一方使債權人受有損害，一方又使債權人受有利益者，應於所受之損害內扣抵所受之利益，必其損益相抵之結果，尚有損害，始應由債務人負賠償責任。」

響，顯非妥適。職是之故，對公務員之民事責任，自有加以適當合理限制之必要。

關於公務員責任之限制，民法第一八六條設有二項規定，即Ｉ公務員因過失違背對於第三人應執行之職務，致第三人受損害者，以被害人不能依他項方法受賠償時為限，負賠償責任（民法第一八六條第一項後段）；Ⅱ無論公務員之侵權行為係出於故意或過失，如被害人得依法律上之救濟方法，除去其損害，而因故意或過失不為之者，公務員不負賠償責任。以下就此分述之：

一、因過失時之限制

依民法第一八六條第一項後段規定，則公務員因過失違背對於第三人應執行之職務，致第三人受損害者，以被害人不能依他項方法受賠償時者為限，始對之負賠償責任，學說上稱之為公務員補充責任條款。關於此項規定立法理由作有如下之說明：「……如出於過失，則於被害人不能依其他方法受償時（例如別無負賠償義務人，或有負此義務者而資力不能達其目的），以此種情形為限，始負賠償責任，庶足以減輕其責任，……。」❸❹從而公務員因過失違背對於第三人應執行之職務，致第三人受損害者，被害人如能依他項方法受賠償者，公務員對之即可不負損害賠償責任。所謂依他項方法受賠償者，如依國家賠償法或土地法第六十八條等規定，得向國家請求賠償，或被害人基於社會保險或普通保險得請求賠償金等是❸❺。由於國家賠償法之適用範圍較民法第一八六條為廣，故因公務員之過失行為所致損害，被害人無不得依該法請求損害賠償者，從而國家賠償法施行後，公務員似無因過失行為而依民法第一八六條規定對被害人負損害賠償之問題❸❻。

---

❸❹　引自中華民國民法制定史料彙編上冊，司法行政部，六十五年六月，第六五五頁。

❸❺　參閱王澤鑑，公務員之法律責任，第一〇三頁；鄭玉波，民法債編總論，第一七三頁；史尚寬，前揭書，第一七三頁。

Larenz, Schuldrecht II. S. 586.

公務員違背對於第三人應執行之職務，係出於過失者，以被害人不能依他項方法受賠償時為限，公務員始負其責任。所謂「不能依他項方法受賠償」，當係指別無負賠償責任之人，或雖有之，而因其人逃匿無蹤，無法向其請求賠償，或該應負賠償責任之人無資力，或其強制執行應於外國為之，不能達賠償之目的，或無法期待被害人進行訴訟程序等是，此乃被害人對公務員行使損害賠償請求權之一要件，當由該為原告之被害人就之負主張及舉證責任 ❸。至於被害人得否依他項方法請求損害賠償，則應依起訴時客觀法律狀態決定之 ❸，故被害人「依他項方法受賠償」之可能性，於起訴時原已存在，因被害人不知以致未行使該項損害賠償請求權，或雖然知悉該項損害賠償請求權，因怠於行使，以致喪失求償機會者，公務員自得因而免其責 ❸。又此之所謂「依他項方法受賠償」，須具有確定性始可，從而被害人對第三人僅有將來不確定性之賠償請求權者，自不得因而排除被害人對公務員之損害賠償請求權 ❹。

其次，依民法第一八五條規定：「數人共同不法侵害他人之權利者，連帶負損害賠償責任，不能知其中孰為加害人者，亦同。造意人及幫助人，視為共同行為人。」此項規定於公務員侵權責任亦有適用餘地，故公務員數人為共同侵權行為時，不論其是故意或過失，皆應對被害人負連帶損害賠償責任，不能以尚有其他應負責任之人而免其損害賠償責任 ❹。惟公務員

---

❸ 參閱鄭玉波，論國家賠償責任與公務員賠償責任之關係，第六頁；史尚寬，前揭書，第一七三頁註二；拙著，前揭書，第五四頁。

❸ 參閱王澤鑑，公務員之法律責任，第一〇三頁；史尚寬，前揭書，第一七三頁；Larenz, Schuldrecht II, S. 586.

❸ 同❸。

❸ 參閱鄭玉波，論國家賠償責任與公務員賠償責任之關係，第八頁；王澤鑑，公務員之法律責任，第一〇三頁。
史尚寬先生認為是否可免除公務員之責任，可適用民法第二一七條第二項怠於避免損害之規定者，參閱史尚寬，前揭書，第一七三頁。

❹ 參閱 Larenz, Schuldrecht II, S. 586.

❹ 參閱史尚寬，前揭書，第一七三頁。

與非公務員為共同侵權行為時，該為共同侵權行為之非公務員能對被害人
為損害賠償者，為共同侵權行為之公務員，得否依民法第一八六條第一項
後段規定免其賠償責任，不無問題。史尚寬先生採否定見解，認為此時該
公務員「自不能以向其中之他人為請求而諉其責任，但共同行為人中有為
故意有為過失者，有過失之人，得諉其責於有故意之人。」❷此項見解不無
商榷之餘地，蓋民法第一八六條第一項後段係以被害人「得依他項方法受
賠償」，為公務員過失侵權行為之免責要件，至於被害人得依他項方法請求
之賠償，其法律基礎如何，在所不問，無論是基於法律規定或契約均可❸，
且故意或過失對共同侵權行為之成立並無影響，換言之，共同侵權行為之
成立，並不限於行為人有故意時須一律有故意，有過失時須一律有過失，
即有故意者與有過失者夾雜於其間，亦無不可❹。又在共同侵權行為連帶
損害賠償責任上，亦無因故意過失而異其內部分擔部分之規定。故關於本
問題，以採肯定見解較妥，即此時公務員得依民法第一八六條第一項後段
規定，對被害人免負賠償責任❺。惟該非公務員之共同侵權行為人對被害
人為損害賠償後，得否向該為共同侵權行為之公務員求償，不無問題。由
於求償權之行使，係債務人相互間之內部關係，以有分擔部分為前提，公
務員於具備民法第一八六條第一項後段規定之要件時，即可不負損害賠償
責任，已無分擔部分，自非不可解為此時該為損害賠償之非公務員不得向

---

❷　同❹。

❸　參閱王澤鑑，公務員之法律責任，第一〇三頁。

❹　參閱鄭玉波，民法債編總論，第一六五頁；史尚寬，前揭書，第一六六頁；加
藤一郎編集，注釋民法(19)，日本有斐閣，昭和四十九年七月初版第十一刷，第
三二四頁。

❺　參閱何孝元，損害賠償之研究，第一一一頁。
王澤鑑先生認為公務員與法人依民法第二十八條或第一八八條等規定,連帶負
賠償責任時，法人之賠償責任即為民法第一八六條第一項所稱「他項賠償方
法」，從而公務員非因故意違背職務者，免負賠償責任，參閱王澤鑑，公務員
之法律責任，第九五至九六頁、第一〇六頁。按其意旨，則關於本問題，王澤
鑑先生當亦採肯定說。

公務員求償。惟將因公務員行為所致損害亦歸由非公務員之共同侵權行為人負擔，不無過於保護公務員，有違公平正義，顯非妥適，故以解為此時該為損害賠償之非公務員仍得向公務員求償較妥。此處應予注意者，乃國家賠償法公布施行後，公務員與他人，有為共同加害行為、共同危險行為，或造意及幫助者，國家與該他人對被害人，亦應負連帶損害賠償責任，被害人既可向國家請求損害賠償，故公務員得以因而免責。從而該為損害賠償之他人自不得向公務員求償，惟仍得向國家求償(參閱民法第二八一條)，固不待言。

　　此外，所謂過失，乃怠於或欠缺注意之一種心理狀態也，依其欠缺注意之程度為標準，可分為抽象過失、具體過失及重大過失三種。應盡善良管理人之注意（即依交易上一般觀念認為有相當知識經驗及誠意之人應盡之注意）而欠缺者，為抽象過失；應盡與處理自己事務為同一注意而欠缺者，為具體過失；顯然欠缺普通人應有之注意者，為重大過失。具體過失之注意義務較抽象過失之注意義務為輕，其負責之機會較負抽象過失責任者少，故負抽象過失責任者較負具體過失者責任重。至於負重大過失責任者，則義務人如非顯然欠缺注意，即無過失，其負責之機會較負具體過失責任及抽象過失責任者少，故責任最輕。民法第一八六條第一項後段所稱「過失」，係指何者而言，不無問題。由於重大過失行為已跡近故意（有稱為準故意者），故民法第二二二條乃設有重大過失責任，不得預先免除之規定，且國家賠償法第二條第三項就公務員於執行職務行使公權力時，因故意或重大過失不法侵害人民自由或權利者，國家對被害人民為損害賠償後，對該公務員有求償權。從而民法第一八六條第一項後段所稱「過失」似宜解為不包括重大過失在內較妥，換言之，即於公務員有重大過失時，被害人仍得對之請求損害賠償。

二、因被害人怠於謀求法律上救濟方法之限制

　　依民法第一八六條第一項規定，公務員因故意違背對於第三人應執行之職務，致第三人受損害者，負賠償責任；其因過失者，以被害人不能依他項方法受賠償時為限，負其責任。惟公務員所為之公法行為，如有違法

失當，以致侵害人民之權益時，法律上多設有救濟方法，如上訴、抗告、異議、更正、複查、訴願、行政訴訟等是，為避免損害之發生，被害人自應循之以謀取救濟，倘因故意或過失（如忘記上訴期間，致未能上訴，而判決確定），而不為之者，原可適用民法第二一七條過失相抵之規定，由法院減免公務員之損害賠償責任，但法律為加強保護公務員利益，於民法第一八六條第二項規定：「前項情形，如被害人，得依法律上之救濟方法，除去其損害，而因故意或過失不為之者，公務員不負賠償責任。」逕行免除公務員之責任。關於此項規定，立法理由作有如下之說明：「……被害人本可以法律上救濟方法除去其損害，而因故意或過失，怠於為之者，毋庸保護，例如不服上訴聲明等是也，此時被害人咎由自取，故使公務員不負賠償責任，……」**❹⁶**。

　　如上所述，依民法第一八六條第二項規定，被害人有法律上之救濟方法除去其損害，而因故意或過失不為之者，則公務員之加害行為，無論出於故意或過失，均不負責任。至於此處所稱法律上之救濟方法，不以法律明文規定之救濟方法為限（參閱最高法院一○○年台上字第一八二一號判決、七十一年台再字第五十五號判決），惟公務員責任之免除，必係因被害人之未採取法律上救濟方法除去損害，與損害之發生具有因果關係者為限，換言之，即被害人若適時提出救濟方法，則可避免或減少損害之發生者，公務員始得據之免責。從而損害之發生已確定不可避免者，則被害人雖未為法律上之救濟方法，公務員亦不得因而免責，即被害人仍得請求損害賠償**❹⁷**。此外，被害人之未採取法律上救濟方法減免其損害之發生，以出於故意或過失者為限，公務員始得免其責任。從而救濟方法之提出，通常不生效果，或依被害人之智識、經歷、教育程度等，對於公務員職務上行為之違法性未有認識，致未能提出救濟方法者，自不得認為具有過失，故公務員亦不能因而免責**❹⁸**。又此之所謂法律上之救濟方法，係指對於公務員

---

❹⁶　引自中華民國民法制定史料彙編上冊，第六五五頁。

❹⁷　參閱王澤鑑，公務員之法律責任，第一○三頁。

❹⁸　參閱王澤鑑，公務員之法律責任，第一○四頁。

職務上行為本身之救濟方法，並不包括對於第三人提起損害賠償訴訟等救濟程序，應予注意❹。

第三節　公務員賠償責任與國家賠償責任之關係

公務員於執行職務行使公權力時，因故意或過失不法侵害人民之自由或權利，致人民遭受損害者，依憲法第二十四條及國家賠償法第二條第二項規定，國家固須對之負賠償責任。惟此項損害結果事實上係因公務員之行為所造成，依憲法第二十四條及民法第一八六條規定，該公務員亦應負損害賠償責任，故有就公務員賠償責任與國家賠償責任之關係，予以究明之必要。其關係可分為對外關係與對內關係兩者，前者即公務員及國家對被害人之關係，後者乃指國家與公務員之關係（國家之求償權）❺，以下依此分述之。

第一項　對外關係

因公務員執行公權力之職務行為，致人民之權利受損害者，被害人除依國家賠償法得對國家或公共團體請求損害賠償外，得否就該損害直接對於公務員請求損害賠償。這在日本學說上有不同之意見，大別之可分為否定說、肯定說及折衷說三說。所謂否定說，即認為被害人因公務員之不法行為所受之損害，祇能對國家或公共團體請求損害賠償，不得直接對該加害公務員請求損害賠償；所謂肯定說，即認為被害人除得對國家或公共團體請求賠償者外，復得對該加害公務員請求損害賠償；所謂折衷說，即認為公務員應否負個人責任，端視該公務員就其不法行為，有無故意或重大過失而定，若該公務員就其不法行為具有故意或重大過失時，則該公務員對被害人應負直接賠償責任，反之則不負個人責任❺。該國實務上之見解，

---

❹　參閱 Larenz, Schuldrecht II, S. 587.

❺　參閱鄭玉波，論國家賠償責任與公務員賠償責任之關係，第七頁。

❺　其詳請參閱葉百修，公務員不法行為所生之國家賠償責任，六十六年三月臺大法律學研究所碩士論文，第七二頁以下；乾昭三，國家賠償法，注釋民法(19)，

初時亦甚不一致，惟自該國最高裁判所昭和三十年四月十九日判決❺明示：「國家損害賠償之請求，係國家或公共團體之責任，公務員並不以行政機關之地位而負賠償責任，公務員個人亦不負責任」，採否定說之見解後，下級法院之判決對公務員個人責任問題均採否定之態度❺。

其次，西德就公務員違法之職務行為，致人民之權益受損害者，公務員與國家應對被害人負如何之責任，係分別規定於該國民法 (BGB) 第八三九條及基本法 (GG) 第三十四條。德國民法第八三九條係關於公務員賠償責任之規定，即「I 公務員因故意或過失，違背其對第三人所應盡之職務者，對於該第三人因此所生之損害，負賠償義務。公務員僅有過失責任者，祇於被害人不能依他項方法而受賠償時，始得對之為賠償之請求；II ……；III 被害人因故意或過失，未曾行使法律上之救濟手段，以避免其損害者，公務員不負賠償義務」，其規定與我民法第一八六條規定，大致相同；西德基本法第三十四條則係關於國家賠償責任之規定，即「任何人行使屬於其擔任之公職職務，如違反其對於第三人所負之職務上義務時，由其所屬之國家或公共團體負其責任，但有故意或重大過失時，國家或公共團體保留其對該公務員之求償權。前項之損害賠償請求權及求償權，由普通法院審理之。」關於德國公務員違背職務行為所生損害賠償責任，依學者通說，可簡述如下，即公務員所違背執行者係私法上之職務時，該公務員應依德國民法第八三九條規定直接對被害人負損害賠償責任（學說上稱之為 Beamtenhaftung），國家或公共團體則立於國庫或僱用人之地位，依德國民

第四一四頁以下。

❺ 日本最判民集第九卷第五號第五三四頁。

❺ 參閱乾昭三，國家賠償法，第四一六頁。

仙臺高判昭和三十年六月十八日國家賠償法の諸問題追補 I 上第一七二頁；山形地新庄支判昭和三十年八月十九日國家賠償法の諸問題追補 I 上第一九〇頁；東京地判昭和三十一年十月八日判夕第七十一號第七四頁；東京地判昭和三十二年四月二十日下民集第八卷第四號第八〇七頁；京都地判昭和三十二年四月二十五日下民集第八卷第四號第八一六頁；高松高判昭和三十七年一月二十日下民集第十三卷第一號第四五頁等。

法第三十一條及第八三一條規定負責；反之，公務員所違背執行者係公法上之職務，於依德國民法第八三九條規定構成侵權行為時，則由國家或公共團體依基本法第三十四條規定代該公務員負責（學說上稱之為Staatshaftung），該公務員並不直接對被害人負損害賠償責任 ❺❹。

至於我國就公務員違法之職務行為，致人民之權益受損害者，依憲法第二十四條規定，應由國家與公務員分別對被害人負賠償責任，採雙重責任制度 ❺❺。惟民法第一八六條對公務員之民事責任設有限制，即以公務員違背職務行為，係出於故意者為限，始直接對被害人負賠償責任，換言之，即祇於公務員有故意時，被害人始得選擇或同時對國家或公務員請求損害賠償。如公務員之違背職務行為，係出於過失，而被害人得依他項方法受賠償，或公務員之違背職務行為，係出於故意或過失，惟被害人得依法律上之救濟方法，除去其損害，而因故意或過失不為之者，公務員皆不負賠償責任（民法第一八六條第一項後段、第二項）。此項規定是否合理，學者見解不一，有認為民法第一八六條規定，未免失於保守，「與民法第二十八條及第一八八條，對照而觀，其不免於官尊民卑觀念，猶存舊日絕對國家思想，似亦無可諱言」 ❺❻；亦有認為國家賠償責任之性質既然是採自己責任說 ❺❼，則公務員執行職務之行為，已視同國家或公共團體之不法行為，

---

❺❹ 參閱王澤鑑，公務員之法律責任，第一二四頁；葉百修，前揭文，第七四頁；Larenz, Schuldrecht II, S. 580ff.

❺❺ 參閱林紀東，中華民國憲法逐條釋義第一冊，第三六四頁；王澤鑑，公務員之法律責任，第一三九至一四〇頁；葉百修，前揭文，第七四頁；劉慶瑞，中華民國憲法要義，五十五年四月修訂再版，第一一八至一一九頁註；管歐，中華民國憲法新論，三民書局，六十八年二月修訂三版，第六五頁。關於憲法第二十四條所定之公務員責任及國家責任，究係由國家與公務員雙方分負財產上損害賠償責任？抑係負連帶責任？不無問題，林紀東先生認為宜解為負連帶責任，參閱林紀東，中華民國憲法逐條釋義第一冊，第三六三至三六四頁。

❺❻ 參閱林紀東，行政法新論，第二二四至二二五頁；林紀東，中華民國憲法逐條釋義第一冊，第三七一至三七二頁。

❺❼ 國家賠償責任之性質，有代位責任說、自己責任說、併合責任說、中間責任說、

該公務員本身已無任何不法行為可言，因此對該不法行為所生之損害，公務員自可不負個人責任，故認為以否定說較為可採❺❽。基於憲法第二十四條採國家與公務員雙重責任制度之立法意旨觀之，民法第一八六條規定，固不無違憲之嫌，惟為行政效率著想，以免公務員因易負賠償責任之故，遇事躊躇不前，反害國政起見，在已有完整國家賠償法之今日，國家或公共團體就公務員違背公法上職務行為所生之損害，應對被害人直接負賠償責任，且於公務員有故意或重大過失時，國家或公共團體對之有求償權（參閱國家賠償法第二條至第四條），故民法第一八六條規定，有無存在餘地，誠有再研究餘地❺❾。以下將依我國現行法有關規定，說明國家賠償責任與公務員賠償責任之對外關係。

一、國家賠償責任與公務員賠償責任之併存

依民法第一八六條第一項前段規定，則公務員因故意違背對於第三人應執行之職務，致第三人受損害者，應對被害人負賠償責任；此時國家依國家賠償法第二條第二項之規定，亦應對被害人負損害賠償責任❻⓿。職是之故，於公務員違背對第三人應執行之職務，致第三人受損害者，如係出於「故意」時，對被害人而言，國家賠償責任與公務員賠償責任，屬於併存，被害人得先向公務員請求損害賠償，亦得先向國家請求賠償，更得向公務員及國家同時請求損害賠償，由國家與公務員對被害人負不真正連帶債務❻❶。惟被害人自公務員或國家之任何一方受全部賠償時，對於他方之賠償請求權即同歸消滅。至於國家對被害人為損害賠償後，自得依國家賠償法第二條第三項、第三條第二項、第四條第二項規定，對該公務員求償（此屬於國家與公務員之內部關係，其詳後述）。

折衷說等，詳請參閱葉百修，前揭文，第六七頁以下；乾昭三，國家賠償法，第三九二頁以下；古崎慶長，國家賠償法，第一三〇頁以下。

❺❽　參閱葉百修，前揭文，第七五頁。

❺❾　參閱王澤鑑，公務員之法律責任，第一四二頁以下。

❻⓿　有關國家賠償責任之成立，請參閱拙著，前揭書，第十二頁以下（本書第十六頁以下）。

❻❶　參閱鄭玉波，論國家賠償責任與公務員賠償責任之關係，第七頁。

　　此處應予說明者，乃公務員因故意違背對於第三人應執行之職務，致第三人受損害者，固應由國家與公務員對被害人負不真正連帶債務，被害人得先後或同時向公務員及國家請求損害賠償。惟為免協議（參閱國家賠償法第十條）與裁判及裁判與裁判間之分歧，與乎國家或公共團體財力雄厚，對請求權人之保障較為確實，及貫澈國家賠償制度之精神和安定公務員之情緒，鼓勵其安心工作，故國家賠償法施行細則第三十八條規定：「請求權人就同一原因事實所受之損害，同時或先後向賠償義務機關請求協議及向公務員提起損害賠償之訴，或同時或先後向賠償義務機關及公務員提起損害賠償之訴者，在賠償義務機關協議程序終結或損害賠償訴訟裁判確定前，法院應以裁定停止對公務員損害賠償訴訟程序之進行。」應予注意者，乃本條規定之意旨，係指國家賠償請求權人如向賠償義務機關請求協議或賠償，復向公務員提起損害賠償之訴時，法院應裁定停止對公務員損害賠償訴訟程序之進行，非謂賠償義務機關得俟請求權人向公務員之損害賠償訴訟確定後再為國賠決定（法務部九十九年三月十八日法律決字第○九九九○一一七一三號函）。

二、公務員免責時之國家賠償責任

　　公務員因過失違背對於第三人應執行之職務，致第三人受損害者，國家與公務員固均應對被害人負賠償責任，惟民法第一八六條第一項後段就公務員之賠償責任設有限制規定，即以被害人不能依他項方法受賠償者為限，始對被害人負賠償責任。此時既有國家依國家賠償法第二條第二項規定直接對被害人負賠償責任，被害人當無不能受損害賠償者，故被害人自應向國家請求損害賠償，公務員不直接對被害人負損害賠償責任，換言之，即僅由國家對被害人負賠償責任❷。

　　其次，公務員違背對於第三人應執行之職務，致第三人受損害者，無論出於「故意」或「過失」，如被害人得依法律上之救濟方法，除去其損害，

---

❷　鄭玉波教授認為此時國家賠償責任與公務員賠償責任，形成先後次序關係，國家為第一次序，公務員為第二次序，參閱鄭玉波，論國家賠償責任與公務員賠償責任之關係，第七頁。

而因故意或過失不為之者，公務員不負責任（民法第一八六條第二項），前已述及。此時國家應否依國家賠償法第二條第二項規定對被害人負損害賠償責任，不無問題。鄭玉波先生認為在此情形，國家賠償責任與公務員賠償責任，構成同時免責關係，蓋解釋上國家之賠償責任係以公務員賠償責任之存在為前提，茲公務員既已免責矣，則國家自亦當免責也❻❸。其說固甚有見地，惟國家賠償法係基於憲法第二十四條為保障人權而制定（國家賠償法第一條）❻❹，國家依國家賠償法對被害人所負之損害賠償責任，應解為係國家之獨立責任，故國家應否對被害人負損害賠償責任，自應依國家賠償法有關規定定之，如已具備國家賠償法所定責任成立要件，為貫徹國家賠償制度之精神，則不宜因而逕行免去國家之賠償責任。至於被害人因故意或過失而怠於採取法律上之救濟方法，因而造成損害之發生或擴大者，此項事由應否被斟酌，視為係與有過失，適用民法第二一七條規定減免國家之賠償責任，則應就具體事實觀之，即以通常人是否可以被期待其採取此項救濟手段，而採取此項救濟手段是否可能以及是否容易為之，作為其判斷標準❻❺。

三、消滅時效完成後之國家賠償責任與公務員賠償責任

關於公務員違背職務行為所致損害之賠償請求權，其消滅時效期間，國家賠償法及民法設有不同規定。依國家賠償法第八條第一項規定：「賠償請求權，自請求權人知有損害時起，因二年間不行使而消滅，自損害發生時起，逾五年者亦同。」故國家損害賠償請求權之消滅時效期間有「二年」與「五年」兩種。然依民法第一九七條第一項規定：「因侵權行為所生之損害賠償請求權，自請求權人知有損害及賠償義務人時起，二年間不行使而消滅，自有侵權行為時起，逾十年者亦同。」故公務員侵權責任損害賠償請求權之消滅時效期間有「二年」與「十年」兩種。兩者之間不但有「五年」與「十年」之差，其「二年」之時效期間亦可能因時效中斷等事由（參閱

---

❻❸ 參閱鄭玉波，論國家賠償責任與公務員賠償責任之關係，第八頁。

❻❹ 國家賠償法之立法目的及依據，請參閱拙著，前揭書，第四頁。

❻❺ 參閱古崎慶長，國家賠償法，第二四六頁；拙著，前揭書，第四〇頁。

民法第一二九條以下），致時效先後完成，而形成先後免責關係❻。此時被害人自得向時效未完成者行使損害賠償請求權，不因一請求權消滅時效完成，影響及另一請求權之行使，換言之，即被害人於公務員賠償責任時效完成後，在國家賠償責任時效完成前，仍得向國家請求損害賠償；於國家賠償責任時效完成後，在公務員賠償責任時效完成前，仍得向公務員請求損害賠償。

　　如前所述，於國家賠償責任時效完成後，在公務員賠償責任時效完成前，仍得向公務員請求損害賠償，此於公務員因故意違背對於第三人應執行之職務，致侵害第三人，而由公務員與國家對被害人負不真正連帶債務時，固無問題。惟於依民法第一八六條第一項後段規定，公務員因過失違背對於第三人應執行之職務，致侵害第三人者，以被害人不能依他項方法受賠償者為限，公務員始對之負損害賠償責任時，如因被害人未先向國家請求賠償，致時效完成而國家免責者，被害人於公務員侵權責任消滅時效完成前能否對之請求損害賠償，則不無問題。史尚寬先生認為：「如被害人在起訴以前早為請求，應可得賠償而怠於為之者，是否可免除公務員之責任？可適用民法第二一七條第二項怠於避免損害之規定」❼，即認為應適用過失相抵之規定（民法第二一七條），以定其責任；鄭玉波先生則認為：「解釋上被害人如未先向國家請求賠償，致時效完成而國家免責者，公務員亦同時免責」❽。由於被害人能依他項方法受賠償時，依民法第一八六條第一項後段規定，公務員本不負責任，被害人既得向國家請求損害賠償，當無不能受賠償之虞，並就民法第一八六條第二項規定被害人因故意或過失怠於採取法律上之救濟方法除去損害，公務員不負賠償責任之立法意旨觀之，解釋上自宜認為被害人能向國家請求賠償，因怠於及時行使，致時效完成者，雖未受賠償，公務員亦可因而免責較妥。

---

❻　參閱鄭玉波，論國家賠償責任與公務員賠償責任之關係，第八頁。

❼　參閱史尚寬，前揭書，第一七三頁。

❽　同❻。

第二項　對內關係（國家之求償權）

公務員於執行職務行使公權力時，因故意或過失不法侵害人民之自由或權利，致人民遭受損害時，依憲法第二十四條及國家賠償法第二條第二項規定，國家固須對之負賠償責任。惟此項損害結果事實上係因公務員之行為所造成，此種責任真正之歸屬，仍為公務員也，依憲法第二十四條規定，公務員亦應負責（參閱民法第一八六條），故國家依本法對被害人為損害賠償後，自得向公務員求償，否則將不足以督促公務員善盡職守，且易開啟違法濫權之漸，而有廢弛職務，釀成災害之虞。惟若不分過失輕重，概可求償，則將使公務員遇事畏縮不前，不敢勇於任事。故國家賠償法參照多數立法例，於第二條第三項規定：「前項情形，公務員有故意或重大過失時，賠償義務機關對之有求償權。」對國家求償權之行使要件，設有限制，俾公務員能戮力從公，善盡職守。至於國家求償權之性質為何，學者見解不一，主要有下列三說❻❾，即①不當得利返還請求權說，此乃對國家損害賠償責任之性質採代位責任說者所主張之見解，認為損害賠償責任本應由該為加害行為之公務員自己負擔，但為使被害人民得以迅速獲得確實之賠償，乃先由國家或公共團體代公務員負損害賠償責任。公務員於國家對被害人為損害賠償後，即可因而對被害人免負損害賠償責任，屬於一種無法律上之原因而受利益（消極利益），致國家受損害，構成不當得利，國家自得對之請求返還（民法第一七九條）；②債務不履行損害賠償請求權說，此乃對國家損害賠償責任之性質採自己責任說者所主張之見解，認為公務員係代國家執行職務行使公權力，公務員之行為在本質上即為國家之行為，故國家或公共團體就公務員之不法行為所生損害，負賠償責任，係對自己之行為直接負責，惟公務員對國家負有遵守誓言，忠心努力，依法令所定執行職務之義務（參閱公務員服務法第一條），其違反此項義務而為加害行

❻❾　參閱吳宗樑，國家賠償法基本原理，七十年七月，第一四八至一四九頁；古崎慶長，國家賠償法，第二〇三頁；乾昭三，國家賠償法，第四一二至四一三頁；今村成和，國家補償法，第一二三頁。

為，即屬債務不履行，國家自得對之行使債務不履行損害賠償請求權；③第三人代位求償說，此說亦以代位責任說為立論基礎，即認為公務員不法侵害人民之自由或權利時，對於被害人自應負損害賠償義務，惟國家對於此項損害賠償義務之履行為有利害關係之第三人，自亦得對被害人為損害賠償，國家對被害人為損害賠償後，自可依代位清償之法理，按其清償之限度，就被害人對於公務員之權利，以自己名義代位行使之（參閱民法第三一二條）。以下就國家求償權之有關問題分述之：

一、求償權之要件

　　1.須賠償義務機關已對被害人為損害賠償：

　　按民法上求償權之成立，皆以求償權人實際上已對被害人為損害賠償金額支付或回復原狀行為，使權利人（即被害人）之債權消滅或減少為其成立要件（參閱民法第一八八條第三項、第二八一條）。國家賠償法對此雖未設明文規定，惟基於求償權之作用，並從該法第八條第二項規定，求償權之消滅時效期間係自「支付賠償金或回復原狀之日起」算觀之，自應為相同解釋，即於賠償義務機關對於被害人民支付損害賠償金額（國家賠償法係以金錢賠償為原則）或為其他免責行為（如抵銷、代物清償或其他回復原狀等行為）以前，求償權尚不存在，必須於其對被害人民為賠償金額支付或為其他免責行為後，始可向公務員求償。從而國家對被害人不負損害賠償責任，或國家僅盡力使損害賠償債務消滅（如使被害人免除債務），自己並未對被害人為有償的給付以消滅債務者，自不得向公務員求償。

　　2.須公務員有故意或重大過失：

　　所謂故意，係指行為人對於構成侵權行為之事實，明知而有意使其發生，或預見其發生，而其發生並不違反其本意（參閱刑法第十三條）而言。所謂過失，乃怠於或欠缺注意之一種心理狀態也，以其欠缺注意之程度為標準，可分為抽象的過失、具體的過失及重大過失三種。應盡善良管理人之注意（即依交易上一般觀念認為有相當知識經驗及誠意之人應盡之注意）而欠缺者，為抽象的過失；應盡與處理自己事務為同一注意而欠缺者，為具體的過失；顯然欠缺普通人應有之注意者，為重大過失。本法以公務員

於執行職務行使公權力時，因故意或重大過失不法侵害人民自由或權利者，為國家對被害人民為損害賠償後行使求償權之要件。此乃因故意行為，其心固屬可殊，重大過失行為亦已跡近故意（有稱為準故意者），故不得免責，民法第二二二條亦規定：「故意或重大過失之責任，不得預先免除。」至於故意或重大過失之認定，賠償義務機關自應審慎為之（參閱國家賠償法施行細則第四十一條第一項），以免畸輕畸重，招致怨懟。

　　具備上述要件，國家對被害人為損害賠償後，即得向為加害行為之公務員求償。此處尚應予說明者，乃因合議制（或委員制）機關或其他經合議而決議之事項，致人民之自由或權利受損害者，國家對被害人民為損害賠償後，自亦得依國家賠償法第二條第三項規定對參與決議之公務員求償。惟此時得否向原表示反對該決議之公務員，行使求償權，不無問題。基於公平之理由，自以解為此時賠償義務機關僅得對贊同決議而有故意或重大過失之公務員，行使求償權，不得向表示反對該決議之人求償較妥❼。

　　其次，依國家賠償法第三條第一項規定，公有公共設施因設置或管理有欠缺，致人民生命、身體或財產受損害者，國家固應負損害賠償責任，惟如就損害原因有應負責任之人，且其行為具備一般侵權行為要件時，亦應對被害人負一般侵權行為責任。此時由國家與就損害原因應負責任之人，對被害人負不真正連帶債務，被害人得選擇的行使其損害賠償請求權。如被害人依國家賠償法第三條第一項規定，向國家請求損害賠償者，賠償義務機關依法予以賠償後，自得向真正促成此項損害發生之其他應負責任人求償，故國家賠償法第三條第二項規定：「前項情形，就損害原因有應負責任之人時，賠償義務機關對之有求償權。」

　　國家賠償法第三條第二項所謂就損害原因有應負責任之人，係指就公有公共設施設置或管理之欠缺，有故意或過失者而言，換言之，即指對於被害人應負一般侵權行為責任之人。此從「應負責任」一詞之文義，可為如此解釋，故如損害之肇因人對於被害人不負損害賠償責任時，國家對之

---

❼　參閱城仲模，行政法上國家責任之理論與立法之研究，臺大法學論叢第五卷第一期（六十四年十月），第六九、九二頁。

自不得行使本法第三條第二項之求償權。又賠償義務機關行使求償權時，亦應就該應負責任人之故意或過失負舉證責任，固不待言。此時公有公共設施設置或管理機關之公務員如為該條項所稱應負責任之人時，固亦為賠償義務機關行使求償權之對象[71]，惟應以其有故意或重大過失者為限。此雖未有如國家賠償法第二條第三項設有明文規定，然為期與該法第二條第三項規定之標準一致，並符合該法第二條第三項體恤公務員之精神，自應為相同解釋[72]。

二、求償權之行使及範圍

如前所述，公務員因故意或重大過失侵害人民之自由或權利者，賠償義務機關為損害賠償後，對之有求償權。從而公務員之故意或重大過失，乃賠償義務機關行使求償權之要件，故應由賠償義務機關就其故意或重大過失負舉證責任。又為確保賠償義務機關之求償權得以實現，該行使求償權之賠償義務機關，得於依規定行使求償權前，清查被求償之個人或團體可供執行之財產，並於必要時依法聲請保全措施（國家賠償法施行細則第四十一條第二項）。至於賠償義務機關之求償，應解為係全部求償，即其對被害人民實際上所支付之損害賠償額全部，均得請求償還，並得請求自支付時起至償還時依法定利率計算之利息，與民法第一八八條所定僱用人之求償權相同，蓋原則上國家無分擔部分，因而公務員若先行賠償時，則不得向國家求償，應由公務員負最後之責任[73]。如被行使求償權之公務員或個人有二人以上時，應解為由各人平均分別負償還責任。至於賠償義務機關依法行使求償權時，應先與被求償之個人或團體進行協商，以免對簿公

[71] 關於公有公共設施設置或管理之欠缺，係因公務員之行為所致時，被害人得如何請求損害賠償，學者有不同見解，請參閱拙著，前揭書，第二九至三〇頁。有關國家賠償法第二條與第三條規定之適用及關係，請參閱古崎慶長，國家賠償法的理論，日本有斐閣，昭和五十五年十二月初版第一刷，第二三頁以下。

[72] 參閱乾昭三，國家賠償法，第四二四至四二五頁；古崎慶長，國家賠償法，第一六四頁；今村成和，國家補償法，第一二五頁。

[73] 參閱鄭玉波，論國家賠償責任與公務員賠償責任之關係，第九頁；乾昭三，國家賠償法，第四一三頁。

堂，徒增訟累（參閱國家賠償法施行細則第四十一條第三項）。設若協商不成立，賠償義務機關自得循訴訟程序（如向法院起訴，聲請假扣押或強制執行等程序），以行使其求償權（參閱國家賠償法施行細則第四十一條第四項）。

此外，由於國家求償權之範圍，應以其對被害人實際上所支付之損害賠償額為限，從而該損害賠償額，如因被害人為一部免除等而縮減時，則只能就縮減後之餘額向公務員求償；反之，如賠償義務機關因自己之過失，致支付過多之損害賠償金額時，則僅得於適當的損害賠償限度內請求償還，就其超額部分無求償權❼❹。又此之所謂求償權，固指全部求償而言，惟不以全部求償為必要，賠償義務機關於確定求償額之範圍時，應依具體個案，綜合審酌公務員對於客觀上損害造成程度、主觀上之可歸責性為故意或重大過失、對於損害之發生是否有預見可能性及防止可能性、公務員之個人資力等因素決定求償額度（法務部九十三年八月二十三日法律決字第〇九三〇〇三三七三九號函參照）。至於賠償義務機關之涉訟費用（如律師費及訴訟費用等），因非屬國家賠償費用，自不在求償範圍（法務部九十八年十月二十六日法律決字第〇九八〇〇四四〇七六號函）。又為體恤公務員或其他個人，故此項求償權之行使，亦應顧及國家或公共團體有物上設備之瑕疵，指導或監督上有過失等事由，類推適用過失相抵之理論（民法第二一七條），或以之為共同侵權行為人間負擔部分之問題，而限制其求償權❼❺。關於國家求償之方法，法無規定，或一次全部求償，或酌情許其提供擔保分期給付（例如分期由該公務員之薪津扣還），均無不可（參閱國家賠償法施行細則第四十一條第三項後段），人事及會計主管，自得酌情處理之❼❻。

三、求償權之消滅時效

依國家賠償法第二條第三項、第三條第二項及第四條第二項規定，賠償義務機關對於被害人民為損害賠償後，對於為侵害行為之公務員或其他

❼❹　參閱乾昭三，國家賠償法，第四一三頁。

❼❺　參閱鄭玉波，民法債編總論，第一八七頁；乾昭三，國家賠償法，第四一四頁。

❼❻　參閱鄭玉波，論國家賠償責任與公務員賠償責任之關係，第九頁。

受委託行使公權力之團體或個人，以及就公有公共設施設置或管理之欠缺，應負責任之人，有求償權。此項求償權固以賠償義務機關已實際上對被害人支付賠償金或回復原狀後，始得行使之，惟其得行使之期限，亦不宜太長，為使國家與被求償人間之法律關係早日確定，故該法第八條第二項規定：「第二條第三項、第三條第二項及第四條第二項之求償權，自支付賠償金或回復原狀之日起，因二年間不行使而消滅。」從而賠償義務機關之求償權，應自其實際上對被害人支付賠償金或回復原狀之日起，二年內行使之，否則將因二年時效期間之經過而消滅。

第四節　結　語

國家賠償法之制定及施行，使我國之民主法治又向前邁進一大步，展開我國法制上輝煌燦爛之新頁。由於國家賠償責任之成立，基本上係以公務員之行為為基礎，從而在國家賠償法施行後，公務員之賠償責任問題，當會因而隨之增加及複雜。本文乃試就公務員賠償責任及其與國家賠償責任之關係，予以究明，用供參考。綜據上述，關於本問題可得如下之結論：

1.公務員故意或過失違背私法上之職務行為，不法侵害他人權利者，應由公務員與國家對被害人依民法第二十八條或第一八八條規定對被害人負連帶損害賠償責任。

2.公務員故意違背公法上之職務行為，致第三人受損害者，公務員應依民法第一八六條第一項前段規定負賠償責任；國家則應依國家賠償法第二條第二項規定負賠償責任，換言之，即兩者對被害人負不真正連帶債務，惟國家對被害人為賠償後，對公務員有全部求償權。

3.公務員因過失違背公法上之職務行為，致第三人受損害者，公務員依民法第一八六條第一項後段規定免責時，則應由國家單獨對被害人負損害賠償責任，惟於公務員有重大過失時，國家為損害賠償後，對之有全部求償權。

4.依民法第一八六條第二項規定，公務員違背對於第三人應執行之職務，致第三人受損害者，無論出於「故意」或「過失」，如被害人得依法律

上之救濟方法，除去其損害，而因故意或過失不為之者，公務員固不負責任，惟國家不得因而亦當然免責，換言之，即除適用過失相抵（民法第二一七條）而免責外，國家仍應負損害賠償責任。

　　5.被害人對於國家之損害賠償請求權因時效完成而消滅時，如該損害賠償事件係因公務員之故意行為所致者，被害人固仍得向公務員請求損害賠償；惟如該損害賠償事件係因公務員之過失行為所致者，則縱令公務員侵權責任消滅時效（民法第一九七條）尚未完成，被害人仍不得向公務員請求損害賠償。

第八章
國家賠償法實施後行政與司法上的新課題

第一節　前　言

　　現代民主法治國家，由於「主權免責」(Sovereign Immunity) 思想沒落，因此對於人民之自由或權利，除設有詳盡之事前保障規定外，對於為國家服公務之公務員執行職務時，如有違法侵害人民之自由或權利之情事，更設有國家損害賠償之強而有力的事後保障規定，承認國家損害賠償制度。我國於民國三十五年制定憲法時，亦順應世界潮流，於憲法第二十四條規定：「凡公務員違法侵害人民之自由或權利者，除依法律受懲戒外，應負刑事及民事責任，被害人民就其所受損害，並得依法律向國家請求損害賠償。」明文揭櫫國家損害賠償責任。為實施此一憲法條文之統一的一般的「國家賠償法」，亦已完成立法程序，於民國六十九年七月二日公布，並定於七十年七月一日施行 (參閱國家賠償法第十七條)，使憲法第二十四條保障民權之精神得以貫澈，是我們實施民主法治又向前邁進一大步的里程碑。

　　依我國國家賠償法之規定，國家賠償責任可大別為兩類，即㈠基於公務員執行職務行使公權力致生損害之賠償責任 (國家賠償法第二條、第十

三條）；㈡基於公有公共設施欠缺致生損害之賠償責任（國家賠償法第三條）。本章擬就國家賠償法施行後，在行政及司法上可能發生之重大困難及扞格衝突問題，予以檢討分析，用供參考。

第二節　健全法制及法務工作

現代國家的任務，不僅以保障國家安全及維護國內治安為限，並須廣及教育、文化、經濟、社會安全等各方面，以增進人民之福祉，故現代的政府被稱為服務的政府，蔣總統經國先生亦明白指出：「行政之本在於為民服務。」惟現在的民主國家均須實施法治，民主與法治兩者密切不可分。所謂法治，即是依法而治，換言之，即政府公務員須依法律來執行各種政務，不得踰越；人民亦必須遵守法律規定，不得違反。就國家行政言之，在法治政治下，有所謂「依法行政」(Administration According to Law) 原則，即政府的任何行政措施均須依據法規，從而政府之為民服務，自亦須依法為之。

由於政府的行政均係由公務員為之，故公務員服務法第一條規定：「公務員應遵守誓言，忠心努力，依法律命令所定執行其職務。」公務員執行職務，即須以「法律」及「命令」為準據，則健全法制及法務工作，乃國家行政之基本要務，蓋法制及法務工作不健全，則在「依法行政」之要求下，國家勢必無法順利適當合法的推動各種政務為民服務。為健全法制，首先必須由各級機關的行政人員，忠心努力，憑其豐富的經驗、知識，就現行的法令加以全盤檢討，重新評估，該補充的予以補充，當修改的予以修改，應刪除的予以刪除。其次，各機關應集中管理各種有關法令規章，予以整理分類，俾便參考。

其次，國家損害賠償所涉及者，不外法令規章是否完備及執行是否合法允當之問題。此固有待培養公務員之法治觀念及增進其法律學識，惟法制及法務工作之處理與執行，具有專門性及技術性，非受相當之教育及專業訓練，難以勝任。我國各級行政機關對於法制或法務人才之延攬配置，一向未予應有之重視，有甚多機關根本未有法制或法務單位或人員之配置；

至於配置有法制或法務單位及人員之機關，亦不免有職掌不明，工作不統一，或工作人員未具有法制或法務工作專長等名實不符現象，其所處理者亦不外為善後處理之消極工作，未能發揮其積極的事前諮詢之功能。

在此種現狀下，於國家賠償法施行後，隨著人民提高服務品質之要求及逐漸增強之權利意識，各種爭訟勢必增加。因此，加強培育並延攬優秀法制或法務人才參加政府機關工作，乃政府刻不容緩的一項工作。至於各級政府機關單位首長，在觀念上及作法上，尤應以國家賠償法之公布施行為起點，使機關之法制或法務工作制度化，於各機關訂定或執行各項法令，或採取其他措施時，在事前經由法制或法務單位就法的觀點加以檢查，以協助各單位正確執行國家各項法令，預防各種違法或不當措施之發生，使國家損害賠償問題因而消弭於無形，此乃國家賠償法公布施行之最高理想境界。

第三節　損害賠償訴訟與行政救濟之調和

在民主法治國家，政府機關一切行政處分必須依法為之；倘有執行偏失不當或違法致損害人民之權益者，依訴願法及行政訴訟法規定，人民自得對之循訴願及行政訴訟途徑，以求救濟（學者稱之為行政救濟制度）。惟行政救濟程序之主要作用乃在對於違法或不當的行政行為，以撤銷、變更或確認無效等方法，除去其法律效果，對於人民實際上所發生之損害，有時尚無法予以回復或填補，為確保人民之權益，自有另行承認國家損害賠償制度之必要。職是之故，我國憲法除於第十六條規定人民有訴願、訴訟之權利外，另於憲法第二十四條明文規定國家損害賠償責任。

人民之權益因國家公權力之行使而致損害者，依國家賠償法第十條第一項規定，被害人固應先以書面向賠償義務機關請求損害賠償。惟賠償義務機關拒絕賠償，或就有關損害賠償事宜無法達成協議時，自不能不無救濟方法，故國家賠償法第十一條第一項本文規定：「賠償義務機關拒絕賠償，或自提出請求之日起逾三十日不開始協議，或自開始協議之日起逾六十日協議不成立時，請求權人得提起損害賠償之訴。」此之所謂「損害賠償之訴」，

當係指民事訴訟而言。蓋國家賠償法第十二條規定：「損害賠償之訴，除依本法規定外，適用民事訴訟法之規定。」按被害人民對國家或公共團體之損害賠償請求訴訟，究應由行政法院管轄，抑或由普通法院管轄？在外國立法例互有不同。我國因行政訴訟程序不甚周密，且人民因國家公權力或公共設施之侵害，致其權利受損，其情形與民事上損害賠償相若，就其請求之標的言，以適用民事訴訟法之規定，由普通法院審判為宜，故採行民事訴訟程序，旨在使人民權益之保障更為周妥，兼以訴訟費用之徵收，防止濫訴（參閱行政院研究發展考核委員會編印，國家賠償法之研究，第四一頁）。被害人民依國家賠償法規定所提起之損害賠償訴訟，既應適用民事訴訟法之規定，則諸如管轄法院、各審程序、上訴、抗告、再審程序，及訴訟費用等，自均應依民事訴訟法有關規定，與一般民事訴訟案件之處理及進行完全相同。

　　至於被害人以行政處分係違法為由，請求國家賠償時，是否應以該行政處分經撤銷或得到無效之確認判決，或該加害公務員受刑事制裁或行政處罰為先決要件，則有不同見解，日本判例係採否定說，即不以之為前提要件（參閱日本最高裁判所昭和三十六年四月二十一日民集第十五卷第四號第八五〇頁；昭和四十二年九月十四日民集第七號第一八〇七頁）；奧國法制上則採肯定之見解（參閱該國國家賠償法第十一條、第十二條規定）。為避免對行政處分是否違法，有不同之認定起見，似以奧國法制較為可採。惟為使被害人民得以迅速得到賠償，自以日本判例所採之見解較妥。由於國家賠償法第十一條第一項但書規定，僅限於被害人已依行政訴訟法規定，附帶請求損害賠償者，就同一原因事實，始不得更行起訴，故被害人就其因公務員違法行政處分致受損害者，自得選擇的或同時分別向有關機關提起損害賠償訴訟或行政爭訟（訴願及行政訴訟），換言之，即被害人以行政處分係違法為由，請求國家損害賠償時，不以該行政處分經撤銷或得到無效之確認判決為先決要件。

　　其次，被害人所受損害，如係行政機關之違法處分所致者，則既可經訴願之程序，依行政訴訟法第七條之規定合併請求損害賠償；亦可依國家

賠償法規定，先以書面向賠償義務機關請求賠償（國家賠償法第十條第一項），如賠償義務機關拒絕賠償，或自提出請求之日起逾三十日不開始協議，或自開始協議之日起逾六十日協議不成立時，可依民事訴訟法規定向有管轄權之普通法院提起損害賠償訴訟（國家賠償法第十一條第一項本文）。依行政爭訟程序請求賠償，優點是程序簡易，不必繳納訴訟費用，不必對簿公堂，過去不能上訴，「附帶」請求賠償，不易獲得理想結果的缺點，已因行政訴訟法的修正，而改善❶。反之，向普通法院訴請賠償，優點是程序審慎，能作充分言詞辯論，較能獲得公平之結果；缺點是較為勞費，不合經濟原則。二者各有短長，悉憑被害人自由抉擇（參閱行政院研究發展考核委員會編印，國家賠償法之研究，第十八頁）。惟為避免一事再理，虛耗勞費及裁判之互相抵觸，並減少爭訟審理之重複，故國家賠償法第十一條但書規定：「但已依行政訴訟法規定，附帶請求損害賠償者，就同一原因事實，不得更行起訴。」學者稱之為「一事不再理原則」。

　　如前所述，被害人以行政處分係違法為由，請求國家損害賠償時，不以該行政處分經撤銷或得到無效之確認判決為先決要件，被害人就其所受損害，得選擇的或同時提起損害賠償訴訟或行政爭訟，以求救濟。惟我國因採行政訴訟與民刑訴訟分別進行之雙軌爭訟制度，前者由行政法院審理；後者由普通法院（最高法院、高等法院及地方法院）審理。行政法院之判決無拘束普通法院之效力；普通法院之判決亦無拘束行政法院之效力，人民因公務員之不法行為受有損害，依國家賠償法規定提起損害賠償之訴者，係適用民事訴訟法向普通法院提起（參閱國家賠償法第十二條），因而關於某一行政處分是否違法，可能因行政法院與普通法院見解不一而發生歧異，即可能發生行政法院認為該行政處分不違法，而普通法院認為係違法，國家或公共團體應負損害賠償責任者，此一分歧，從某一行為經行政法院認為係漏稅行為，而為應予補繳之判決後，普通法院常為非逃漏稅行為而不予裁罰，即可知之。國家賠償法施行後，亦將面臨此項問題，應如何解決，屬於司法及立法政策問題。惟如何在現行制度下，盡量小心避免行政法院

❶　參閱第六章❶（本書第一〇九頁）。

與普通法院對同一行政處分是否違法之認定，產生互相矛盾之不同見解，以致人民所受損害無法得到救濟，同時影響及政府之威信，乃國家賠償法施行後所面臨的最重大司法問題。

第四節　各級法院應儲訓專才成立專庭

由於國家賠償法第五條規定：「國家損害賠償，除依本法規定外，適用民法規定。」第十二條規定：「損害賠償之訴，除依本法規定外，適用民事訴訟法之規定。」故國家損害賠償請求權具有私法上權利性質，不容否認。惟國家損害賠償責任所涉及者不外法令規章是否完備及執行是否合法允當之問題，尤其是基於公務員執行職務行使公權力致生損害時，更是如此，故國家損害賠償案件之審理，與單純民事損害賠償案件之審理尚有所不同，審理推事除民、刑法學識外，尚應具備憲法、行政法之學識，始足以勝任。

由於過去司法官考試向來不考行政法，而法律學系課程亦向來偏重於民、刑法，故嫻熟憲法、行政法的司法人才亦甚缺少。為期有關國家損害賠償案件之裁判允當，各級法院除應加緊儲訓此項人才外，自當成立專庭或指定專人負責審理。據七十年六月十二日各報所載，臺北地方法院已成立專庭指定專人，負責審理國家損害賠償案件，值得稱許。

第五節　回復原狀請求之限制

損害賠償之方法，不外回復原狀及金錢賠償兩種。我國民法係以回復原狀為原則，金錢賠償為例外（參閱民法第二一三條第一項）。國家賠償法則為取其便捷易行，且對於任何損害均可適用起見，乃規定以金錢賠償為原則，即國家賠償法第七條第一項規定：「國家負損害賠償責任者，應以金錢為之，但以回復原狀為適當者，得依請求，回復損害發生前原狀。」

國家賠償法第七條第一項所定之損害賠償方法，雖以金錢賠償為主，惟於以回復原狀為適當者，亦得因被害人之請求，而負回復損害發生前原狀之義務，如車船碰撞之修復，名譽毀損之恢復等是。此項立法固甚周密，在理論上尚無不妥。然就實際言之，使國家負回復原狀之責，不僅浪費人

力、物力，不合經濟之道，且將使公務員分心旁鶩，困擾賠償義務機關，影響其正常業務之進行及效率。為求便捷易行，並鑑於國家損害賠償責任之特殊性，以及普通法院之權限，對於回復原狀之請求，似宜加以限制。

此外，被害人依國家賠償法第七條第一項規定，固得請求回復原狀，惟得否依國家賠償法提起損害賠償訴訟請求法院撤銷原行政處分以回復原狀，不無問題。關於此雖有採肯定見解者，惟因關於違法或不當行政處分之補正或糾正，我國除於某些法規內設有特別之救濟程序外（如稅捐稽徵法第三十五條以下），訴願法及行政訴訟法對之設有統一規定，人民對於中央或地方機關之行政處分，認為違法或不當，致損害其權利或利益者，自應依此等規定請求救濟，不得逕依國家賠償法提起訴訟，請求撤銷原行政處分，對於已依上述行政救濟程序規定而確定之行政處分，更不得依國家賠償法提起訴訟，請求撤銷該已確定之行政處分，自不待言。蓋國家賠償法係以填補事實上已發生之損害為目的，並非在補正或糾正行政處分之瑕疵，否則不僅將使以補正或糾正具有瑕疵之行政處分為目的之訴願法、行政訴訟法及其他有關行政救濟之規定，形同具文，且將影響及行政處分之確定力及執行力，有害國家行政之安定。

第六節　公共設施設置管理之欠缺

國家為增進人民福祉，公共設施與日俱增，但危險相隨而來。人民因公共設施之瑕疵而受損害者，國家允宜就此侵害負責，亦所以促使國家對公共設施之設置或保管盡其注意，故國家賠償法第三條第一項規定：「公有公共設施因設置或管理有欠缺，致人民生命、身體或財產受損害者，國家應負損害賠償責任。」其立法意旨與民法第一九一條規定之工作物所有人責任同，惟國家賠償法所稱公共設施，其概念較民法第一九一條所稱土地上工作物為廣，且未設有免責規定，其責任較重。國家賠償法有關公有公共設施損害賠償責任之規定，雖與憲法第二十四條「國家賠償責任」之規定無直接關係，但此項規定卻實現了憲法第二十四條保障及救濟被害人之精神，值得稱許。

　　依我國國家賠償法第三條第一項規定，則公有公共設施之設置或管理有一欠缺而致人民受損害，國家即應負賠償責任，不問國家對之是否有過失，亦不得證明其對於防止損害之發生，已善盡注意而免責，屬於無過失責任之一種。至於欠缺之有無，則應綜合考慮公共設施之構造、用法、場所的環境及利用狀況等各種情事，客觀的具體的決定之。凡公共設施不具備通常應有之性狀或設備者，即應認為有欠缺。由於公共設施之安全性與預算具有密切關係，從而國家得否以預算不足以致無法使公共設施具備通常應有之安全性為理由，而主張免責，不無問題。日本學者通說認為國家就因公共設施有欠缺致生之損害應否負賠償責任，應專以公共設施是否具有「通常之安全性」，以為決定標準，不許以預算不足為藉口，即為公共設施無欠缺之認定，以致被害人所受損害無法得到救濟（另請參閱日本最判昭和四十年四月十六日判例時報第四○五號第九頁；最判昭和四十五年八月二十日民集第二十四卷第九號第一二六頁判決）。我國家賠償法有關公共設施設置或管理欠缺致生損害之國家賠償責任規定，係採無過失責任主義，使政府機關對於各類公共設施之設置及管理負絕對之安全維護責任，充分實現了「有權利，必有救濟；有損害，即應賠償」之國家損害賠償制度精神，貫徹憲法第二十四條保障人權之基本意旨，實為最進步之立法。故關於本問題，我國自亦應為相同解釋，即不得僅以預算不足作為免責事由。

　　其次，公共設施依其本來之用途予以利用時，雖已具備通常所應有之安全性，然於以不合其本來之用途予以利用（如以隔路用之欄杆作為體操用單槓是）時，即不具有符合該利用之安全性者，如該利用行為業已一般化且為管理人所能預見者，則仍應對之採取必要之安全措施，如未為此項措施，當亦屬設置或管理有欠缺，對於因而所肇致之損害事故，國家仍應負損害賠償責任。

　　以上兩點係國家賠償法施行後，所應特別注意者。就目前我國公有公共設施設置或管理現況言之，其不符合安全要求而受社會大眾詬病批評者，在所多有；人民因公共設施設置或管理欠缺致生損害之情事，亦時有所聞，而各級政府對於事故之發生，則似有諉之於預算不足或被害人民違規使用

之傾向。此與國家賠償法就公有公共設施設置或管理有欠缺致發生損害採無過失責任之立法精神，顯然有違，此一傾向實亟待及時糾正。由於國家負有維護公共設施安全之責任，故公務員自當審慎從事，自動自發，隨時盡心，隨時盡力，務使公共設施設置或管理不生疏失，俾防損害之發生，避免國家之賠償。

第七節　結　語

　　國家賠償法之制定及施行，使我國之民主法治又向前邁進一大步，展開我國法制史上輝煌燦爛之新頁。惟「徒法不能以自行」，有良好的法律，尚須有健全的制度與之配合，更須有優秀的人才予以執行，始能實現立法意旨並發揮其應有的功能。故如何建立健全之制度及儲訓優秀之人才，乃國家賠償法施行後，行政及司法機關所面臨之共同問題，而此也正是全面政治革新之起點及基礎，政府對之當慎重其事。

附錄一：國家賠償法

民國六十九年七月二日總統令制定公布全文十七條

第一條　本法依中華民國憲法第二十四條制定之。

第二條　本法所稱公務員者，謂依法令從事於公務之人員。

公務員於執行職務行使公權力時，因故意或過失不法侵害人民自由或權利者，國家應負損害賠償責任。公務員怠於執行職務，致人民自由或權利遭受損害者亦同。

前項情形，公務員有故意或重大過失時，賠償義務機關對之有求償權。

第三條　公有公共設施因設置或管理有欠缺，致人民生命、身體或財產受損害者，國家應負損害賠償責任。

前項情形，就損害原因有應負責任之人時，賠償義務機關對之有求償權。

第四條　受委託行使公權力之團體，其執行職務之人於行使公權力時，視同委託機關之公務員。受委託行使公權力之個人，於執行職務行使公權力時亦同。

前項執行職務之人有故意或重大過失時，賠償義務機關對受委託之團體或個人有求償權。

第五條　國家損害賠償，除依本法規定外，適用民法規定。

第六條　國家損害賠償，本法及民法以外其他法律有特別規定者，適用其他法律。

第七條　國家負損害賠償責任者，應以金錢為之。但以回復原狀為適當者，得依請求，回復損害發生前原狀。

前項賠償所需經費，應由各級政府編列預算支應之。

第八條　賠償請求權，自請求權人知有損害時起，因二年間不行使而消滅；自損害發生時起，逾五年者亦同。

第二條第三項、第三條第二項及第四條第二項之求償權，自支付賠償金或回復原狀之日起，因二年間不行使而消滅。

第九條　依第二條第二項請求損害賠償者，以該公務員所屬機關為賠償義務機關。

依第三條第一項請求損害賠償者，以該公共設施之設置或管理機關為賠償義務機關。

前二項賠償義務機關經裁撤或改組者，以承受其業務之機關為賠償義務機關。無承受其業務之機關者，以其上級機關為賠償義務機關。

不能依前三項確定賠償義務機關，或於賠償義務機關有爭議時，得請求其上級機關確定之。其上級機關自被請求之日起逾二十日不為確定者，得逕以該上級機關為賠償義務機關。

第十條　依本法請求損害賠償時，應先以書面向賠償義務機關請求之。
　　　　賠償義務機關對於前項請求，應即與請求權人協議。協議成立時，應作成協議書，該項協議書得為執行名義。

第十一條　賠償義務機關拒絕賠償，或自提出請求之日起逾三十日不開始協議，或自開始協議之日起逾六十日協議不成立時，請求權人得提起損害賠償之訴。但已依行政訴訟法規定，附帶請求損害賠償者，就同一原事實，不得更行起訴。
　　　　　依本法請求損害賠償時，法院得依聲請為假處分，命賠償義務機關暫先支付醫療費或喪葬費。

第十二條　損害賠償之訴，除依本法規定外，適用民事訴訟法之規定。

第十三條　有審判或追訴職務之公務員，因執行職務侵害人民自由或權利，就其參與審判或追訴案件犯職務上之罪，經判決有罪確定者，適用本法規定。

第十四條　本法於其他公法人準用之。

第十五條　本法於外國人為被害人時，以依條約或其本國法令或慣例，中華民國人得在該國與該國人享受同等權利者為限，適用之。

第十六條　本法施行細則，由行政院定之。

第十七條　本法自中華民國七十年七月一日施行。

附錄二： 國家賠償法施行細則

民國七十年六月十日行政院令訂定發布全文四十五條

民國八十五年十二月十一日行政院令修正發布三之一、十二、十七、十九、二十二至二十四、二十七、三十五、三十六、四十一、四十一之一、四十一之二、四十五條

民國八十八年九月二十九日行政院令修正發布第二十四條

第一章　總　則

第一條　本細則依國家賠償法（以下簡稱本法）第十六條之規定訂定之。

第二條　依本法第二條第二項、第三條第一項之規定，請求國家賠償者，以公務員之不法行為、公有公共設施設置或管理之欠缺及其所生損害均在本法施行後者為限。

第三條　依本法第九條第四項請求確定賠償義務機關時，如其上級機關不能確定，應由其再上級機關確定之。

第三條之一　本法第八條第一項所稱知有損害，須知有損害事實及國家賠償責任之原因事實。

第二章　預算之編列與支付

第四條　本法第七條第二項之經費預算，由各級政府依預算法令之規定編列之。

第五條　請求權人於收到協議書、訴訟上和解筆錄或確定判決後，得即向賠償義務機關請求賠償。

賠償義務機關收到前項請求後，應於三十日內支付賠償金或開始回復原狀。

前項賠償金之支付或為回復原狀所必需之費用，由編列預算之各級政府撥付者，應即撥付。

第六條　請求權人領取賠償金或受領原狀之回復時，應填具收據或證明原狀已回復之文件。

第三章　協　議
第一節　代理人

第七條　請求權人得委任他人為代理人，與賠償義務機關進行協議。

同一損害賠償事件有多數請求權人者，得委任其中一人或數人為代理人，與賠償義務機關進行協議。

前二項代理人應於最初為協議行為時，提出委任書。

第八條　委任代理人就其受委任之事件，有為一切協議行為之權，但拋棄損害賠償請求權、撤回損害賠償之請求、領取損害賠償金、受領原狀之回復或選任代理

　　人，非受特別委任，不得為之。

　　對於前項之代理權加以限制者，應於前條之委任書內記明。

第九條　委任代理人有二人以上者，均得單獨代理請求權人。

　　違反前項之規定而為委任者，對於賠償義務機關不生效力。

第十條　委任代理人事實上之陳述，經到場之請求權人即時撤銷或更正者，失其效力。

第十一條　委任代理權不因請求權人死亡、破產、喪失行為能力、或法定代理權變更而消滅。

第十二條　委任代理之解除，非由委任人到場陳述或以書面通知賠償義務機關不生效力。

第十三條　協議由法定代理人進行時，該法定代理人應於最初為協議行為時，提出法定代理權之證明。

　　前項法定代理，依民法及其他法令之規定。

第十四條　賠償義務機關如認為代理權有欠缺而可以補正者，應定七日以上之期間，通知其補正，但得許其暫為協議行為，逾期不補正者，其協議不生效力。

第二節　協議之進行

第十五條　同一賠償事件，數機關均應負損害賠償責任時，被請求之賠償義務機關，應以書面通知未被請求之賠償義務機關參加協議。

　　未被請求之賠償義務機關未參加協議者，被請求之賠償義務機關，應將協議結果通知之，以為處理之依據。

第十六條　賠償義務機關應以書面通知為侵害行為之所屬公務員或受委託行使公權力之團體、個人，或公有公共設施因設置管理有欠缺，致人民生命、身體或財產受損害，而就損害原因有應負責之人，於協議期日到場陳述意見。

第十七條　損害賠償之請求，應以書面載明左列各款事項，由請求權人或代理人簽名或蓋章，提出於賠償義務機關。

　　一　請求權人之姓名、性別、出生年月日、出生地、身分證統一編號、職業、住所或居所。請求權人為法人或其他團體者，其名稱、主事務所或主營業所及代表人之姓名、性別、住所或居所。

　　二　有代理人者，其姓名、性別、出生年月日、出生地、身分證統一編號、職業、住所或居所。

　　三　請求賠償之事實、理由及證據。

　　四　請求損害賠償之金額或回復原狀之內容。

　　五　賠償義務機關。

　　六　年、月、日。

損害賠償之請求，不合前項所定程式者，賠償義務機關應即通知請求權人或其代理人於相當期間內補正。

第十八條　數機關均應負損害賠償責任時，請求權人得對賠償義務機關中之一機關，或數機關，或其全體同時或先後，請求全部或一部之損害賠償。

前項情形，請求權人如同時或先後向賠償義務機關請求全部或一部之賠償時，應載明其已向其他賠償義務機關請求賠償之金額或申請回復原狀之內容。

第十九條　被請求賠償損害之機關，認非賠償義務機關或無賠償義務者，得不經協議，於收到請求權人之請求起三十日內，以書面敘明理由拒絕之，並通知有關機關。

第二十條　賠償義務機關於協議前，應就與協議有關之事項，蒐集證據。

第二十一條　賠償義務機關為第一次協議之通知，至遲應於協議期日五日前，送達於請求權人。

前項通知所載第一次之協議期日為開始協議之日。

第二十二條　賠償義務機關於協議時，得按事件之性質，洽請具有專門知識經驗之人陳述意見，並支給旅費及出席費。

請求賠償之金額或回復原狀之費用，在同一事件達一定之金額時，該管地方法院檢察署應賠償義務機關之請，得指派檢察官提供法律上之意見。

前項一定之金額由法務部擬定，報請行政院核定之。

第二十三條　賠償義務機關應指派所屬職員，記載協議紀錄。協議紀錄應記載左列各款事項：

一　協議之處所及年、月、日。

二　到場之請求權人或代理人。賠償義務機關之代表人或其指定代理人、第十五條、第十六條及第二十二條所定之人員。

三　協議事件之案號、案由。

四　請求權人請求損害賠償之金額或回復原狀之內容及請求之事實理由。

五　賠償義務機關之意見。

六　第十五條、第十六條及第二十二條所定人員之意見。

七　其他重要事項。

八　協議結果。

前項第二款人員應緊接協議紀錄之末行簽名或蓋章。

第二十四條　賠償義務機關得在一定金額限度內，逕行決定賠償金額。

前項金額限度，中央政府各機關及省政府，由行政院依機關等級定之；縣（市）、鄉（鎮、市），由縣（市）定之；直轄市，由其自行定之。

第二十五條　賠償義務機關認應賠償之金額，超過前條所定之限度時，應報請其直接上級機關核定後，始得為賠償之決定。

前項金額如超過其直接上級機關，依前條規定所得決定之金額限度時，該直接上級機關應報請再上級機關核定。

有核定權限之上級機關，於接到前二項請求時，應於十五日內為核定。

第二十六條　自開始協議之日起逾六十日協議不成立者，賠償義務機關應依請求權人之申請，發給協議不成立證明書。

請求權人未依前項規定申請發給協議不成立證明書者，得請求賠償義務機關繼續協議，但以一次為限。

第二十七條　協議成立時，應作成協議書，記載左列各款事項，由到場之請求權人或代理人及賠償義務機關之代表人或其指定代理人簽名蓋章，並蓋機關之印信：

一　請求權人之姓名、性別、出生年月日、出生地、身分證統一編號、職業、住所或居所。請求權人為法人或其他團體者，其名稱、主事務所或主營業所及代表人之姓名、性別、住所或居所。

二　有代理人者，其姓名、性別、出生年月日、出生地、身分證統一編號、職業、住所或居所。

三　賠償義務機關之名稱及所在地。

四　協議事件之案由及案號。

五　損害賠償之金額或回復原狀之內容。

六　請求權人對於同一原因事實所發生之其他損害，願拋棄其損害賠償請求權者，其拋棄之意旨。

七　年、月、日。

前項協議書，應由賠償義務機關於協議成立後十日內送達於請求權人。

第二十八條　協議文書得由賠償義務機關派員或由郵政機關送達，並應由送達人作成送達證書。

協議文書之送達，除前項規定外，準用民事訴訟法關於送達之規定。

第三節　協議之期日及期間

第二十九條　議期日，由賠償義務機關指定之。

第三十條　期日，除經請求權人之同意或有不得已之情形外，不得於星期日、國定紀

念日或其他休息日定之。

第三十一條　賠償義務機關指定期日後，應即製作通知書，送達於協議關係人。但經面告以所定期日並記明協議紀錄，或經協議關係人以書面陳明屆期到場者，與送達有同一之效力。

第三十二條　期日應為之行為，於賠償義務機關為之。但賠償義務機關認為在其他處所進行協議為適當者，得在其他處所行之。

第三十三條　期日如有正當事由，賠償義務機關得依申請或依職權變更之。

第三十四條　期日及期間之計算，依民法之規定。

第四章　訴訟及強制執行

第三十五條　法院依本法第十一條第二項規定為假處分，命賠償義務機關暫先支付醫療費或喪葬費者，賠償義務機關於收受假處分裁定時，應立即墊付。

第三十六條　前條暫先支付之醫療費或喪葬費，應於給付賠償金額時扣除之。

請求權人受領前條暫先支付之醫療費或喪葬費後，有左列情形之一者，應予返還：

一　協議不成立，又不請求繼續協議。

二　協議不成立，又不提起損害賠償之訴。

三　請求權人受敗訴判決確定。

四　暫先支付之醫療費或喪葬費，超過協議、訴訟上和解或確定判決所定之賠償總金額者，其超過部分。

第三十七條　請求權人因賠償義務機關拒絕賠償，或協議不成立而起訴者，應於起訴時提出拒絕賠償或協議不成立之證明書。

請求權人因賠償義務機關逾期不開始協議或拒不發給前項證明書而起訴者，應於起訴時提出已申請協議或已請求發給證明書之證明文件。

第三十八條　請求權人就同一原因事實所受之損害，同時或先後向賠償義務機關請求協議及向公務員提起損害賠償之訴，或同時或先後向賠償義務機關及公務員提起損害賠償之訴者，在賠償義務機關協議程序終結或損害賠償訴訟裁判確定前，法院應以裁定停止對公務員損害賠償訴訟程序之進行。

第三十九條　該管法院檢察機關應賠償義務機關之請，得指派檢察官為訴訟上必要之協助。

第四十條　請求權人於取得執行名義向賠償義務機關請求賠償或墊付醫療費或喪葬費時，該賠償義務機關不得拒絕或遲延履行。

前項情形，賠償義務機關拒絕或遲延履行者，請求權人得聲請法院強制執行。

第四十一條　本法第二條第三項，第四條第二項所定之故意或重大過失，賠償義務機關應審慎認定之。

賠償義務機關依本法第二條第三項、第三條第二項或第四條第二項規定行使求償權前，得清查被求償之個人或團體可供執行之財產，並於必要時依法聲請保全措施。

賠償義務機關依本法第二條第三項，第三條第二項或第四條第二項規定行使求償權時，應先與被求償之個人或團體進行協商，並得酌情許其提供擔保分期給付。

前項協商如不成立，賠償義務機關應依訴訟程序行使求償權。

第四十一條之一　賠償義務機關於請求權人起訴後，應依民事訴訟法規定，將訴訟告知第十六條所定之個人或團體，得於該訴訟繫屬中參加訴訟。

第四十一條之二　賠償義務機關得在第二十四條第二項所定之金額限度內逕為訴訟上之和解。

賠償義務機關認應賠償之金額，超過前項所定之限度時，應逐級報請該管上級權責機關核定後，始得為訴訟上之和解。

第五章　附　則

第四十二條　各級機關應指派法制（務）或熟諳法律人員，承辦國家賠償業務。

第四十三條　各機關應於每年一月及七月底，將受理之國家賠償事件及其處理情形，列表送其上級機關及法務部，其成立協議、訴訟上和解或已判決確定者，並應檢送協議書、和解筆錄或歷審判決書影本。

第四十四條　賠償義務機關承辦國家賠償業務之人員，應就每一國家賠償事件，編訂卷宗。

法務部於必要時，得調閱賠償義務機關處理國家賠償之卷宗。

第四十五條　本細則自中華民國七十年七月一日施行。

本細則修正條文自發布日施行。

附錄三： 有關國家賠償責任之特別法

1. 土地法（第六十八條至第七十一條）

民國九十五年六月十四日總統令修正公布第六十九條

第六十八條　因登記錯誤遺漏或虛偽致受損害者，由該地政機關負損害賠償責任。但該地政機關證明其原因應歸責於受害人時，不在此限。

前項損害賠償，不得超過受損害時之價值。

第六十九條　登記人員或利害關係人，於登記完畢後，發見登記錯誤或遺漏時，非以書面聲請該管上級機關查明核准後，不得更正。但登記錯誤或遺漏，純屬登記人員記載時之疏忽，並有原始登記原因證明文件可稽者，由登記機關逕行更正之。

第七十條　地政機關所收登記費，應提存百分之十作為登記儲金，專備第六十八條所定賠償之用。

地政機關所負之損害賠償，如因登記人員之重大過失所致者，由該人員償還，撥歸登記儲金。

第七十一條　損害賠償之請求，如經該地政機關拒絕，受損害人得向司法機關起訴。

2. 警械使用條例

九十一年六月二十六日總統令修正公布全文十五條

第一條　警察人員執行職務時，所用警械為棍、刀、槍及其他經核定之器械。

警察人員依本條例使用警械時，須依規定穿著制服，或出示足資識別之警徽或身分證件。但情況急迫時，不在此限。

第一項警械之種類及規格，由行政院定之。

第二條　警察人員執行職務時，遇有下列各款情形之一者，得使用警棍指揮：

一　指揮交通。

二　疏導群眾。

三　戒備意外。

第三條　警察人員執行職務時，遇有下列各款情形之一者，得使用警棍制止：

一　協助偵查犯罪，或搜索、扣押、拘提、羈押及逮捕等須以強制力執行時。

二　依法令執行職務，遭受脅迫時。

三　發生第四條第一項各款情形之一，認為以使用警棍制止為適當時。

第四條　警察人員執行職務時，遇有下列各款情形之一者，得使用警刀或槍械：

　一　為避免非常變故，維持社會治安時。

　二　騷動行為足以擾亂社會治安時。

　三　依法應逮捕、拘禁之人拒捕、脫逃，或他人助其拒捕、脫逃時。

　四　警察人員所防衛之土地、建築物、工作物、車、船、航空器或他人之生命、身體、自由、財產遭受危害或脅迫時。

　五　警察人員之生命、身體、自由、裝備遭受強暴或脅迫，或有事實足認為有受危害之虞時。

　六　持有兇器有滋事之虞者，已受警察人員告誡拋棄，仍不聽從時。

　七　有前條第一款、第二款之情形，非使用警刀、槍械不足以制止時。

　　前項情形於必要時，得併使用其他經核定之器械。

第五條　警察人員依法令執行取締、盤查等勤務時，如有必要得命其停止舉動或高舉雙手，並檢查是否持有兇器。如遭抗拒，而有受到突擊之虞時，得依本條例規定使用警械。

第六條　警察人員應基於急迫需要，合理使用槍械，不得逾越必要程度。

第七條　警察人員使用警械之原因已消滅者，應立即停止使用。

第八條　警察人員使用警械時，應注意勿傷及其他之人。

第九條　警察人員使用警械時，如非情況急迫，應注意勿傷及其人致命之部位。

第十條　警察人員使用警械後，應將經過情形，即時報告該管長官。但使用警棍指揮者，不在此限。

第十一條　警察人員依本條例規定使用警械，因而致第三人受傷、死亡或財產損失者，應由各該級政府支付醫療費、慰撫金、補償金或喪葬費。

　　　警察人員執行職務違反本條例使用警械規定，因而致人受傷、死亡或財產損失者，由各該級政府支付醫療費、慰撫金、補償金或喪葬費；其出於故意之行為，各該級政府得向其求償。

　　　前二項醫療費、慰撫金、補償金或喪葬費之標準，由內政部定之。

第十二條　警察人員依本條例使用警械之行為，為依法令之行為。

第十三條　本條例於其他司法警察人員及憲兵執行司法警察、軍法警察職務或經內政部核准設置之駐衛警察執行職務時，準用之。

　　　駐衛警察使用警械管理辦法，由內政部定之。

第十四條　警械非經內政部或其授權之警察機關許可，不得定製、售賣或持有，違者由警察機關沒入。但法律另有規定者，從其規定。

　　　前項許可定製、售賣或持有之警械種類規格、許可條件、許可之申請、審查、註銷、撤銷或廢止及其他應遵行事項之辦法，由內政部定之。

第十五條　本條例自公布日施行。

3. 刑事補償法

民國四十八年六月十一日總統令制定公布全文二十
六條；同年九月一日施行

民國五十五年六月二日總統令修正公布第三條條文

民國五十六年八月一日總統令修正公布第二條條文

民國七十二年六月二十四日總統令修正公布第三條

民國八十年十一月二十二日總統令修正發布第三條

民國九十六年七月十一日總統令修正公布全文三十
四條；並自公布日施行

民國一百年七月六日總統令修正公布名稱及全文四
十一條；並自一百年九月一日施行（原名稱：冤獄
賠償法）

第一條　依刑事訴訟法、軍事審判法或少年事件處理法受理之案件，具有下列情形之
一者，受害人得依本法請求國家補償：

一　因行為不罰或犯罪嫌疑不足而經不起訴處分或撤回起訴、受駁回起訴裁
定或無罪之判決確定前，曾受羈押、鑑定留置或收容。

二　依再審、非常上訴或重新審理程序裁判無罪、撤銷保安處分或駁回保安
處分聲請確定前，曾受羈押、鑑定留置、收容、刑罰或拘束人身自由保
安處分之執行。

三　因無付保護處分之原因而經不付審理或不付保護處分之裁定確定前，曾
受鑑定留置或收容。

四　因無付保護處分之原因而依重新審理程序裁定不付保護處分確定前，曾
受鑑定留置、收容或感化教育之執行。

五　羈押、鑑定留置或收容期間，或刑罰之執行逾有罪確定裁判所定之刑。

六　羈押、鑑定留置或收容期間、刑罰或拘束人身自由保安處分之執行逾依
再審或非常上訴程序確定判決所定之刑罰或保安處分期間。

七　非依法律受羈押、鑑定留置、收容、刑罰或拘束人身自由保安處分之執
行。

第二條　依前條法律受理之案件，有下列情形之一者，受害人亦得依本法請求國家補
償：

一　因行為不罰或犯罪嫌疑不足以外之事由而經不起訴處分或撤回起訴前，

　　　　　曾受羈押、鑑定留置或收容，如有證據足認為無該事由即應認行為不罰或犯罪嫌疑不足。

二　免訴或不受理判決確定前曾受羈押、鑑定留置或收容，如有證據足認為如無該判決免訴或不受理之事由即應為無罪判決。

三　依再審或非常上訴程序判決免訴或不受理確定前曾受羈押、鑑定留置、收容、刑罰或拘束人身自由保安處分之執行，如有證據足認為無該判決免訴或不受理之事由即應為無罪判決。

四　因同一案件重行起訴或曾經判決確定而經不起訴處分、免訴或不受理判決確定前，曾受羈押、鑑定留置或收容，且該同一案件業經判決有罪確定。

五　因同一案件重行起訴或曾經判決確定，依再審或非常上訴程序判決免訴或不受理確定前，曾受羈押、鑑定留置、收容、刑罰或拘束人身自由保安處分之執行，且該同一案件業經判決有罪確定。

六　因死亡或刑法第十九條第一項規定之事由而經不付審理或不付保護處分之裁定確定前，曾受鑑定留置或收容，如有證據足認為無該事由即應認無付保護處分之原因。

第三條　前二條之人，有下列情形之一者，不得請求補償：

一　因刑法第十八條第一項或第十九條第一項規定之事由而受不起訴處分或無罪判決時，如有證據足認為無該事由即應起訴或為科刑、免刑判決。

二　因判決併合處罰之一部受無罪之宣告，而其他部分受有罪之宣告時，其羈押、鑑定留置或收容期間未逾有罪確定裁判所定之刑、拘束人身自由保安處分期間。

第四條　補償請求之事由係因受害人意圖招致犯罪嫌疑，而為誤導偵查或審判之行為所致者，受理補償事件之機關得不為補償。

前項受害人之行為，應經有證據能力且經合法調查之證據證明之。

第五條　少年保護事件之補償請求，係因受害人不能責付而經收容所致者，受理補償事件之機關得不為一部或全部之補償。

第六條　羈押、鑑定留置、收容及徒刑、拘役、感化教育或拘束人身自由保安處分執行之補償，依其羈押、鑑定留置、收容或執行之日數，以新臺幣三千元以上五千元以下折算一日支付之。

罰金及易科罰金執行之補償，應依已繳罰金加倍金額附加依法定利率計算之利息返還之。

易服勞役執行之補償，準用第一項規定支付之。

易服社會勞動執行之補償，依其執行折算之日數，以新臺幣七百五十元以上一千五百元以下折算一日支付之。

沒收、追徵、追繳或抵償執行之補償，除應銷燬者外，應返還之；其已拍賣者，應支付與賣得價金加倍之金額，並附加依法定利率計算之利息。

死刑執行之補償，除其羈押依第一項規定補償外，並應按受刑人執行死刑當年度國人平均餘命計算受刑人餘命，以新臺幣五千元折算一日支付撫慰金。但其總額不得低於新臺幣一千萬元。

羈押、鑑定留置或收容之日數，應自拘提、同行或逮捕時起算。

第七條　補償請求之受害人具有可歸責事由者，就其個案情節，依社會一般通念，認為依第六條之標準支付補償金顯然過高時，得依下列標準決定補償金額：

一　羈押、鑑定留置、收容、徒刑、拘役、感化教育、拘束人身自由保安處分及易服勞役執行之補償，依其執行日數，以新臺幣一千元以上三千元未滿之金額折算一日支付之。

二　罰金及易科罰金之補償，依已繳納罰金附加依法定利率計算之利息返還之。

三　易服社會勞動執行之補償，依其執行折算之日數，以新臺幣二百元以上五百元未滿之金額折算一日支付之。

四　沒收、追徵、追繳或抵償執行之補償，其已拍賣者，依賣得價金附加依法定利率計算之利息支付之。

前項受害人可歸責之事由，應經有證據能力且經合法調查之證據證明之。

第八條　受理補償事件之機關決定第六條第一項、第三項、第四項、第六項或前條第一款、第三款之補償金額時，應審酌一切情狀，尤應注意下列事項：

一　公務員行為違法或不當之情節。

二　受害人所受損失及可歸責事由之程度。

第九條　刑事補償，由原處分或撤回起訴機關，或為駁回起訴、無罪、免訴、不受理、不付審理、不付保護處分、撤銷保安處分或駁回保安處分之聲請、諭知第一條第五款、第六款裁判之機關管轄。但依第一條第七款規定請求補償者，由為羈押、鑑定留置、收容或執行之機關所在地或受害人之住所地、居所地或最後住所地之地方法院管轄；軍法案件，由地方軍事法院管轄。

前項原處分或裁判之軍事審判機關，經裁撤或改組者，由承受其業務之軍事法院或檢察署為管轄機關。

第十條　補償之請求，應以書狀記載下列事項，向管轄機關提出之：

　一　補償請求人姓名、性別、年齡、住所或居所。

　二　有代理人者，其姓名、性別、年齡、住所或居所。

　三　請求補償之標的。

　四　事實及理由，並應附具請求補償所憑之不起訴處分書、撤回起訴書，或裁判書之正本或其他相關之證明文件。

　五　管轄機關。

　六　年、月、日。

第十一條　受害人死亡者，法定繼承人得請求補償。

　　　　　前項之請求，除死亡者係受死刑之執行者外，不得違反死亡者本人或順序在前繼承人明示之意思。

第十二條　繼承人為請求時，應釋明其與死亡者之關係，及有無同一順序繼承人。

　　　　　繼承人有數人時，其中一人請求補償者，其效力及於全體。但撤回請求，應經全體同意。

第十三條　補償之請求，應於不起訴處分、撤回起訴或駁回起訴、無罪、免訴、不受理、不付審理、不付保護處分、撤銷保安處分或駁回保安處分之聲請、第一條第五款或第六款之裁判確定日起二年內，向管轄機關為之。但依第一條第七款規定請求者，自停止羈押、鑑定留置、收容或執行之日起算。

第十四條　補償之請求，得委任代理人為之。

　　　　　委任代理人應提出委任書。

　　　　　代理人撤回請求，非受特別委任不得為之。

第十五條　補償之請求，得於決定前撤回。

　　　　　請求經撤回者，不得再請求。

第十六條　補償之請求，違背法律上之程式，經定期命其補正，而逾期不補正者，應以決定駁回之。

第十七條　受理補償事件之機關認為無管轄權者，應諭知移送於管轄機關；認為已逾請求期間或請求無理由者，應以決定駁回之；認為請求有理由者，應為補償之決定。

　　　　　前項機關，應於收到補償請求後三個月內，製作決定書，送達於最高法院檢察署及補償請求人。

　　　　　前項之送達，準用刑事訴訟法之規定。

　　　　　補償之請求，經受理機關決定後，不得以同一事由，更行請求。

第十八條　補償請求人不服前條第一項機關之決定者，得聲請司法院刑事補償法庭覆審。

補償決定違反第一條至第三條規定，或有其他依法不應補償而補償之情形者，最高法院檢察署亦得聲請覆審。

第十九條　司法院刑事補償法庭法官，由司法院院長指派最高法院院長及法官若干人兼任之，並以最高法院院長為審判長。

司法院刑事補償法庭職員，由司法院調用之。

第二十條　聲請覆審，應於決定書送達後二十日內，以書狀敘述理由，經原決定機關，向司法院刑事補償法庭為之。

第二十一條　不利於補償請求人之決定確定後，有下列情形之一，足以影響原決定之結果者，原補償請求人、或其法定代理人或法定繼承人得向為原確定決定機關聲請重審：

一　適用法規顯有錯誤。

二　原決定理由與主文顯有矛盾。

三　原決定所憑之證物已證明其為偽造或變造。

四　原決定所憑之證言、鑑定或通譯已證明其為虛偽。

五　參與原決定之檢察官、軍事檢察官或法官、軍事審判官因該補償決定事件犯職務上之罪已經證明者，或因該事件違法失職已受懲戒處分。

六　發現確實之新證據。

第二十二條　聲請重審，應於決定確定之日起三十日之不變期間內為之；其聲請之事由發生或知悉在確定之後者，上開不變期間自知悉時起算。但自決定確定後已逾五年者，不得聲請。

第二十三條　聲請重審，應以書狀敘述理由，附具原確定決定之繕本及證據，向原確定決定機關為之。

第二十四條　受理重審機關認為無重審理由，或逾聲請期限，或聲請程式不合法者，應以決定駁回之；認為聲請有理由者，應撤銷原決定，並更為決定。

聲請重審，經受理機關認為無理由駁回後，不得以同一事由，更行聲請。

第二十五條　重審之聲請，得於受理機關決定前撤回之。重審之聲請經撤回者，不得更以同一事由，聲請重審。

撤回重審之聲請，應提出撤回書狀。

第二十六條　聲請人依本法聲請重審或撤回時，準用第十二條第二項及第十四條規定。

第二十七條　原決定機關應於決定確定後十日內，將主文及決定要旨公告，並登載公報及受害人所在地之報紙。

第二十八條　補償支付之請求，應於補償決定送達後五年內，以書狀並附戶籍謄本向
　　　　　　原決定機關為之，逾期不為請求者，其支付請求權消滅。

　　　　　　繼承人為前項請求時，準用第十二條之規定。

　　　　　　受害人就同一原因，已依其他法律受有賠償或補償者，應於依本法支付
　　　　　　補償額內扣除之。

第二十九條　補償請求權及補償支付請求權，均不得扣押、讓與或供擔保。

第三十條　　補償金之支付、罰金或沒收物之返還，應於收受請求支付或返還請求書狀
　　　　　　後十五日內為之。

第三十一條　補償事件繫屬中有本案再行起訴、再審或重新審理之聲請時，於其裁判
　　　　　　確定前，停止補償審理之程序。

　　　　　　前項停止之程序，於本案再行起訴、再審或重新審理之裁判確定時，續
　　　　　　行之。

第三十二條　補償決定確定後，有本案再行起訴、再審或重新審理之聲請時，於其裁
　　　　　　判確定前，停止補償之交付。

　　　　　　前項情形，本案重新審理經裁定保護處分確定時，其決定失其效力；本
　　　　　　案再行起訴或再審經判決有罪確定時，於判決諭知刑罰或保安處分期間
　　　　　　之範圍內，其決定失其效力。

第三十三條　前條第二項之情形，已為補償之支付者，原決定機關就補償決定失其效
　　　　　　力部分，應以決定命其返還。

　　　　　　前項決定，具有執行名義。

第三十四條　補償經費由國庫負擔。

　　　　　　依第一條所列法律執行職務之公務員，因故意或重大過失而違法，致生
　　　　　　補償事件者，補償機關於補償後，應依國家賠償法規定，對該公務員求
　　　　　　償。

　　　　　　前項求償權自支付補償金之日起，因二年間不行使而消滅。

　　　　　　行使求償權，應審酌公務員應負責事由輕重之一切情狀，決定一部或全
　　　　　　部求償。被求償者有數人時，應斟酌情形分別定其求償金額。

第三十五條　刑事補償審理規則，由司法院會同行政院定之。

　　　　　　刑事補償事件之初審決定機關，應傳喚補償請求人、代理人，並予陳述
　　　　　　意見之機會。但經合法傳喚無正當理由不到場者，不在此限。

　　　　　　刑事補償程序，不徵收費用。

第三十六條　本法於外國人準用之。但以依國際條約或該外國人之本國法律，中華民
　　　　　　國人民得享同一權利者為限。

第三十七條　受害人有不能依本法受補償之損害者，得依國家賠償法之規定請求賠償。

第三十八條　本法中華民國九十六年六月十四日修正之條文施行前，依軍事審判法受理之案件，亦適用之。

前項規定請求補償者，應自本法中華民國九十六年六月十四日修正之條文施行之日起二年內為之。

第三十九條　本法中華民國九十六年六月十四日修正之條文施行前，有第二十一條得聲請重審事由者，應自本法中華民國九十六年六月十四日修正之條文施行之日起二年內為之。

本法中華民國一百年九月一日修正施行前五年，依本法中華民國一百年六月十三日修正前條文第二條第三款駁回請求賠償之案件，受害人得自中華民國一百年九月一日起二年內，以原確定決定所適用之法律牴觸憲法為由，向原確定決定機關聲請重審。

第四十條　本法中華民國一百年九月一日修正施行前，補償支付請求權消滅時效業已完成，或其時效期間尚未完成者，得於本法修正施行之日起五年內行使請求權。但自其時效完成後，至本法修正施行時已逾五年者，不在此限。

第四十一條　本法自中華民國一百年九月一日施行。

4. 核子損害賠償法

民國八十六年五月十四日總統令修正公布全文三十七條

第一章　總　則

第一條　本法依原子能法第二十九條之規定制定之。

原子能和平用途所發生核子損害之賠償，依本法之規定；本法未規定者，依其他法律之規定。

第二條　本法所稱核子燃料，指能由原子核分裂之自續連鎖反應而產生能量之物料。

第三條　本法所稱放射性產物或廢料，指在生產或使用核子燃料過程中所產生之放射性物料或在是項過程中因受輻射而變成放射性之物料。但不包括最後製造過程及製造完成可用於科學、醫學、農業、商業或工業用途之放射性同位素及其所產生之廢料。

第四條　本法所稱核子反應器，指裝填有適當安排之核子燃料，而能發生可控制之原子核分裂自續連鎖反應之裝置。

第五條　本法所稱核子物料如下：

一　天然鈾及耗乏鈾以外之核子燃料，在核子反應器之外單獨或合併其他物

料，能引起原子核分裂之自續連鎖反應而產生能量者。

二 放射性產物或廢料。

第六條 本法所稱核子設施如下：

一 核子反應器。但不包括海上或空中運送工具內生產動力，以供推進或其他用途之核子反應器。

二 生產核子物料之設施，包括用過核子燃料再處理設施。

三 專營處理、貯存或處置核子物料之設施。

同一經營者在同一場地所設數核子設施，視為一核子設施。

第七條 本法所稱經營者，指經政府指定或核准經營核子設施者。

第八條 本法所稱核子損害，指由核子設施內之核子燃料、放射性產物、廢料或運入運出核子設施之核子物料所發生之放射性或放射性併合毒害性、爆炸性或其他危害性，所造成之生命喪失、人體傷害或財產損失。

第九條 本法所稱核子事故，指由同一原因造成核子損害之單一事件或數個同時或先後接續發生之事件。

第十條 核子燃料、放射性產物或廢料在一定限量內者，應依其他法律之規定；其限量由行政院原子能委員會公告之。

第二章 損害賠償責任

第十一條 核子事故發生後，其經營者對於所造成之核子損害，應負賠償責任。

第十二條 核子事故，係由核子設施之核子物料所引起，而有下列情形之一時，原經營者對於所造成之核子損害，應負賠償責任：

一 其賠償責任，尚未依書面契約由另一核子設施經營者承擔者。

二 無書面契約，其核子物料尚未由另一核子設施經營者接管或占有者。

三 預定用於運送工具內核子反應器生產動力或其他用途之核子物料，尚未經核准使用該核子反應器之人接管者。

第十三條 核子事故，係由核子物料運往國外途中所引起者，該運出之核子設施經營者就其於國境內所造成之核子損害，應負賠償責任。

核子事故，係由核子物料運至國內途中所引起者，該受領之核子設施經營者就其於國境內所造成之核子損害，應負賠償責任。

第十四條 核子物料因運送而暫行貯存於核子設施內引起核子事故而造成損害，其損害依前二條規定，應由他經營者負賠償責任者，提供暫行貯存之核子設施經營者不負賠償責任。

第十五條 核子損害，係由數經營者依本法應負賠償責任之事故所生，各該經營者應負連帶賠償責任。

第十六條　核子事故發生於核子物料之運送過程中,而核子物料係在同一運送工具內或因運送而暫行貯存於同一核子設施內,其所造成之核子損害,應由數經營者負賠償責任。

第十七條　同一經營者之數核子設施,涉及於一核子事故者,應就每一核子設施負賠償責任。

第十八條　核子設施經營者,對於核子損害之發生或擴大,不論有無故意或過失,均應依本法之規定負賠償責任。但核子事故係直接由於國際武裝衝突、敵對行為、內亂或重大天然災害所造成者,不在此限。

第十九條　核子設施經營者,證明核子損害之發生或擴大,係因被害人之故意或過失所致者,法院得減輕或免除對該被害人之賠償金額。

第二十條　核子損害及核子損害以外之損害,係由核子事故所造成或係由核子事故及其他事故所共同造成者,如核子損害以外之損害無法與核子損害完全劃分時,應視為係由該核子事故所造成之核子損害。

第二十一條　核子設施經營者,對於下列各款核子損害所應負之賠償責任,應依其他法律之規定:
　　一　核子設施或其場地上用於或備用於該核子設施之財產。
　　二　發生核子事故時,裝載引起該事故之核子物料之運送工具。

第二十二條　核子設施經營者,依本法之規定賠償時,對於核子設施經營者以外之人,僅於下列情形之一有求償權:
　　一　依書面契約有明文規定者。
　　二　核子損害係因個人故意之行為所致者,對於具有故意之該個人。

第三章　賠償責任限額及保證

第二十三條　核子設施經營者以外之人,對於核子損害,除前條之規定外,不負賠償責任。

第二十四條　核子設施經營者對於每一核子事故,依本法所負之賠償責任,其最高限額為新臺幣四十二億元。
　　前項賠償限額,不包括利息及訴訟費用在內。

第二十五條　核子設施經營者,應維持足供履行核子損害賠償責任限額之責任保險或財務保證,並經行政院原子能委員會核定,始得運轉核子設施或運送核子物料。
　　中央政府、省(市)政府及其所屬研究機構之核子設施,不適用前項之規定。
　　核子設施之運轉或核子物料之運送,在一定限度內,得申請行政院原子

能委員會酌減其責任保險或財務保證金額，其限度由行政院原子能委員會核定。

第二十六條　前條責任保險之保險人或財務保證之保證人，在保險或保證期間內，非於兩個月前以書面通知行政院原子能委員會，並經核可後，不得停止或終止其責任保險或財務保證。

關於運送核子物料之責任保險或財務保證，不得於運送期間內停止或終止。

第四章　損害賠償請求權

第二十七條　核子設施經營者因責任保險或財務保證所取得之金額，不足履行已確定之核子損害賠償責任時，國家應補足其差額。但以補足至第二十四條所定之賠償限額為限。

前項國家補足之差額，仍應由核子設施經營者負償還之責任。

第二十八條　核子損害之賠償請求權，自請求權人知有損害及負賠償義務之核子設施經營者時起，三年間不行使而消滅；自核子事故發生之時起，逾十年者亦同。

第二十九條　引起核子事故之核子物料係經竊盜、遺失、投棄或拋棄者，其損害賠償請求權消滅時效依前條之規定。但對該核子物料所屬原核子設施經營者請求賠償時，以不超過自竊盜、遺失、投棄或拋棄之時起二十年為限。

第三十條　核子損害被害人，於前二條所定期間請求賠償者，在訴訟進行中，期間雖已屆滿，仍得就其加重之損害為訴訟之追加。但以在第二審言詞辯論終結前者為限。

第五章　附　則

第三十一條　核子設施經營者不能履行賠償責任時，核子損害被害人得逕向其責任保險人或財務保證人請求賠償。

第三十二條　行政院原子能委員會於核子事故發生後，得設置核子事故調查評議委員會，其職權如下：

一　核子事故之認定及其原因之調查。

二　核子損害之調查與評估。

三　核子事故賠償、救濟及善後措施之建議。

四　核子設施安全防護改善之建議。

前項之調查、評估及建議應作成報告公告之。

核子事故調查評議委員會之設置辦法，由行政院原子能委員會定之。

第三十三條　核子損害超過核子設施經營者之賠償責任限額或有超過之虞時，應優先

　　就生命喪失及人體傷害予以賠償，並保留十分之一之金額，以備賠償嗣後發現之核子損害。

　　核子事故被害人以訴訟請求賠償時，法院得參酌核子事故調查評議委員會之調查報告及賠償建議，依損害之大小及被害人數多寡，作適當之分配。

第三十四條　國家於核子事故發生重大災害時，應採取必要之救濟及善後措施。

第三十五條　本法於外國人為被害人時，應本互惠原則適用之。

第三十六條　本法施行細則，由行政院原子能委員會定之。

第三十七條　本法自公布日施行。

附錄四：國家賠償法草案條文與其他有關法律條文暨參考資料對照表

行政院草案條文	說　明	其他有關法律條文暨參考資料
第一條　本法依中華民國憲法第二十四條制定之。	本條明定制定本法之依據。	憲法： 第二十四條　凡公務員違法侵害人民之自由或權利者，除依法律受懲戒外，應負刑事及民事責任，被害人民就其所受損害，並得依法律向國家請求賠償。 附註： ㈠公務員之懲戒責任： 　公務員懲戒法： 　第二條　公務員有左列各款情事之一者，應受懲戒： 　　一　違法。 　　二　廢弛職務或其他失職行為。 ㈡公務員之民事責任： 　民法： 　第一百八十六條　公務員因故意違背對於第三人應執行之職務，致第三人之權利受損害者，負賠償責任，其因過失者，以被害人不能依他項方法受賠償時為限，負其責任。 　　　前項情形，如被害人得依法律上之救濟方法，除去其損害，而因故意或過失不為之者，公務員不負賠償責任。 ㈢公務員之刑事責任： 　刑法： 　第一百二十二條　公務員或仲裁人對於違背職務之行為，要求、期約或收受賄賂，或其他不正利益者，處三年以上十年以下有期徒刑，得併科七千元以下罰金。

因而為違背職務之行為者，處無期徒刑或五年以上有期徒刑，得併科一萬元以下罰金。

對於公務員或仲裁人關於違背職務之行為，行求、期約或交付賄賂或其他不正利益者，處三年以下有期徒刑，得併科三千元以下罰金。但自首者，減輕或免除其刑，在偵查中或審判中自白者得減輕其刑。

犯第一項或第二項之罪者，所收受之賄賂沒收之。如全部或一部不能沒收時，追繳其價額。

第一百二十三條　於未為公務員或仲裁人時，預以職務上之行為，要求、期約或收受賄賂或其他不正利益，而於為公務員或仲裁人後履行者，以公務員或仲裁人要求、期約或收受賄賂或其他不正利益論。

第一百二十四條　有審判職務之公務員或仲裁人，為枉法之裁判或仲裁者，處一年以上七年以下有期徒刑。

第一百二十五條　有追訴或處罰犯罪職務之公務員，為左列行為之一者，處一年以上七年以下有期徒刑：

一　濫用職權為逮捕或羈押者。

二　意圖取供而施強暴脅迫者。

三　明知為無罪之人，而使其受追訴或處罰，或明知為有罪之人，而無故不使其受追訴或處罰者。

因而致人於死者，處無期徒刑或七年以上有期徒刑。致重傷者，處三年以上十年以下有期徒刑。

第一百二十六條　有管收、解送或拘禁人犯

		職務之公務員，對於人犯施以凌虐者，處一年以上七年以下有期徒刑。 因而致人於死者，處無期徒刑或七年以上有期徒刑，致重傷者，處三年以上十年以下有期徒刑。 第一百二十七條　有執行刑罰職務之公務員，違法執行或不執行刑罰者，處五年以下有期徒刑。 因過失而執行不應執行之刑罰者，處一年以下有期徒刑、拘役或三百元以下罰金。 第一百二十八條　公務員對於訴訟事件，明知不應受理而受理者，處三年以下有期徒刑。 第一百二十九條　公務員對於租稅或其他入款，明知不應徵收而徵收者，處一年以上七年以下有期徒刑，得併科七千元以下罰金。 公務員對於職務上發給之款項、物品，明知應發而抑留不發或剋扣者，亦同。 前二項之未遂犯罰之。 第一百三十條　公務員廢弛職務釀成災害者，處三年以上十年以下有期徒刑。 第一百三十三條　在郵務或電報機關執行職務之公務員，開拆或隱匿投寄之郵件或電報者，處三年以下有期徒刑、拘役或五百元以下罰金。 第一百三十四條　公務員假借職務上之權力、機會或方法，以故意犯本章以外各罪者，加重其刑至二分之一。但因公務員之身分已特別規定其刑者，不在此限。
第二條　公務員	一、本條第一項係	一、現行法律中有關國家賠償責任條文：

於執行職務行使公權力時，因故意或過失不法侵害人民之自由或權利者，國家應負損害賠償責任。

前項情形，公務員有故意或重大過失時，賠償義務機關對之有求償權。

本憲法第二十四條國家賠償之旨，規定國家對公務員之違法行為負擔損害賠償之要件。即：㈠須係公務員於執行職務行使公權力之行為；公務員於辦理不屬於行使公權力之職務行為，係屬一般私權關係事件，不在本法賠償之列。㈡須係故意或過失之行為，凡因災禍等不可抗力所致之損害，衡諸一般立法例，由於所採體制不同，或定為免責事由，或定為非屬賠償之範圍，均不在國家賠償之列，而此類事件應屬社會救助之範圍。㈢

1.憲法第二十四條見第一條。

2.行政訴訟法：

第一條第二項　逾越權限或濫用權力之行政處分，以違法論。

第二條　提起行政訴訟，在訴訟程序終結前，得附帶請求損害賠償。

前項損害賠償，除適用行政訴訟程序外，準用民法之規定。但民法第二百十六條規定之所失利益，不在此限。

附：民法第二百十六條：損害賠償，除法律另有規定或契約另有訂定外，應以填補債權人所受損害及所失利益為限。

依通常情形，或依已定之計劃、設備或其他特別情事，可得預期之利益，視為所失利益。

3.土地法：

第六十八條　因登記錯誤遺漏或虛偽致受損害者，由該地政機關負損害賠償責任。但該地政機關證明其原因應歸責於受害人時不在此限。

前項損害賠償，不得超過損害時之價值。

第七十一條　損害賠償之請求，如經該地政機關拒絕，受損害人得向司法機關起訴。

4.警械使用條例：

第十條　警察人員非遇第四條各款情形之一，而使用警刀、槍械或其他經核定之器械者，由該管長官懲戒之，其因而傷人或致死者，除加害之警察

須行為違法，至適法行為，縱有損失，亦不發生依本法請求賠償責任問題。㈣須侵害人民之自由或權利，此項自由及權利，係指法律所維護及保障之一切自由及權利而言。

二、本條第二項係本憲法第二十四條所定:「凡公務員違法侵害人民之自由或權利應負民事責任」之旨，規定賠償義務機關代表國家賠償被害人所受損害後，對有故意或重大過失之公務員具有求償權。

人員依刑法處罰外，被害人由各該級政府先給予醫藥費或撫卹費。但出於故意之行為，各級政府得向行為人求償。

警察人員依本條例使用警械，因而傷人或致死者，其醫藥費或埋葬費由各該級政府負擔。

前一項醫藥費、撫卹費或埋葬費之標準，由省（市）政府訂定後報內政部核定。

5. 冤獄賠償法:

第一條　依刑事訴訟法令受理之案件，具有左列情形之一者，受害人得依本法請求國家賠償:

一　不起訴處分或無罪之判決確定前，曾受羈押者。

二　依再審或非常上訴程序判決無罪確定前，曾受羈押或刑之執行者。

6. 核子損害賠償法:

第十一條　核子事故發生於核子設施之內者，其經營人對於所造成之核子損害，應負賠償責任。

第十七條　核子設施經營人，對於核子損害之發生，不論有無故意或過失，均應依本法之規定負賠償責任。（但書略）

7. 鐵路法:

第六十一條　鐵路不遵行第五十九條之規定或從業人員執行業務，因故意或過失致人死亡、傷害或毀損動產、不動產時，除涉及刑事部分依刑法處

| | | 斷外，應由該管鐵路機構依法負擔損害賠償責任。（第二項略）
鐵路對不可抗力之喪失毀損或傷害，非鐵路局所能防範者，不負賠償責任。
二、外國立法例：
　㈠西德國家賠償法草案：
　　第一條第一項　任何人之權利受公權力之侵害者，公權力主體依本法對受害人負賠償之責。
　㈡奧國國家賠償法：
　　第一條第一項　聯邦、各邦、縣市、鄉鎮及其他公法上團體及社會保險機構（以下簡稱官署）於該官署之機關執行法令故意或過失違法侵害他人之財產或人格權時，依民法之規定由官署負損害賠償責任，機關不負損害賠償責任。
　　第三條第一項　依本法為賠償之官署得向該故意或重大過失之行為所引起損害與賠償之機關行使償權。
　㈢日本國家賠償法：
　　第一條　行使國家或公共團體公權力之公務員，就其執行職務，因故意或過失不法加損害於他人者，國家或公共團體對此應負賠償責任。
　　　前項情形，公務員有故意或重大過失時，國家或公共團體對該公務員有求償權。
　㈣韓國國家賠償法：
　　第二條　公務員執行職務，因故意或過失違反法令加損害於他人者，國家或 |

		地方自治團體應賠償其損害。（但書略）
		前項本文之情形，公務員有故意或重大過失時，國家或地方自治團體，對該公務員有求償權。
		㈤美國聯邦侵權賠償法：
		第一三四六條(b)項　基於本篇第一七一章之規定，各地方法院、巴拿馬運河區、聯邦地方法院及維爾京群島地方法院對於以合眾國為被告主張政府受雇人於執行職務範圍內因過失或不法作為或不作為致其財產損害或人身上傷亡，基於私人立場應負賠償責任，而請求金錢賠償之民事訴訟，有專屬管轄權。
第三條　公有之公共設施因設置或管理有欠缺，致人民之生命、身體或財產受損害者，國家應負損害賠償責任。但於防止損害之發生，已善盡其注意者，不在此限。　前項情形，就損害原因有應負責任之人時，賠償義務機關對之有求	一、本條第一項係規定國家就公有之公共設施之設置或管理有欠缺，致人民之生命、身體、財產受損害者，所負賠償責任之要件。即：㈠公有之公共設施，如道路、河川之類：凡非政府所設置或管理者，不在其內。㈡須設置或管理上	一、民法：第一百九十一條　土地上之建築物或其他工作物，因設置或保管有欠缺，致損害他人之權利者，由工作物之所有人負賠償責任。但於防止損害之發生，已盡相當之注意者，不在此限。　前項損害之發生，如別有應負責任之人時，賠償損害之所有人，對於該應負責者，有求償權。附：五十年臺上字第一四六四號判例：　民法第一百九十一條第一項所謂設置有欠缺，係指土地上之建築或其他工作物，於建造之初即存有瑕疵而言，所謂保管有欠缺，係指於建造後未善為保管，致發生瑕疵而言。第一百八十八條　受僱人因執行職務，不

償權。

有欠缺，諸如設計錯誤、建築不良、怠於修護屬之。如純係因天災、地變等不可抗力之事由或第三人之行為所造成之損害，既非設置或管理上有欠缺，國家自不負賠償責任。㈢須因而致人民之生命、身體或財產受損害：即須人民之生命、身體或財產等損害之發生與公共設施之設置或管理有欠缺具有因果關係。㈣須對防止損害之發生未善盡其注意：公共設施之設置管理縱有欠缺，但能證明對防止損害之發生已善盡其注意者，則不負賠

法侵害他人之權利者，由僱用人與行為人連帶負損害賠償責任。但選任受僱人及監督其職務之執行，已盡相當之注意或縱加以相當之注意而仍不免發生損害者，僱用人不負賠償責任。

如被害人依前項但書之規定，不能受損害賠償時，法院因其聲請，得斟酌僱用人與被害人之經濟狀況，令僱用人為全部或一部之損害賠償。

僱用人賠償損害時，對於為侵權行為之受僱人，有求償權。

二、外國立法例：

㈠西德國家賠償法草案：

第一條第二項　公權力主體對於因其技術性設施之故障所生權利之侵害，亦負賠償之責。

㈡日本國家賠償法：

第二條　因道路、河川或其他公共營造物之設置或管理有瑕疵，致使他人受損害時，國家或公共團體對此應負賠償責任。

前項情形，如就損害之原因，別有應負責之人時，國家或公共團體，對之有求償權。

㈢韓國國家賠償法：

第五條　因道路、河川或其他公共營造物之設置或管理之瑕疵，致他人之財產受損害時，國家或地方自治團體應賠償其損害。此種情形，致他人生命或身體受損害時，依第三條之標準賠償之。

前項情形，就賠償之原因別有應負

	償責任。如道路橋樑之損壞雖未修復，但已予適當遮欄或示警，則對續以使用而受有損害者即不予賠償。 二、本條第二項係明定對於公共設施之設置管理欠缺有應負責任之人者，例如橋樑設計欠缺之設計人，或施工不符規定之工程承攬人等，賠償義務機關於賠償受害人之損害後，對之有求償權。	責之人時，國家或地方自治團體，對之有求償權。
第四條　受委託行使公權力之團體，其執行職務之人於行使公權力時，視為委託機關之公務員。受委託行使公權力之個人，於執行職務行使	一、本條規定受委託行使公權力之團體及個人損害賠償責任之歸屬及求償權。 二、由於國家功能之日益增進，政府機關輒有將部分公權力	一、民法： 第五百四十四條　受任人因處理委任事務有過失，或因逾越權限之行為所生之損害，對於委任人應負賠償之責。 　　委任人為無償者，受任人僅就重大過失，負過失責任。 第五百四十六條第三項　受任人處理委任事務，因非可歸責於自己之事由，致受損害者，得向委任人請求賠償。 二、工廠檢查法：

公權力時亦同。

前項執行職務之人有故意或重大過失時，賠償義務機關對受委託之團體或個人有求償權。

委託私法上之團體行使者，如糧食局委託各地農會代收田賦實物或隨賦徵購稻穀等是；有將部分公權力委託個人行使者，如中央勞工行政機關將工廠檢查事務委託工廠檢查員辦理是（參考工廠檢查法第三條）。此等受委託團體執行職務之人或受委託之個人於執行職務行使公權力時，如不法侵害人民之自由或權利者，亦應視同委託機關之公務員，俾被害人就其所受損害，得直接向委託機關請求賠償，爰於第一項予以明定。

第三條　工廠檢查事務，由中央勞工行政機關派工廠檢查員辦理之，但必要時，省市主管廳（局）亦得派員檢查。

前項省市所派工廠檢查員，並受中央勞工行政機關之指導監督。

三、勞工安全衛生法：

第六條：

第一項　略。

第二項　前項具有危險性之機械或設備之檢查，中央主管機關得指定代行檢查機構為之。

第三項　略。

四、商品檢驗法：

第二十六條　檢驗工作除由檢驗機構執行外，主管機關得將有關檢驗之技術工作，委託有關業務機關之政府機關或法人團體代為實施。

前項受託之檢驗業務，應受檢驗機關之監督考核，其從事此項受託工作之檢驗及簽發報告之人員，就其辦理受託工作事項，以執行公務論，分別負其責任。

	三、本條第二項係配合第二條第二項規定意旨，明定受委託團體執行職務之人或受委託之個人有故意或重大過失時，賠償義務機關賠償被害人所受損害後，對受委託之團體或個人有求償權。	
第五條　國家之損害賠償，除依本法規定外，適用民法之規定。	按國家賠償法所規定者，為國家就所屬公務員之違法行為及公有之公共設施因設置或管理有欠缺所致之損害，應負之損害賠償責任，與民法所規定之損害賠償，同以損害賠償責任之有無及其有關事項為主要內容，爰仿外國立法例（參考日本國家賠償法第四條，韓國國家賠償法第八條），明定以民法為本法之補充法，諸如賠償之範	本條適用之民法條文見本專輯第三六頁至第五四頁。

	圍，過失相抵之原則，以及非財產上損害之賠償等項，均可適用民法之規定，使本法在實體上得以完整無缺，並免重複。	
第六條　國家之損害賠償，本法及民法以外之其他法律有特別規定者，適用其他法律。	本條規定國家賠償法與其他特別法之關係。關於國家之損害賠償，目前已有若干法律予以特別規定，例如土地法第六十八條、第七十一條，警械使用條例第十條，冤獄賠償法及核子損害賠償法等是。此等規定，多以公務員之特定行為侵害人民之權利或特定事故所發生損害，為應負損害賠償責任之要件，且各有其特殊之立法意旨，為貫徹各該特別法之立法意旨，自應優先於本法而適用。爰明定國家之損害賠償，本法及民法以外之其他法律有特別規定	一、其他法律有特別規定者： 見本法第一條參考資料欄。 二、外國立法例： 　1.日本國家賠償法： 　　第五條（其他法律之適用） 　　　　國家或公共團體之損害賠償責任，民法以外之其他法律有特別規定時，依其規定。 　2.韓國國家賠償法： 　　第八條（與他法之關係） 　　　　就國家或地方自治團體之損害賠償責任，除依本法之規定外，依民法之規定。但民法以外之法律，別有規定者，依其規定。

	者，適用其他法律（參考日本國家賠償法第五條，韓國國家賠償法第八條）。	
第七條　國家負損害賠償責任，應以金錢為之。但以回復原狀為適當者，得依請求，回復損害發生前之原狀。 　前項賠償所需之經費，應由各級政府編列預算支應之。	一、本條第一項係就國家損害賠償方法作特別規定。按關於損害賠償之方法，在私法上之立法例有二：一為金錢賠償主義，一為回復原狀主義；前者以金錢估計損害額而賠償之，後者以回復損害發生前之原狀為目的。為求便捷易行，爰於第一項明定以金錢賠償為原則，惟於例外情形，認為以回復原狀為適當，而被害人復有此請求時，始由法院斟酌情形，予以准許，以資	一、民法： 第二百十三條　負損害賠償責任者，除法律另有規定或契約另有訂定外，應回復他方損害發生前之原狀。 　因回復原狀而應給付金錢者，自損害發生時起，加給利息。 第二百十四條　應回復原狀者，如經債權人定相當期限催告後，逾期不為回復時，債權人得請求以金錢賠償其損害。 第二百十五條　不能回復原狀或回復顯有重大困難者，應以金錢賠償其損害。 第二百十六條　損害賠償，除法律另有規定或契約另有訂定外，應以填補債權人所受損害及所失利益為限。 　依通常情形，或依已定之計劃、設備或其他特別情事，可得預期之利益，視為所失利益。 二、冤獄賠償法： 第三條第四項　沒收物執行之賠償，除應銷燬者外，應返還之；其已拍賣者，應支付與賣得價金相等之金額。 三、外國立法例： ㈠奧國國家賠償法： 第一條第一項　聯邦、各邦、縣市、鄉鎮及其他公法上團體及社會保險機構（以下簡稱官署），於該官署之機關執行法令故意或過失違法侵害他人

兼顧（參考奧國國家賠償法第一條第一項）。

二、本條第二項明定國家負損害賠償責任所需之經費，應編列各級政府預算支應之。

之財產或人格權時，依民法之規定由官署負損害賠償責任；機關不負損害賠償責任。損害之賠償僅以金錢之方法為之。

(二)西德國家賠償法草案：

第二條： 金錢賠償

1.公權力主體對於因侵害權利所生之損害，應以金錢賠償之。

2.如因權利受害之輕微，或由於損害之不可預見性，或由於其損害之過鉅或其他類似原因引起之責任，認為減輕賠償義務較適宜者，應斟酌減輕之。如損害係由於故意或重大過失所生者，不得減輕賠償義務。

3.受害人對損害之發生，亦可歸責者，賠償義務與給付賠償之範圍，視其損害主要係由於受害人抑或公權力主體所引起而定。

第三條： 回復原狀

1.公權力主體對受害人因侵權行為造成不利之狀態者，應予回復原狀。公權力所創設之狀態，其後變成違法者，準用之。

2.回復原狀事實上不可能、不合法或不可期待者，無回復之義務。

3.受害人對違法狀況之發生，亦可歸責者，於其分擔相當的回復原狀費用時，始得請求回復原狀，應由受害人負主要責任之情形，受害人無回復原狀請求權。

第四條： 回復原狀與金錢賠償之關係

1.受害人對於損害得請求以金錢賠

		償以代替回復原狀。但回復原狀應為受害人所期待者，公權力主體得選擇回復原狀，在此情形，不分擔第三條第三項之費用。
		2.如回復原狀不足以除去損害者，或依第三條第二項之規定無回復原狀之義務者，應以金錢賠償之。
第八條　賠償請求權，自請求權人知有損害時起，因二年間不行使而消滅，自損害發生時起，逾五年者亦同。 　　第二條第二項、第三條第二項及第四條第二項之求償權，自支付賠償金或回復原狀之日起，因二年間不行使而消滅。	一、本條規定損害賠償請求權及求償權之消滅時效。 二、被害人或依本法得請求損害賠償之第三人，其損害賠償請求權當有消滅時效之適用，俾法律關係可早日確定。本條第一項規定「賠償請求權，自請求權人知有損害時起，因二年間不行使而消滅」，係參考民法第一百九十七條第一項之體例。本條項後段規定「自損害發生時起，逾五年	一、民法： 　第一百九十七條　因侵權行為所生之損害賠償請求權，自請求權人知有損害及賠償義務人時起，二年間不行使而消滅，自有侵權行為時起，逾十年者亦同。 　　損害賠償之義務人，因侵權行為受利益，致被害人受損害者，於前項時效完成後，仍應依關於不當得利之規定，返還其所受之利益於被害人。 附：(1)最高法院四十六年臺上字第三四號判例： 　　　依民法第一百九十七條第一項之規定，雖因二年間不行使而消滅。但查所謂知有損害，非僅指單純知有損害而言，其因而受損害之他人行為為侵權行為，亦須一併知之，若僅知受損害及行為人，而不知其行為之為侵權行為，則無從本於侵權行為請求賠償，時效即無從進行。 　　(2)最高法院四十九年臺上字第二六五二號判例： 　　　民法第一百九十七條所謂知有損害，即知悉受有何項損害而言，至對於損害額則無認識之必

者亦同」，較民法第一百九十七條第一項後段所定之「十年」期間較短，乃以國家所負賠償責任，不宜久延不決。

三、公務員不法侵害人民之自由或權利，若出於故意或重大過失，或因公有之公共設施之設置或管理有欠缺所生損害，另有應負責任之人時，依本法第二條第二項、第三條第二項規定，賠償義務機關對之有求償權，又依第四條第二項之規定，賠償義務機關對受委託之團體或個人亦有求償權。此等求償權之行使，均宜有消滅時效

要，故以後損害額變更而於請求權消滅時效之進行並無影響。

二、決算法：

第七條　決算所列歲入應收款、歲出應付款，經政府催收或通知申請領取，於其年度終了屆滿五年，而仍未能實現者，可免予編列。但依其他法律規定必須繼續收付而實現者，應於各該實現年度內，準用適當預算科目辦理之。

三、公務人員退休法：

第九條　請求退休金之權利，自退休之次月起，經過五年不行使而消滅。但因不可抗力之事由，致不能行使者，自該請求權可行使時起算。

四、外國立法例：

(1)西德國家賠償法草案：

第十四條第一項　第二條及第三條之請求權，自被害人知悉損害或狀態之變更，與應負責之公權力主體時起五年內不行使而消滅，自有權利侵害時起逾時三十年者亦同。第三條第一項第二句之情形，其時效自知悉變成違法之狀態時起算。

(2)奧國國家賠償法：

第六條　本法第一條之請求權，自損害之情形為被害人知悉時起三年，知違法決議或處分後一年，損害情形為被害人所不知或損害之發生乃犯罪之結果者，自損害發生後十年消滅時效。根據本法第八條之規定為請求或於其期限內獲得答覆者，其時效不完成。

	之適用。故本條第二項規定該請求權自支付賠償金或回復原狀之日起，因二年間不行使而消滅，其目的在求法律關係之早日確定（參考奧國國家賠償法第六條）。	本法第三條之償還請求權自官署向被害人表示承認或自有損害賠償義務之判決確定時起六個月消滅時效。 (3)美國聯邦侵權賠償法： 　第二四〇一條(b)項　訴請合眾國賠償之請求權，於損害發生後二年內不向適當之聯邦行政機關提出書面賠償請求，或於聯邦行政機關將最後駁回賠償請求之通知以保證或掛號函件寄出後六個月內不提出訴訟者，即歸消滅。
第九條　依第二條第一項請求損害賠償者，以該公務員所屬之機關為賠償義務機關。 　依第三條第一項請求損害賠償者，以該公共設施之設置或管理機關為賠償義務機關。 　前二項賠償義務機關經裁撤或改組者，以承受其業務之機關為賠償義務機關。無承受其業務之	一、本條規定賠償義務機關。 二、現代國家機能擴張，機關林立，一旦損害發生，究應以何機關為索賠對象，宜予明文規定。故本條第一項乃明定以執行職務行使公權力而不法侵害人民自由或權利之公務員所屬之機關為賠償義務機關，俾易決定索賠對象。 三、本條第二項係	外國立法例： 一、奧國國家賠償法： 　第八條　被害人應先向有賠償責任之官署以書面請求賠償，書面送達官署三個月後，未經官署確認，或在此期間內對賠償義務全部或一部拒絕者，被害人得以官署為被告提起民事訴訟。 二、韓國國家賠償法： 　第九條　依本法之損害賠償之訴訟，非經賠償審議會（以下簡稱審議會）為賠償金支給之決定後，不得提起之。但自賠償決定申請之日起，經過二個月時，得不經其決定，提起訴訟。 　第十二條第一項　受賠償金支給之人，應向管轄其所在地或賠償原因發生地之審議會，申請賠償金之支給。 三、美國聯邦侵權賠償法： 　第二六七五條(a)項　因政府受雇人於職務範圍內之過失或不法之作為或不作為導致財產損害、體傷或死亡而

機關者，以其上級機關為賠償義務機關。

不能依前三項確定賠償義務機關，或於賠償義務機關有爭議時，得請求其上級機關確定之。其上級機關自被請求之日起逾二十日不為確定者，得逕以該上級機關為賠償義務機關。

明定公有之公共設施因設置或管理有欠缺，致損害人民之生命、身體或財產者，則以該公共設施之設置或管理機關為賠償義務機關，亦為使請求權人易於尋找索賠對象。

四、本條第三項規定，賠償義務機關經裁撤或改組時，則以承受其業務之機關為賠償義務機關。如無承受其業務之機關，則以其上級機關為賠償義務機關，庶請求權人不致索賠無門（參考韓國國家賠償法第十二條、奧國國家賠償法第八條）。

五、本條第四項規

訴請合眾國金錢賠償之民事訴訟，非經原告向適當之聯邦行政機關提出索賠而經該機關最後書面駁回並以保證或掛號信函通知前，不得提起，行政機關於索賠請求提出後六個月內不予最後處置者，視為對該請求作最後駁回。（下略）

	定，如不能依前三項確定賠償義務機關，或於賠償義務機關有爭議時，得請求其上級機關確定之。其上級機關自被請求之日起逾二十日不為確定者，得逕以該上級機關為賠償義務機關，俾請求權人於不能依前三項確定賠償義務機關或於賠償義務機關有爭議時，仍有救濟之途。	
第十條　依本法請求損害賠償時，應先以書面向賠償義務機關請求之。　賠償義務機關對於前項請求，應即與請求權人協議。協議成立時，應作成協議	一、本條規定請求損害賠償之先行程序。 二、為減少訟累，爰參照外國立法例（韓國國家賠償法第九條，奧國國家賠償法第八條），於第一項規定向法院訴	一、冤獄賠償法書面聲請狀規定之事項： 冤獄賠償法： 第六條　冤獄賠償之聲請，應以書狀記載左列事項，向第四條第一項管轄機關提出之： 一　聲請人姓名、性別、年齡、職業、住、居所。 二　有代理人者，其姓名、性別、年齡、職業、住、居所。 三　聲請賠償之標的。 四　事實及理由，並應附具不起訴處分

書，該項協議書得為執行名義。

請國家賠償之前，應先以書面向賠償義務機關請求賠償，以減訟累。

三、本條第二項明定賠償義務機關對於請求權人損害賠償之請求，應即與請求權人協議，於協議成立時，應作成協議書，該項協議書得為執行名義，得據以請求強制執行。

書或無罪判決之正本。

五　管轄機關。

六　年、月、日。

二、民事訴訟法當事人書狀規定之事項：

民事訴訟法：

第一百十六條　當事人書狀，除別有規定外，應記載左列各款事項：

一　當事人姓名、性別、年齡、職業及住所或居所。當事人為法人或其他團體者，其名稱及事務所或營業所。

二　有法定代理人、訴訟代理人者，其姓名、性別、年齡、職業及住所或居所。

三　訴訟之標的。

四　應為之聲明或陳述。

五　供證明或釋明用之證據。

六　附屬文件及其件數。

七　法院。

八　年、月、日。

三、外國立法例：

(1)韓國國家賠償法：

第九條（先行主義）

依本法之損害賠償之訴訟，非經賠償審議會（以下簡稱審議會）為賠償金支給之決定後不得提起之。但自賠償決定申請之日起，經過二個月時，得不經其決定，提起訴訟。

(2)奧國國家賠償法：

第八條（書面請求、起訴）

被害人應先向有賠償責任之官署，以書面請求賠償，書面送達官署三個

		月後，未經官署確認或在此期間內對賠償義務全部或一部拒絕，被害人得以官署為被告提起民事訴訟。
第十一條　賠償義務機關拒絕賠償，或自提出請求之日起逾三十日不開始協議，或自開始協議之日起逾六十日協議不成立時，請求權人得提起損害賠償之訴。但已依行政訴訟法規定，附帶請求損害賠償者，就同一原因事實，不得更行起訴。 　依本法請求損害賠償時，法院得依聲請為假處分，命賠償義務機關暫先支付醫療費或喪葬費。	一、本條第一項規定提起損害賠償之訴之前提要件。 二、請求權人依本法第十條規定請求賠償而遭拒絕，或與賠償義務機關自開始協議之日起逾六十日協議不成立，或賠償義務機關自提出請求之日起逾三十日不開始協議時，則請求權人與賠償義務機關之爭執，自惟有訴請法院解決，爰於本條第一項前段規定請求權人得提起損害賠償之訴，以求救濟。 三、又已依行政訴訟法第二條規定，附帶請求	一、民法： 第一百九十二條　不法侵害他人致死者，對於支出殯葬費之人，亦應負損害賠償責任。 　被害人對於第三人負有法定扶養義務者，加害人對於該第三人亦應負損害賠償責任。 第一百九十三條　不法侵害他人之身體或健康者，對於被害人因此喪失或減少勞動能力，或增加生活上之需要時，應負損害賠償責任。 　第二項（略）。 第一百九十四條　不法侵害他人致死者，被害人之父、母、子、女及配偶，雖非財產上之損害，亦得請求賠償相當之金額。 二、民事訴訟法： 第五百三十八條　關於假處分之規定，於爭執之法律關係有定暫時狀態之必要者準用之。 第五百七十九條　法院得依聲請，命扶養或監護子女或為其他假處分。 三、行政訴訟法： 第二條　提起行政訴訟，在訴訟程序終結前，得附請求損害賠償。 　前項損害賠償，除適用行政訴訟之程序外，準用民法之規定。但民法第二百十六條規定之所失利益，不在此限。 　附：民法第二百十六條：損害賠償，除

賠償者，就同一原因事實，即不宜更依本法起訴，爰於本條第一項但書予以明定。

四、醫療費、喪葬費之支出，往往刻不容緩，如必俟判決確定後始可獲得支付，將有緩不濟急之虞，故設本條第二項，規定依本法請求損害賠償時，法院得依聲請為假處分，命賠償義務機關暫先支付醫療費或喪葬費，於勝訴判決確定之後在賠償額內扣除，此項假處分，其性質係屬民事訴訟法第五百三十八條所謂定暫時狀態之假處分，與民事訴訟法第五百七

法律另有規定或契約另有訂定外，應以填補債權人所受損害及所失利益為限。

依通常情形，或依已定之計劃、設備或其他特別情事，可預期之利益，視為所失利益。

四、外國立法例：

韓國國家賠償法：

第三條　前條第一項之情形，損害於他人之身體時，對於被害人應依下列各款之標準賠償之：

(1)實行必要之療養或與此相當之必要療養費。

(2)因前款之療養，致損失月薪或月實收額或平均工資之收入者，其療養期間，該損失額百分之五十之休業賠償。

(3)被害人身體治癒後，留有身體障害時，依障害之等級，以受害當時之月薪或月實收額或平均工資，乘以附表所定之月數或日數所得數額之障害賠償。

前項第三款規定身體障害之等級及種類，以大總統令定之。

前條第一項之情形，有害於他人之生命時，對於被害人之繼承人（以下稱遺族），依下列各款之標準賠償之：

(1)生命受害當時之月薪或月實收額之十二個月份至六十個月份或平均工資之三六○日份至一七○○日份之遺族賠償。

(2)生命受害時，大總統令所定之殯葬

	十九條規定之立法理由相同。	費。 前項情形，對於被害人之直系尊親屬、直系卑親屬及配偶，斟酌被害人之社會地位或過失程度及遺族生活狀況或遺族賠償額等，應賠償慰撫金。
第十二條　損害賠償之訴，除依本法之規定外，適用民事訴訟法之規定。	一、本條規定國家賠償事件在程序上適用民事訴訟法之規定。 二、賠償請求權人依本法規定請求損害賠償而提起訴訟，就其請求之標的而言，以適用民事訴訟法之規定，由普通法院審判為宜。 三、依本法所提損害賠償之訴，既應適用民事訴訟法之規定，則凡一般民事訴訟所應適用之法律，如民事訴訟法第一編至第五編規定之法院管轄、各審程	一、外國立法例： ㈠奧國國家賠償法： 　第九條（管轄權、管轄例外） 　1.關於被害人向官署請求賠償及官署向有過失之機關行使求償權之訴訟以民事訴訟第一審法院為有審判權法院，以權利侵害發生地方法院為專屬管轄法院。 　2.地方法院之管轄於本法擴及該院所在地之邦全部行政區。但侵權行為發生在首都或下奧邦者，維也納地方法院有管轄權。 　3.法院之審判不論標的大小，一律以合議制為之。 　4.由於地方法院之院長或高等法院之院長所為處分或合議制之委員會所為之損害與賠償訴訟，由共同上級法院指定管轄。 　5.被害人因本法所稱官署之機關執行法律發生侵害請求賠償，不得依一般民訴程序請求審判。 ㈡西德民法： 　第八三九條 　Ⅰ　1.公務員因故意或過失，違背其對第三人所應盡之職務者，對於該第三人因此所生之損害，負賠償義務。　2.公

序及抗告再審程序等，以及民事訴訟費用法有關規定，均應適用（參考奧國國家賠償法第九條）。

務員僅有過失責任者，祇於被害人不能依他項方法而受賠償時，始得對之為賠償之請求。

II　1.公務員就訴訟案件為判決時，違背其職務者，以其違反職務應依法院之刑事訴訟程序受國家刑罰之科處時為限，對於因此所生之損害，負擔責任。2.違反職務而拒絕或遲延職權之行使者，不適用前段之規定。

III　被害人因故意或過失，未曾行使法律上之救濟手段，以避免其損害者，公務員不負賠償義務。

二、法院管轄：

民事訴訟法關於管轄之規定：

第一條　訴訟，由被告住所地之法院管轄。被告住所地之法院，不能行使職權者，由其居所地之法院管轄。

被告在中華民國現無住所或住所不明者，以其在中華民國之居所，視為其住所；無居所或居所不明者，以其在中華民國最後之住所，視為其住所。

在外國享有治外法權之中華民國人，不能依前二項規定定管轄法院者，以中央政府所在地，視為其住所地。

第二條　對於公法人之訴訟，由其公務所在地之法院管轄。

對於私法人或其他得為訴訟當事人之團體之訴訟，由其主事務所或主營業所所在地之法院管轄。

對於外國法人或其他得為訴訟當

事人之團體之訴訟，由其在中華民國
之主事務所或主營業所所在地之法
院管轄。

第三條　對於在中華民國現無住所或
住所不明之人，因財產權涉訟者，得
由被告可扣押之財產或請求標的所
在地之法院管轄。

被告之財產或請求權標的如為債
權，以債務人住所或該債權擔保之標
的所在地，視為被告財產或請求標的
之所在地。

第四條　對於生徒，受僱人或其他寄寓
人，因財產權涉訟者，得由其寄寓地
之法院管轄。

第五條　對於現役軍人或海員因財產
權涉訟者，得由其公務所，軍艦本籍
或船籍所在地之法院管轄。

第十五條　因侵略行為涉訟者，得由行
為地之法院管轄。

因船舶碰撞或其他海上事故，請求
損害賠償而涉訟者，得由受損害之船
舶最初到達地，或加害船舶被扣留
地，或其船籍港之法院管轄。

因航空器飛航失事或其空中事故，
請求損害賠償而涉訟者，得由受損害
航空器最初降落地，或加害航空器被
扣留地之法院管轄。

第二十條　共同訴訟之被告數人，其住
所不在一法院管轄區域內者，各該住
所地之法院俱有管轄權。但依第四條
至前條規定有共同管轄法院者，由該
法院管轄。

第二十一條　被告住所、不動產所在地、侵權行為地或其據以定管轄法院之地，跨連或散在數法院管轄區域內者，各該法院具有管轄權。

第二十二條　同一訴訟，數法院有管轄權者，原告得任向其中一法院起訴。

第二十三條　有下列各款情形之一者，直接上級法院應依當事人之聲請或受訴法院之請求，指定管轄。

一　有管轄權之法院，因法律或事實不能行審判權者。

二　因管轄區域境界不明，致不能辨別有管轄權之法院者。

直接上級法院不能行使職權者，前項指定由再上級法院為之。

第一項之聲請得向受訴法院或直接上級法院為之，前項聲請得向受訴法院或再上級法院為之。

指定管轄之裁定，不得聲明不服。

第二十四條　當事人得以合意定第一審管轄法院。但以關於由一定法律關係而生之訴訟為限。

前項合意，應以文書證之。

第二十五條　被告不抗辯法院無管轄權，而為本案之言詞辯論者，以其法院為有管轄權。

第二十七條　定法院之管轄，以起訴時為準。

第四百三十七條　對於第一審之終局判決，得上訴於管轄第二審之法院。

		第四百六十四條　對於第二審之終局判決，除別有規定外得，上訴於管轄第三審之法院。 三、訴訟程序及抗告、再審程序： 民事訴訟法各審訴訟程序、抗告及再審程序有關條文見本專輯第五六頁至第一〇八頁。
第十三條　有審判或追訴職務之公務員，因執行職務侵害人民之自由或權利，就其參與審判或追訴之案件犯職務上之罪，經判決有罪確定者，適用本法之規定。	按推事、檢察官或其他有審判或追訴職務之公務員，實施審判或追訴，亦屬執行職務行使公權力之範圍，惟審判及追訴，關於法律之適用及證據之取捨，難免有不同之見解，不能因其見解之不同，而令負賠償責任。為維護審判獨立，外國立法例多以明文否定或限制審判官之侵權行為性（如英國一九四七年王權訴訟法第二條第五項，德國民法第八百三十九條第二項等）。就我國法制而言，有審判或追訴職務之公務員，應如何審判或追訴，民刑訴訟法已有明	外國立法例： 一、西德民法： 第八百三十九條　1.公務員因故意或過失，違背其對第三人所應盡之職務者，對於該第三人因此所生之損害，負賠償責任。（以下略） 　　2.公務員就訴訟案件為判決時，違背其職務者，以其違反職務應依法院之刑事訴訟程序受國家刑罰之科處時為限，對於因此所生之損害，負擔責任。（以下略） 二、英國一九四七年王權訴訟法： 第二條　王權在侵權行為上之責任。 第五款　任何人當履行或準備履行其司法上應負之責任，或與司法上執行程序有關之責任，就其作為或不作為之行為，不得以本條之規定，對君權提起訴訟。

附錄四：國家賠償法草案條文與其他有關法律條文暨參考資料對照表　213

	確規定，並有審級制度、再審、非常上訴及冤獄賠償程序，可資救濟，故規定惟於有審判或追訴職務之公務員，因執行職務，侵害人民之自由或權利，就其參與審判或追訴之案件犯職務上之罪，經判決有罪確定者，始適用本法之規定。	
第十四條　本法於其他公法人準用之。	一、本條規定其他公法人之準用。 二、國家以外之公法人如農田水利會（見水利法第十二條第二項）等，亦有特定之公權力，若其行使此項公權力或就公共設施之設置或管理有欠缺，亦有侵害人民自由或權利之可能，為使人民權益獲得充分保障，爰設本條	公法人 水利法： 第十二條　主管機關得視地方區域之需要，核准設立農田水利會，秉承政府推行農田灌溉事業。 　前項農田水利會為公法人，其組織通則另定之。

	規定，俾受損害之人民亦得依本法規定，直接向公法人請求賠償。	
第十五條　本法於外國人為被害人時，以依條約或其本國法令或慣例，中華民國人得在該國與該國人享受同等權利者為限，適用之。	一、本條規定國家對外國人之賠償責任，採相互保證主義。 二、按現代文明國家，關於國家賠償責任，對外國多採相互保證之互惠主義（參考日本國家賠償法第六條，韓國國家賠償法第七條），我國憲法第一百四十一條所定關於外交方面之基本國策，亦揭櫫「平等互惠之原則」，本法自宜從同。 三、本條對於外國人，雖規定以依條約或其本國法令或慣例，中華民國人得在該國與	外國立法例： 一、奧國國家賠償法： 　　第七條　外國人以其本國與我國有互惠條約者為限，得行使本法之請求權。 二、日本國家賠償法： 　　第六條　本法於外國人為被害人時，以有相互保證者為限，適用之。 三、韓國國家賠償法： 　　第七條　本法於外國人為被害人時，以有相互保證者為限，適用之。

	該國人享受同等權利者為限，始有其適用，惟並不以有外交關係為必要。如某國有關國家賠償法之法令或慣例，排除對中華民國人民之適用，或根本不承認國家賠償責任之存在，即屬欠缺此項相互之保證，該國人在中華民國，即不得依本法規定，請求損害賠償。	
第十六條　本法施行細則，由行政院定之。	本法係屬新創，且條文精簡，其施行有關事項，宜以施行細則詳為規定。爰規定本法施行細則，由行政院定之。	
第十七條　本法施行日期，由行政院以命令定之。	本法因屬新創，施行之前，必須有一準備時期，不宜規定為自公布日施行，故規定施行日期，由行政院以命	

	令定之，俾可斟酌	
	實際需要，訂定施	
	行日期。	

附錄五：立法院司法法制委員會聯席審查 國家賠償法修正要旨

㈠公務員之定義如何？本草案未予明定，因我國現行法律規定對公務員之範圍，並不一致，如刑法、公務人員任用法、公務員服務法、公務人員考績法及公務員懲戒法等，各有廣、狹義不同之界說，而以刑法規定之範圍最廣，為保障人民權益，並免日後適用時發生爭議，本法採刑法第十條第二項之立法例，對公務員之意義加以立法解釋，於第二條增列一項，其文字為：「本法所稱公務員者，謂依法令從事於公務之人員。」（第二條第一項）

㈡公務員執行職務行為，固包括積極之作為與消極之不作為；然消極之怠於執行職務，致人民之自由或權利遭受損害，國家是否應負損害賠償責任？原案語焉不詳，易滋誤解，為明確保障人民權益計，本案乃明文增訂：「公務員怠於執行職務，致人民之自由或權利遭受損害時亦同。」（第二條第二項後段）

㈢公有之公共設施，因設置或管理有欠缺時，致人民之生命、身體或財產受損害者，原草案採無過失責任賠償主義，不問有無故意或過失，國家均應負損害賠償責任，不失為進步之立法例（原草案第三條第一項前段）；惟同項後段但書：「但於防止損害之發生，已善盡其注意者，不在此限」之規定，不僅畫蛇添足，且與本法之立法精神有違，爰將但書予以刪除。（第三條第一項）

㈣本法因屬新創，施行之前，必須有一準備時期，草案第十七條規定由行政院以命令定施行日期。惟審查會經審慎研討結果，僉認本案關係人民權益至鉅，全國人民渴望早日實施，故施行日期不宜久懸，為兼顧準備工作及預算編列之及時完成，爰修正為：「本法自中華民國七十年七月一日施行」，以資兼顧，較為允當。（第十七條）

附錄六： 土地法第六十八條與國家賠償法 適用之重要判決

一、土地法第六十八條為國家賠償法之特別規定

①最高法院一〇〇年台上字第一七二七號判決：「依土地法第 68 條第 1 項、第 2 項規定，乃就職司不動產登記事務之公務員不法侵害人民權利，由該機關負損害賠償責任之規定，屬國家賠償之特別規定，故人民因不動產登記錯誤遺漏或虛偽致受損害，而請求地政機關賠償時，該地政機關應否負賠償責任及其賠償範圍，即應依該條規定定之，不適用國家賠償法第 2 條之規定。又地政機關人員明知或可得而知申請登記文件不實，仍為登記，致真正權利人之權利受損害，即屬該條第 1 項所稱因登記虛偽而受損害之情形。」

②最高法院八十一年台上字第一五二八號判決：「國家賠償法第六條規定，國家損害賠償，本法及民法以外其他法律有特別規定者，適用其他法律。上訴人未依土地法第六十八條規定，請求被上訴人賠償損害，遽依國家賠償法第二條第二項規定，提起本件訴訟，自非有理。」

二、賠償義務機關——該管地政機關

最高法院七十年台上字第二八五六號判決：「被上訴人既經依法徵收訟爭土地而闢為道路使用，上訴人殊無依照私法上之侵權行為法則，訴求損害賠償餘地。至於土地法第六十八條之規定，核因登記錯誤而依法須負賠償義務者，為該管地政機關，被上訴人雖為該管地政機關之上級機關，但非地政機關之本身，此就上開法條與同法第八十四條對照觀之自明，上訴人亦難依據上開法條，請求被上訴人賠償。」

三、損害賠償請求人——受害人

①最高法院一〇四年台上字第一二四七號判決：「按土地法第六十八條第一、二項規定『因登記錯誤遺漏或虛偽致受損害者，由該地政機關負損害賠償責任，但該地政機關證明其原因應歸責於受害人時，不在此限』『前項損害賠償，不得超過其所受損害時之價值』，上開規定係國家賠償法之特

別規定，揆其立法意旨係在貫徹土地登記之公示性及公信力，兼顧交易安全及權利人之權利保障，該條所稱之受害人，自不以得終局保有登記權利之人為限；土地權利人或登記名義人如因地政機關就土地登記之錯誤遺漏或虛偽致受損害時，除非該地政機關能證明其原因應歸責於受害人，否則即應負損害賠償責任。上開規定，依國家賠償法第六條，自應優先適用。原審既認定第三人冒用呂美娥之名，以偽造之證件申請系爭抵押權登記，被上訴人原已登記為抵押權人，並基於該土地權利登記而支付借款，倘該項登記屬土地法第六十八條第一項所稱登記虛偽之情形，則被上訴人嗣後因士林地政事務所塗銷系爭抵押權登記，無法本於原已登記之抵押權行使權利，致受損害，依上說明，被上訴人是否負賠償責任，即應優先適用土地法第六十八條第一項規定，其賠償範圍，亦以同條第二項為限。原審捨該特別規定，逕適用國家賠償法第二條第二項，認上訴人應負損害賠償責任，於法自有可議。」

②最高法院一○三年度台上字第一一○七號判決：「按土地法第六十八條第一項明文規定『因登記錯誤遺漏或虛偽致受損害者，由該地政機關負損害賠償責任，但該地政機關證明其原因應歸責於受害人時，不在此限』，為貫徹土地登記之公示性及公信力，兼顧交易安全及權利人之權利保障，該條所稱之受害人，自不以得終局保有登記權利之人為限；土地權利人或登記名義人如因地政機關就土地登記之錯誤、遺漏或虛偽致受損害時，除非地政機關證明該錯誤、遺漏或虛偽登記原因完全歸責於受害人，否則即應對受害人負損害賠償責任。查原判決已認定上訴人原已登記為系爭抵押權人，並基於該抵押權登記而撥付貸款，該項登記屬土地法第六十八條第一項所稱之登記虛偽情形。則上訴人嗣後倘因系爭抵押權登記虛偽遭塗銷，無法據以行使權利，而受損害，除該虛偽登記原因完全歸責於其外，自得依土地法上開規定請求地政機關賠償。原判決見未及此，徒以申請登記文件係虛偽，上訴人原無法取得系爭抵押權，非真正權利人為由，認本件無土地法第六十八條第一項規定之適用，自有可議。」

③最高法院七十六年台上字第二一六八號判決：「土地法第六十八條第

一項規定：因登記錯誤、遺漏或虛偽致受損害者，由該地政機關負損害賠償責任，係為保護不動產真正權利人之權利而設，故於虛偽登記受損害之情形，應係指真正權利人之權利，因虛偽登記而受損害者言，例如他人偽造土地所有人之證件辦理所有權移轉為己有，第三人信賴該虛偽登記而取得土地權利，致原所有人之所有權喪失或受有其他損害者是也。本件上訴人既係與冒充為土地所有人之不詳姓名者就系爭土地設定抵押權，本即無從就該土地取得抵押權，是並非該土地之真正權利人，因之，上訴人自不得以該抵押權登記係屬虛偽為由，本諸土地法第六十八條規，請求被上訴人負損害賠償責任。」

四、登記錯誤遺漏或虛偽之範圍

①最高法院九十一年台上字第一一七二號判決：「因登記錯誤遺漏或虛偽致受損害者，除能證明其原因應歸責於受害人者外，由該地政機關負損害賠償責任，土地法第六十八條第一項定有明文。此項規定係國家賠償法之特別規定，依國家賠償法第六條規定，自應優先適用。又土地法上開規定，其立法意旨係在貫徹土地登記之公示性及公信力，使土地權利人不因地政機關就土地登記之錯誤、遺漏或虛偽而受損害，以兼顧交易安全及權利人之權利保障。至土地登記規則第十三條（修正前第十四條）所指情形，乃僅屬例示；應解為如登記錯誤、遺漏或虛偽係因不可歸責於受害人之事由所致者，地政機關均須負損害賠償責任。苟解為僅具該條所定情事者，地政機關始負損害賠償責任，將限縮土地法第六十八條第一項之適用範圍，而有危害交易安全及損害權利人權利之虞，難謂與該條之立法精神無違。」

②最高法院八十六年台上字第九號判決：「土地之登記準確與否，影響人民之權益至鉅，地政機關自應慎重將事，土地法第六十八條第一項前段規定，因登記錯誤、遺漏或虛偽致受損害者，由該地政機關負損害賠償責任，旨在保護土地權利人，故土地登記規則第十四條（修正前第十二條）所指情形乃屬例示，不能以此而謂因破產而發生之登記錯誤或遺漏之情形，不包括在土地法第六十八條之內。」

③最高法院七十八年台上字第七〇七號判決：「土地法第六十八條所謂

登記，無論不動產之總登記、權利變更登記或其他登記，均有其適用。」

④最高法院七十六年台上字第四七〇號判決：「土地登記規則第十二條固有『土地法第六十八條所謂登記錯誤或遺漏係指登記之事項與登記原因證明文件所載內容不符而言』之規定，惟此僅係就土地法第六十八條所定之登記錯誤或遺漏加以例示之解釋，非謂可限制土地法第六十八條之適用。此就土地登記規則第十二條僅釋示土地法第六十八條所定之『登記錯誤或遺漏』而未就同法所稱之『登記虛偽』有所解釋，不難推知。」

⑤最高法院七十六年度第五次民事庭會議決議：「土地法第六十八條規定因登記錯誤遺漏或虛偽致受損害者，由該地政機關負損害賠償責任。茲該地政事務所既未將重測前已登記之抵押轉載於重測後新設之土地登記簿，自屬登記有遺漏，某乙不知其情，致其嗣後設定之抵押權未獲全部清償，自得請求該地政事務所賠償損害。土地登記規則第十二條所指情形，乃屬例示，不能以此而謂因土地重測而發生之錯誤遺漏之情形，不包括在土地法第六十八條之內。土地法第六十八條之立法精神，旨在保護土地權利人，土地之登記準確與否，影響人民之權益至鉅，地政機關所負責任亦重。不應就土地登記規則第十二條作狹義解釋，致與土地法之立法精神不符。」

⑥最高法院七十四年度第二次民事庭會議決議（一）：「所謂土地登記，依土地法第三十七條第一項規定，係土地及建築改良物之所有權與他項權利之登記。觀之同法第五十一條及第六十二條等規定，該土地總登記章內，亦併規定關於他項權利之登記事項，更參照土地登記規則第十二條之規定，可見土地法第六十八條之所謂登記，並不限於土地總登記。故若因登記錯誤、遺漏或虛偽致受損害者，無論其為土地總登記或土地權利變更登記，該地政機關均應依土地法第六十八條負損賠償責任。」

五、地政機關之審查責任

最高法院一〇三年台上字第一二四九號判決：「次按不動產價值不菲，土地登記復具公示性及公信力，基於人民財產權之保障，地政機關就不動產權利之變動，原應本於專業知識及技術，負較高之審查責任，地政主管

機關鑒於不肖之徒常利用偽造之文件取得土地，乃訂定上述注意事項、防範措施（見防範措施前言所載），就未能繳附原權利書狀或同時辦理住址變更登記等歹徒慣用之手法，特設防範機制，規定『登記機關應注意審查其原因證明文件，必要時應調閱原案或登記簿或向權利利害關係人、原文件核發機關查證。於公告原權利書狀作廢時，應以登記名義人之申請案載住所、登記簿登記住所併同通知』、『登記機關辦理公告時應同時以雙掛號通知登記名義人，如同時辦理住址變更登記者，應按新舊地址寄送，所寄之通知不克送達時，應進一步加以研判』（參見注意事項第六點、防範措施貳二第七款）。上開措施原係於土地登記規則或土地法所定之登記程序外，為防弊而設，對於未能繳附原權利書狀申請繼承登記或同時辦理住址變更之案件，自不得僅因申請人提出土地登記規則第六十七條第一款之切結書，即認地政機關無須依上開注意事項或防範措施為審查。原審徒以本件係辦理繼承登記為由，認無上開注意事項或防範措施規定之適用，進而認定大安地政事務所未有疏失，亦嫌速斷。上訴論旨，執以指摘原判決上開部分違背法令，求予廢棄，非無理由。」

六、損害賠償範圍——以受害人實際所受之積極損害為限

　　①最高法院一〇四年台上字第一二四七號判決：「土地法第六十八條第二項既規定『前項損害賠償，不得超過其所受損害時之價值』，是其損害賠償之範圍，應以被害人實際所受損害為衡。被上訴人因士林地政事務所塗銷系爭抵押權設定登記，實際所受之損害似為其如得拍賣抵押物而受償之範圍，而拍賣抵押物之價金，尚須扣除拍賣費用、稅捐等，始為其得受償之範圍，非得逕以抵押物之市價為據。原審未遑調查審認被上訴人如拍賣抵押物，實際得受償之範圍為何，逕以系爭房地之市價，認定被上訴人因不能拍賣抵押物所受之損害，尚嫌速斷。」

　　②最高法院一〇三年台上字第一九七六號判決：「按土地法第六十八條第一項前段規定：因登記錯誤、遺漏或虛偽致受損害者，由該地政機關負損害賠償責任。是地政機關對於因其登記錯誤、遺漏或虛偽所造成之損害，除能依同條項但書證明其原因係歸責於受害人外，固均應負賠償責任，以

貫徹土地登記之公信力，並保護權利人之權利與維持交易之安全。惟地政機關之損害賠償責任，以受害人實際所受之積極損害為限，而不包括受害人依通常情形，或依已定之計畫、設備或其他特別情事，原可得預期之利益之喪失（消極損害）在內，此觀同條第二項之規定自明，俾免地政機關因登記錯誤、遺漏或虛偽而承擔過重之風險。準此，受害人因地政機關之登記錯誤所生之損害，基於「有損害斯有賠償」之原理，應以請求人實際所受之損害為準，所謂損害乃指財產法益或其他法益所受之不利益。苟請求人因地政機關之登記錯誤所受之損害，得自他人處獲得財產權之填補時，即應將該項得以填補之財產權扣除，以計算其實際所受之損害。蓋地政機關依上開規定賠償後，並無法再向他人求償，自不能置請求人得自他人取得填補之財產權於不顧，而據以認定請求人實際所受損害之數額，轉使該原應負償還之他人得以免責，而有失其平，並有違土地法第六十八條規定重在賠償受害人所受之損害，而非在使應對受害人負償還責任之人得以免責之本旨。」

③最高法院一○二年台上字第六五七號判決：「按土地法第 68 條第 2 規定因登記錯誤所生之損害賠償，不得超過受損害時之價值。在此所稱受損害時之價值，指受損害時之市價而言，並非以起訴時之損害為準。是法院於審判時若未調查明晰受損害時之價值，逕以起訴時土地公告現值採為計算，作為損害之依據，即有可議。」

④最高法院一○二年台上字第一五一號判決：「惟按地政機關對因登記虛偽致受損害者負損害賠償責任，損害賠償不得超過受損害時之價值，此觀土地法第六十八條第二項即明，是損害賠償之範圍，應以被害人實際所受損害為衡。查上海商銀因信賴系爭借款債權有系爭房地為擔保，於辦畢系爭抵押權設定登記後始撥付借款，抵押權設定登記嗣遭上訴人撤銷，無法拍賣系爭房地致受有損害，此與上訴人辦理抵押權設定登記未查核出所有權狀係偽造之行為間，有相當因果關係，為原審確定之事實。果爾，上海商銀因上訴人撤銷系爭抵押權設定登記，實際所受之損害似為其如得拍賣抵押物而受償之範圍，即擔保利益之喪失，非得單純以其未受償之債權

額為實際損害。原審未遑細究審認，遽以系爭借款債權扣除收回本金之餘額，作為上海商銀實際所受損害及明台、富邦、美亞產險公司代位上海商銀請求賠償之計算基礎，尚嫌速斷。上訴論旨，指摘原判決違背法令，求予廢棄，非無理由。」

⑤最高法院一〇一年台上字第五九〇號判決：「按損害賠償之範圍，應以被害人實際所受損害為衡，此觀本院十九年上字第二三一六號判例足明。又抵押權固為擔保物權，使抵押債權得以抵押物賣得價金清償之，而確保該債權得以受償，但抵押債權全部亦未必可以抵押物賣得價金受償。縱該債權因不能拍賣抵押物，而受有損害，其實際上所受之損害，亦得以如拍賣抵押物所可獲得求償之金額範圍內命為賠償，並非單純以債權人未受償之債權額為準。」

⑥最高法院九十七年台上字第九九七號判決：「因登記錯誤遺漏或虛偽，須因此受有實際損害，始得請求該地政機關負損害賠償責任，此觀土地法第六十八條第一項前段規定自明。被害人是否受有實際損害，應視其財產總額有無減少而定；土地銀行貸款予吳生田等人而對之取得債權，此項債權雖因旗山地政所漏載系爭抵押權設定登記而喪失擔保，惟該債權仍屬存在，土地銀行之財產總額並未因此減少，則於證明其就系爭貸款追償無效果前，尚難認已受有實際損害。」

⑦最高法院八十五年台上字第四〇六號判決：「土地法第六十八條第二項規定因登記錯誤所生之損害賠償，不得超過受損害時之價值。所謂受損害時之價值，指受損害時之市價而言。」

七、國家對公務員之求償

最高法院九十八年台上字第一九七七號判決：「按土地法第六十八條第一項規定：『因登記錯誤、遺漏或虛偽致受損害者，由該地政機關負損害賠償責任』，係就職司土地登記事務之公務員因故意或過失不法侵害人民權利，應由該公務員所屬地政機關負損害賠償責任之規定（參照國家賠償法第二條第二項、第九條第一項），核其性質固屬國家賠償法之特別規定。惟地政機關為賠償後，土地法既無關於其得對所屬公務員求償之規定，即應

依國家賠償法第二條第三項所定：『前項執行職務行使公權力之公務員有故意或重大過失時，賠償義務機關對之有求償權』之旨，並參酌土地法第七十條第二項關於：『地政機關所負之損害賠償，如因登記人員之重大過失所致者，由該人員償還，撥歸登記儲金。』之規定，據以判斷該地政機關對於其所屬公務員是否得為求償。準此，地政機關因其所屬登記人員之登記錯誤而對遭致損害者為賠償後，須以該登記人員有故意或重大過失之情形為限，始得對之求償。」

八、損害賠償請求權之消滅時效

　　①最高法院一○○年台上字第二二三三號判決：「查土地法第六十八條第一項係就職司土地登記事務之公務員因故意或過失不法侵害人民之權利，明定由該公務員所屬地政機關負損害賠償責任，核屬國家賠償法之特別規定。土地法就該賠償請求權既未規定其消滅時效期間，即應依國家賠償法第八條第一項「賠償請求權，自請求權人知有損害時起，因二年間不行使而消滅；自損害發生時起，逾五年者亦同」之規定，據以判斷損害賠償請求是否罹於時效而消滅（最高法院九十八年第六次民庭總會決議參照）。」

　　②最高法院一○○年台上字第一七六九號判決：「惟按土地法第六十八條第一項規定：『因登記錯誤、遺漏或虛偽致受損害者，由該地政機關負損害賠償責任』，係就職司土地登記事務之公務員因故意或過失不法侵害人民權利，而由該公務員所屬地政機關負損害賠償責任之規定，核屬國家賠償法之特別規定。而土地法就該賠償請求權既未規定其消滅時效期間，即應類推適用國家賠償法第八條第一項：『賠償請求權，自請求權人知有損害時起，因二年間不行使而消滅；自損害發生時起，逾五年者亦同』之規定。所謂『知有損害』，即知悉受有何項損害而言，至對於損害額則無認識之必要。」

　　③最高法院八十三年台上字第一七二三號判決：「土地法第六十八條第一項規定：『因登記錯誤、遺漏或虛偽致受損害者，由該地政機關負損害賠償責任』，無非係就職司土地登記事務之公務員因過失不法侵害人民權利，

而由該公務員所屬地政機關負損害賠償責任之規定（參照國家賠償法第二條第二項、第九條第一項），核係國家賠償法之特別規定。本件上訴人陳〇源所有之系爭土地，因被上訴人淡水地政事務所誤為轉載而受損害，陳〇源雖得依土地法第六十八條第一項規定，請求賠償損害，惟土地法就該賠償請求權既未規定其消滅時效期間，即應依國家賠償法第八條第一項：『賠償請求權，自請求權人知有損害時起，因二年間不行使而消滅；自損害發生時起，逾五年者亦同』之規定，據以判斷上訴人陳〇源之損害賠償請求權，是否已罹於時效而消滅。」

　　④最高法院九十八年度第六次民事庭會議（一）：「按土地法第六十八條第一項規定：『因登記錯誤、遺漏或虛偽致受損害者，由該地政機關負損害賠償責任』，無非係就職司土地登記事務之公務員因故意或過失不法侵害人民權利，而該公務員所屬地政機關負損害賠償責任之規定（參照國家賠償法第二條第二項、第九條第一項），核係國家賠償法之特別規定。惟土地法就該賠償請求權既未規定其消滅時效期間，即應依國家賠償法第八條第一項：『賠償請求權，自請求權人知有損害時起，因二年間不行使而消滅；自損害發生時起，逾五年者亦同』之規定，據以判斷損害賠償請求權是否已罹於時效而消滅。」

九、行使時效抗辯不得違反誠信原則

　　最高法院一〇三年台上字第二五〇一號判決：「按時效完成後，債務人僅取得拒絕給付之抗辯權，債權人之債權並不因而消滅（民法第一百四十四條規定參照）。是否行使時效抗辯權，雖為債務人之權利，惟依民法第一百四十八條第二項規定，其行使權利，仍應依誠實及信用方法，如有違反，即為權利之不法行使，自應予以禁止。又誠信原則原具有衡平機能，因債務人之行為，妨礙債權人行使權利，致其請求權罹於時效，如許債務人為時效之抗辯，依其情形有失公允者，法院自得本於該特殊情事，禁止債務人行使該抗辯權。查系爭土地於六十九年間為分割登記，登記面積為三六六五平方公尺，惟依分割後之地籍圖測量結果，其面積為二八一六平方公尺，上訴人至九十九年八月間始為更正，被上訴人於八十年間即因該項登

記而溢付買賣價金，但因上訴人延未訂正，致未向上訴人請求賠償等情，為原審合法確定之事實。另卷附九十九年法院拍賣公告記載系爭土地為山坡地，其上僅有雜木林等語；被上訴人並於上訴人通知更正系爭土地面積之後，對於鄰地所有人提起確認界址之訴（見原審卷四五、七〇頁），可見依系爭土地現況，其登記面積較地籍圖測得面積多出八四九平方公尺，非經為地政主管機關之上訴人訂正並通知被上訴人，被上訴人難以知悉，是原審指被上訴人對於其請求權罹於時效，無任何歸責事由，係職司土地登記之上訴人任令錯誤延續三十年，致被上訴人不知行使權利等語，應屬有據。原審因上訴人之行為，妨礙被上訴人行使權利，終至其請求權罹於時效，而認上訴人為時效之抗辯，違背誠信原則，於法並無不合。」

▶ **行政命令**

黃舒芃　著

　　本書旨在說明行政命令於整個國家法秩序體系中扮演的角色，協助建立讀者對行政命令的基本概念。本書特別著眼於行政命令概念發展的來龍去脈，藉此凸顯相關爭議的問題核心與解決途徑。本書先介紹行政命令在德國憲法與行政法秩序中的發展脈絡，並在此基礎上，回歸探討我國對德國行政命令概念體系的繼受，以及這些繼受引發的種種問題。最後，本書針對我國行政命令規範體制進行檢討，從中歸納、解析出行政命令爭議核心，以及成功發展行政命令體系的關鍵。

▶ **地方自治法**

蔡秀卿　著

　　本書內容大致上分為三大部分，一為地方自治之基礎概念，包括地方自治的基本概念、我國地方自治法制之歷史、地方自治之國際保障及地方自治團體。二為住民自治部分，即住民之權利義務。三為團體自治部分，包括地方自治團體之事務、地方自治團體之自治立法權、地方自治團體之自治組織權及中央與地方及地方間之關係。本書除以法理論為重外，並具歷史性、前瞻性及國際性之特色。

▶ **無因管理**

林易典　著

　　本書之主要內容為解析無因管理規範之內涵，並檢討學說與實務對於相關問題之爭議與解釋。本書共分十三章：第一章為無因管理於民法體系中之地位，第二章為無因管理之體系與類型，第三章為無因管理規範之排除適用與準用，第四章至第六章為無因管理債之關係的成立要件，第七章為無因管理規範下權利義務的特徵，第八章至第十章為管理人之義務，第十一章為管理人之權利，第十二章為管理事務之承認，第十三章為非真正無因管理。期能使讀者在學說討論及實務工作上，能更精確掌握相關條文之規範意旨及適用，以解決實際法律問題。

▶ 物權基本原則

陳月端　著

　　本書主要係就民法物權編的共通性原理原則及其運用，加以完整介紹。近年的物權編修正及歷年來物權編考題，舉凡與通則章有關者，均是本書強調的重點。本書更將重點延伸至通則章的運用，以期讀者能將通則章的概括性規定，具體運用於其他各章的規定。本書包含基本概念的闡述、學說的介紹及實務見解的補充，更透過實例，在基本觀念建立後，使讀者悠遊於條文、學說及實務的法學世界中。

▶ 刑法構成要件解析

柯耀程　著

　　構成要件是學習刑法入門的功夫，也是刑法作為規範犯罪的判斷基準。本書的內容，分為九章，先從構成要件的形象，以及構成要件的指導觀念，作入門式的介紹，在理解基礎的形象概念及指導原則之後，先對構成要件所對應的具體行為事實作剖析，以便理解構成要件規範對象的結構，進而介紹構成要件在刑法體系中的定位，最後進入構成要件核心內容的分析，從其形成的結構，以及犯罪類型作介紹。本書在各章的開頭採取案例引導的詮釋方式，並在論述後，對於案例作一番檢討，使讀者能夠有一個較為完整概念。

▶ 未遂與犯罪參與

蕭宏宜　著

　　本書是三民「刑法法學啟蒙書系」的一部份，主要內容聚焦於不成功的未遂與一群人參與犯罪。簡單說，做壞事不一定會成功，萬一心想事不成，刑法要不要介入這個已經「殘念」的狀態，自然必須考量到失敗的原因，做出不同的反應；當然，做壞事更不一定什麼細節都得親自動手，也可以呼朋引伴、甚至控制、唆使、鼓勵別人去做。不論是未遂或犯罪參與的概念闡述與爭議問題，都會在這本小書中略做討論與說明，並嘗試提供學習者一個有限的框架與特定的角度，抱著多少知道點的前提，於群峰中標劃一條簡明線路。

▶ **商事法新論**

王立中　著

　　由於社會的急遽變遷，商事法條文曾多次部分增修與廢止，修訂本書之主旨及功能在於使本書與時俱進並得普及於社會大眾，以闡揚商事法之觀念。書中對於相關條文內容皆予以簡明扼要之說明、分析，相信當能滿足任何考試或進修之需要。

▶ **商事法**

潘維大　范建得　羅美隆　著
黃心怡　修訂

　　本書共分緒論、公司法、商業登記、票據法、保險法、海商法、公平交易法等七大部分。修訂十一版主要是針對公司法作修訂。本書延續第十版風格，在章節編排上務求綱舉目張、提綱挈領，冀希使讀者迅速瞭解我國商事法律之理論與實務。本書並附有公司申請登記之表格供讀者參考，使讀者更貼近實務操作，達到法律生活化之目標。